中公文庫

# 国富論 II

アダム・スミス
大河内一男 監訳

中央公論新社

目　次

I 目次

# 第二篇　資本《ストック》の性質、蓄積、用途について

付録



訳者　大河内一男
大河内暁男
田添　京二
玉野井芳郎

# 凡例

一　本訳書は *An Inquiry into the Nature and Causes of the Wealth of Nations*, by Adam Smith, in three volumes, the fifth edition, London：printed for A. Strahan；and T. Cadell, in the Strand, MDCCLXXXIX（アダム・スミス『国富論』第五版、一七八九年）を底本とした。

一　本文中の（1）（2）印はスミスの「原注」、本文中の〔1〕〔2〕印は「訳注」で、「原注」はスミス原版のまま、必要な限度で訳者注記を〔　〕で附した。

一　本文中に〔　〕でかこんで挿入した「割注」は、訳者の判断によって配列したもので、「訳注」、「割注」はできるだけ相互参照するように指示した。例えば「第一篇第一章「〇〇〇〇……」の小見出し参照」。

一　訳文上段の1、2、3等の算用数字はキャナン版第一巻、第二巻（一九〇四、一九二〇、一九二二、一九二五、一九三〇、一九五〇年版）のページを参考までに附したもの。キャナン版を底本とした他の邦訳書の該当箇所を参照する便宜のためでもある。

一　地名・人名は原地原音主義と日本における慣用的呼称との折衷になったが、全巻を通じて統一を図った。

一　本文中に掲げた地図は巻頭のもの、本文中のもの、いずれも訳者が作成したが、あくまで通読のための便宜を考えて作られたものである。

一　本文の段落の適当な箇所に「小見出し」を附したが、これはスミスの原典にはなく、また、キャナン版にキャナンが多数附した頭注＝「小見出し」ではなく、各訳者が原典の内容に即して、いくつかのパラグラフを通じての内容の要点ならびに問題点を簡潔に表示しようとしたものである。読者はこの「小見出し」を手がかりにして、その箇所でスミスが何を語ろうとしていたのかを理解することができよう。なお読者の便宜のために、全巻の「小見出し」を一括し第Ⅲ巻巻末に収めた。

一　『国富論』の各版本の異同は、重要度の高いものについてだけは、それぞれ該当箇所の「訳注」に記したが、全体を通じての各版本（初版〜第五版）の異同、とりわけ初版・第二版と第三版以降の差異については、第Ⅲ巻巻末に附した「『国富論』各版の異同について」を参照されたい。

一　本文中、（　）でかこんだ部分はスミスの原文のまま。〔　〕でかこんだ部分は、訳者の判断で補訳または説明句として挿入したものである。本文中の〈　〉印はスミスの原文にはないが、原文が特殊な文字であったり、特別の意味をもつ用語または成語の場合には、訳者の判断でこれを用いた。また原文がイタリックで書かれている部分は邦訳に傍点、、を附した。

一　「原注」（(1)(2)印）における人名・書名は原書のままとしたが、「訳注」のなかの書名はイタリックで、邦訳書名は『　』でかこんだ。

一　スミスの用語のうち、多様の意味に用いられているもの――例えば stock などのごとく――、またスミス自身の叙述に混乱があるような場合などは、訳語に原語を表示するルビを附した。さらに地名のうち、特殊な意味に用いられているものの表示についてはとくに注意をはらった。例えば、イングランド・大ブリテン、ホラント・オランダ、インド・インドスタン・東インドなど、それぞれの該当箇所で「訳注」を附した。

# 国富論

諸国民の富の本質と原因にかんする研究

# 第三篇　国によって富裕になる進路が異なること

355

# 第一章　富裕になる自然の進路について

## 都市と農村のあいだの分業と商品交換の発達は双方にとって有利である

およそ文明社会における大規模な商業といえば、それは都市の住民と農村の住民とのあいだで行なわれる取引である。その内容は、未加工の原生産物と製造品を、直接に交換するか、あるいは、貨幣もしくは貨幣の代理をするある種の紙券の介在によって交換することである。農村は都市に生活資料と製造業のための原料を供給する。この供給にたいして、都市は製造品の一部を農村の住民に送る。都市では物質それ自体の再生産ということはない[1]し、またありえないから、都市はその富と生活資料のすべてを農村から得ていると言ってよかろう。けれども、この理由をもって、都市の利得は農村の損失だと考えてはならない。両者の利得は相互的であり互恵的であって、分業はこの場合も、他のすべての場合と同様、細分化された、さまざまの職業に従事する、あらゆる人々にとって有利なのである。農村の住民が製造品を自分でつくろうとすれば、一定量の労働が必要である。この製造品を都市から買う場合には、これを自分でつくる場合に必要な労働量よりもずっと少量の労働でつくった農産物を持っていけば、この農産物の生産に投じたのと同量の労働で農民がつくれる製造品よりも、はるかに多量の製造品を買うことができる。都市は農村の余剰生産物にたいして、つまり、耕作者の生活維持を超える余剰分にたいして、市場を提供する。
356 そして、その市場で、農村の住民は、余剰の生産物を自分たちに必要な他の物と交換するのである。都市の住民の数と収入が多ければ多いほど、都市が農村の住民に提供する市場はいよいよ広大となる。そして、その市場が広ければ広いほど、それは多くの人々にとってつねに有利である。都市から一マイル以内でできる穀物は、その市場で、都市から二〇マイルも離れたところから来る穀物と同じ価格で売られる。しかし、後者の価格は、一般に、この穀物をつくって市場に出す費用を償うだけでなく、農業者にたいして農業の普通の利潤をも与えなければならない。それゆえ、都市近郊の農村の地主と耕作者は、農業の普通の利潤のほかに、かれらが販売するものの価格においては、もっと遠方から運ばれてくる同種生産物の運送費の全価値をそっくり利得するばかりでなく、またそのうえ、かれらが購入するものの価格においても、この運送費をびた一文支払わずにすむわけである。どこでもよいから、大都市周辺の土地の耕作を、そこから少々離れた土地の耕作と比較してみるならば、農村が都市との取引によってどれほど便益を受けているかを容易に理解することができるだろう。貿易収支の均衡にかんしては、愚にもつかぬ空論〔第四篇第一章、訳注〔1〕参照〕

が流布されているが、しかし、農村が都市との取引によって損失をこうむるとか、あるいは、都市を養っている農村との取引で都市が損をするなどとは、さすがに主張された例はない。

## 生活資料や原料を生産する農村の開発が、都市の製造業の発達に先行していなくてはならない

生活資料は、事物の性質からいって、便益品や奢侈品《しゃしひん》にさきだって必要だから、前者を得るための産業は、後者を満たす産業に、当然優先しなければならない。そこで、生活資料を提供する農村の耕作と新農法による改良とは、必然的に、便益と奢侈の手段をつくりだすにすぎない都市の発達に先行しなければならないわけである。農村の余剰生産物のみが、つまり、耕作者の生活維持に必要な分を超えるもののみが、都市の生活資料となるのだから、都市は、この余剰生産物の増加なくしては発展できない。もっとも、都市は全生活資料を、かならずしも近郊農村や国内から獲得するとはかぎらない。遠方の諸国から調達する場合もある。もちろんこのことは、〔都市が農村の余剰生産物の増加によって発展するという〕一般原則の例外となるわけではないが、しかしこれが、時代により国民により、富裕になる進路に大きな差異を生じさせた原因ではある。

一般に必要にもとづいた事物のこの順序〔つまり農村が都市に先行するという順序〕が、どこの国でもそのとおりになるというわけではないが、人間自然の傾向によって促進され

ることは、どこでも変りはない。もし、人為的諸制度がこの傾向を妨害しなかったなら、
357 都市は、少なくともその全国土が完全に耕作され改良がゆきわたるまでは、どこにおいても、国土の改良と耕作とが許容する以上には発達できなかったにちがいない。いったい、利潤が等しいか、もしくはほぼ等しいなら、たいていの人は、自分の資本を、製造業や外国貿易に投下するよりも、むしろ土地の改良と耕作に投ずるほうを選ぶだろう。土地に資本を投ずる者は、貿易商人に比べて、その資本を身近で監視し、支配することができ、資産が不慮の事故にあうこともずっと少ないが、貿易商人は、資産をしばしば風波にさらすばかりでなく、遠国にあって、人柄も素性もはっきりとはわからないような人々に大きな信用を与えて、人間の愚昧《ぐまい》と不正という不確かな要素に自分の資産をゆだねざるをえない。これにたいして、自分の土地の改良に投下されている地主の資本は、人の為《な》す業としてはもっとも安全なように思われる。それに加えて、農村の美しさ、田園生活の楽しさ、それが保障する心の安らぎ、そして不正義の人為的法規が妨げないかぎり田園生活がかならず与えてくれる独立自主、これらは、多かれ少なかれ万人をひきつける魅力である。しかも、大地を耕すことはそもそも人間の本来の使命であったから、人間はその生活史のあらゆる段階を通じて、とくにこの原始的な職業を愛好しているように思われる。

### 職人の助力があって農村が発展し、それにともなって製造業が発達し都市が形成される

土地の耕作は、ある種の職人たちの手助けがなければ、実際、非常な不便を生じ、たえず中断しなければならなくなるだろう。鍛冶《かじ》工、大工、車大工、犂《すき》製造人、石工、煉瓦《れんが》積み工、鞣皮《なめしがわ》工、靴工、仕立職などのサーヴィスを農民はたえず必要としている。また、こういう職人たちも、時おり、たがいの助力を必要とする。しかも、かれらの住居は、かならずしも農民のように決まった地点にしばられてはいないので、かれらはおのずからたがいに近所に住みついて、小さな都市あるいは村落を形成する。肉屋、酒屋、そしてパン屋が、自分たちのおりおりの欲望を満たすのに必要または有用なさまざまの職人や小売商たちとともに、やがてそこに加わって、都市の発達に一役買うことになる。都市の住民と農村の住民とは、たがいに相手への奉仕者である。都市は、農村の住民がかれらの未加工の原生産物を製造品と交換するために集まってくる、絶えず開かれる大市《フェア》あるいは週市《マーケット》のようなものである。都市の住民に仕事の原料と生活資料とを供給するのは、この商取引で
358
ある。都市の住民が農村の住民に販売する完成品の量は、かれらが購入する原料と食料品の量を当然に制約する。それゆえ、都市の住民の仕事も生活資料も、完成品にたいする農村からの需要の増大に比例してのみ増大しうるし、そして、この需要は、ただ耕地の改良と耕作の拡大に比例してのみ増大しうるのである。こうしたわけなので、人為的な諸制度が事物自然の成り行きを乱すことがなかったならば、すべての社会における都市の発達とその富の増進とは、その国土つまり農村の改良と耕作の結果として、かつそれに比例して、

生じたであろう。

こんにちなお未耕地を容易に取得できるわが北アメリカ植民地においては、遠隔地向けの販売を目的とする製造業は、どの都市にもまだ始まってはいない。北アメリカでは、一職人が近郊農村に供給するための商売を営むのに必要なよりも、ほんのわずかでも余分の資本《ストック》を得たときには、かれはその資本《ストック》をもって遠隔地向けの製造業を始めようとはしないで、未耕地の購入と耕作にそれを投下する。かれは職人から農場主になってしまい、この国が職人に提供する高賃銀も楽な生活も、かれを自分自身のためよりも他人のために働くように誘うことはできないのである。かれは思う、職人は顧客の召使であり、顧客に食べさせてもらっているが、自分の土地を耕作し、必要な生活資料を自分の家族の労働で獲得する農場主こそは、真に一本立ちの主人《マスター》であり、世間から完全に独立している、と。

これに反して、未耕地が残っていないか、それとも容易に取得できる土地がない国々においては、近隣向けの時おりの仕事に用いうる以上の資本《ストック》を得た職人はみな、遠隔地向けの仕事を始めようと努める。鍛冶工は鉄工所などを、織布工は亜麻布あるいは毛織物製造所などを建てようとする。これらさまざまの製造業は、時がたつにつれて次第に細分化され、多種多様な方法で改良され、精巧なものになる。このことは容易に認めうることであるから、これ以上立ち入って説明することは不要である。

**資本の投下にも、㈠農業 ㈡製造業 ㈢外国貿易 という自然的順序がある。これがヨーロッパでは逆転されてきた**

資本の使い道を探し求めるに当って、利潤が同等ないしほぼ同等ならば、製造業よりも当然に農業が選ばれるのとまったく同じ理由で、外国貿易よりは製造業が自然と選ばれる。地主や農業者の資本が製造業者の資本よりも安全なように、製造業者の資本は、つねに貿易商人の資本に比べて十分にかれ自身の監督支配を受けているから、外国貿易商の資本よりもいっそう安全である。もっとも、あらゆる社会で、いつの時代にも、原生産物および
359
製造品双方の余剰部分、つまり国内で需要のない部分は、国内で需要のある物資と交換するために、国外に送られねばならない。けれども、この余剰生産物を国外に運ぶ資本が外国資本であるか自国の資本であるかは、さして重要ではない。もしも、その社会が、その全国土を耕作し、かつ、その原生産物のすべてを完璧《かんぺき》な方法で加工するに足るだけの資本を持っていない場合には、社会の全資本をよりいっそう有用な目的に使用するために、その原生産物が外国資本の手で輸出されるということは、かなり有利なことでさえある。古代エジプトの富、シナおよびインドの富は、輸出貿易の大部分が外国人によって営まれても、一国がきわめて高度な富裕に到達できることを十分に示しているではないか。わが北アメリカならびに西インドの植民地の発展は、もしもかれら自身の資本以外に他の資本が

かれらの余剰生産物の輸出に用いられていなかったならば、はるかに遅々たるものだったにちがいない。

それゆえ、事物自然の成り行きとして、およそ発展しつつあるすべての社会の資本の大部分は、まず第一に農業に、ついで製造業に、そしていちばん最後に外国貿易に投下される。事物のこの順序は、まったく当然のことであるから、いやしくも領土をもつすべての社会においては、程度の差こそあれ、つねに見受けられてきたことだ、と私は信じている。どこかにちょっとした都市ができるとすれば、それに先立って、多少の土地が耕作されていなければなるまいし、またかれらが外国貿易をやろうと思えば、それ以前に、これらの都市で製造加工業のなかの粗工業くらいは営まれていなければなるまい。

もっとも、この事物自然の順序は、領土を有する社会であればどこでも、ある程度は起ったにちがいないのだが、ヨーロッパのすべての近代国家においては、この自然な順序が多くの点でまったく逆転されてきている。都市のあるものでは、その外国貿易が、高級品製造業つまり遠隔地向けの販売に適した製造業を導入し、そして製造業と外国貿易とがあいたずさえて、農業の主要な改良を生ぜしめたのである。これらの国のそもそも最初の統治の性質に由来し、かつその統治が根本的に変化をとげてしまった後にまでも残った生活の仕方や慣習が、必然的にこれら諸国に、この不自然で逆行的な順序を余儀なくさせたのである。

〔1〕農業は物質を生産するが、工業はただ物質を変形するだけであるという説は、第二篇第五章における生産的労働論、とくに、「農業者の資本ほど多量の生産的労働を活動させるものはない。ここでは、労働する使用人ばかりか労働する家畜も、生産的労働者である。そのうえ、農業では、自然も人間とならんで労働する」(「資本の四つの用途……」の小見出し参照)というスミスの基本的な農業観に直結している。したがってこの農業観は、なぜ農業では、普通の利潤のほかに地代が発生するかの根拠ともされることになり、さかのぼっては第一篇第十一章の地代論に対応するとともに、ここ第三篇第一章「富裕になる自然の進路について」では、資本投下の自然的順序を基礎づけ、進んで第四篇では、都市の産業を重んずる重商主義への全面的批判と対照的に、重農主義にたいする好意的態度となって現われる。

こうしたスミスのいわゆる重農主義的傾向にたいしては、後にリカードゥ David Ricardo, 1772-1823 の次のような批判が加えられる。「自然は製造工業では人間のために何もしないのだろうか。吾らの機械を動かし航海を助ける風や水の力は無に等しいものか。気圧や蒸気の膨張力をかりて能く吾々は最も巨大な機関でも動かしうるのであるが、それは自然の贈物でないとするのか……自然が人間に助力を与えない、しかも大まかにかつ無償で与えない製造業を一つでも挙げてみることはできない」(リカードゥ、竹内謙二訳『経済学及び課税の原理』六三ページによる)。なるほどリカードゥの見解は一見もっともであるが、しかし、古拙としか言いようのないスミスの重農主義的発言の背後で、かれが模索していたはずの農業と工業とにおける自然の果す役割の違い、資本主義形成史上における農業の基底的重要さ、そしてやがて、この中から近代的工業の先駆的形態が産み出されるという発想が、リカードォのこの批判で解消してしまうとは思えない。

360

# 第二章　ローマ帝国没落後のヨーロッパの旧状においては農業が阻害された

**ローマ帝国没落後、ヨーロッパには大所領が出現し、これを維持するため長子相続法、限嗣相続制などが生み出された**

ゲルマンとスキタイ〔黒海とカスピ海の北部地方〕の諸民族がローマ帝国の西部諸領を侵略するに及んで、この一大変革がひき起したさまざまの混乱は、その後数世紀にわたって続いた。これらの野蛮民族が土着の住民にたいして行なった略奪暴行は、都市と農村とのあいだの商業を妨げた。都市は住民四散して街行く人とてなく、農村は荒廃して耕すに人なく、ローマ帝国の治下で、かつては、いささかの富裕を享受していたヨーロッパ西部諸領も、困窮と野蛮のどん底に陥るにいたったのである。こうした混乱が続いているさ中に、これら野蛮民族の首長やおもだった指導者たちは、諸国の土地の大部分を獲得し、横領した。この土地の大半は耕作されずに放置されていたものだが、耕作されていようといまいと、ともかく所有者のいない土地は寸土といえども残されなかった。土地はすべて占有され、しかもその大部分は、一握りの大土地所有者の手によって独占されてしまったのである。

荒蕪地《こうぶち》がこうしてそもそも最初に独占されたことの弊害は、もとより大きなものではあったが、しかしそれは一時的なものにすぎなかったであろう。というのは、独占された土地はおそらく、相続や譲渡によって、やがては再び分割され、小区画に分けられてしまうからである。ところが、長子相続法は相続によって土地が分割されることを妨げ、また限嗣相続制[1]が行なわれたことは譲渡によって土地が細分化されるのを阻止したのである。

　土地が、動産と同様、単に生活および享楽の手段とみなされる場合には、その家族の子供全員のあいだに、動産と同じように、土地を分配するのが自然な相続法である。というのは、父から見れば、子供たちの生活と享楽はどの子にも分けへだてがないからである。そこで、われわれが動産の分配について長幼男女の区別を設けないのと同様に、土地の相
361 続についても長幼男女のあいだになんの差別もしなかったローマ人のもとでは、この自然な相続法が行なわれていたわけである。ところが、土地が、単に生活手段たるのみでなく、地主の権力とその借地人の保護の手段とみなされるようになると、土地を分割せずに一人に伝えるほうがよいと考えられた。かかる無秩序の時代には、大地主はみなそれぞれ小国王ともいえる存在であり、その借地人たちはかれの臣下であった。地主は借地人たちの裁判官であり、そしてある点では、平時にはかれらの立法者であり、戦時にはかれらの指揮

官であった。かれは独断で隣人たちにしばしば戦争をしかけたし、時には君主にたいしても兵をおこした。こうした状態のもとでは、一つの所領の安全と、その所有者が領内の住民に与えうる保護とは、領地の大きさ如何《いかん》によったのである。領地を分割することは、これを破滅させることにほかならず、分割された一つ一つの部分すべてを、隣人たちの侵入による圧制併呑《へいどん》の危険にさらすことにほかならなかった。そうしたわけなので、もちろん即刻にというわけではなかったが、年がたつにつれて次第に、土地財産の相続に際しては長子相続の法が行なわれるようになった。それは、君主国の相続において、その創建の際については、かならずしもあてはまらないけれども、以後は一般に長子相続の法が行なわれてきたのと同じ理由にもとづくものである。君主国の権力、したがってその安全をば、国土を分割することによって脆弱《ぜいじゃく》なものにしてはならないとすれば、すべて領土は、挙げて子供のなかのただ一人に譲らざるをえない。子供たちのなかのだれにかくも重要な優先権が与えられるべきかは、人の才能というような不明瞭《ふめいりょう》な区別にもとづくものではなく、争いの余地のない簡単明瞭な差異にもとづく、なんらかの一般的原則によって決定されなければならない。ところで、同一家族内の子供たちのあいだには、男女の性と年齢の差以外に明白な差別はありえない。男性は一般に女性を措《お》いて優先され、他の事情がすべて同一ならば、どこでも長は幼に先んずるのである。長子相続権およびいわゆる直系相続権の起源は、こうした事情に由来する。

### 長子相続・限嗣相続などの制度は、今日では合理性を失い、馬鹿げたものになっている

法というものは、そもそもその法を生ぜしめた諸事情、そしてそれらの法を合理的たらしめ得た諸事情がもはや存在しなくなってしまってからずっと後までも、効力を有することがしばしばある。ヨーッパの現状では、わずか一エイカーの土地の所有者であっても、その所有権は、一〇万エイカーの土地の所有者と同じく、まったく安全である。けれども、こうなった今もなお長子相続権は尊重されており、しかも、家名の誇りを保つには、あらゆる制度のなかで、長子相続がもっとも適しているために、今後さらに何世紀にもわたってこの制度は保持されそうである。だが、この一点を別とすれば、他のあらゆる点で、一子を富ませるために他の子供たち全員を赤貧におとしいれるという権利ほど、人数の多い家族の真の利益に反するものはほかにないだろう。

限嗣相続制は、長子相続法から自然に行きついた結果である。限嗣相続制は、そもそも
362 長子相続法が持ち出した考え方である、一定の直系相続制を維持するために、そして原所領が贈与、遺贈または譲渡によってか、それとも後継所有者のなかのだれかの暗愚もしくは不幸によってか、ともかく最初に予定されていた家系から土地が一片たりとも他へ持ち去られることを防ぐために、採用されたものである。限嗣相続制はローマにはまったく知られていなかった。一部のフランス人法律家たちは、この近代の制度に、ローマの昔の予

備相続や信託遺贈[2]という名をつけて扮装させることを適当と考えているが、ローマ人の予備相続制や信託遺贈制は限嗣相続制となんの類似点もない。

大所領があたかも侯国の一種であったかのごとき時代には、限嗣相続制は不合理ではなかったであろう。二、三の君主国のいわゆる基本法規のごとく、限嗣相続制は、ただ一人の気紛れや浪費のために幾千人もの安全が危くされるのをしばしば防いだであろう。けれども、ヨーロッパの現状においては、所領はその大小を問わず、すべて、その国の法律によって安全を保障されているのであるから、限嗣相続制ほど不条理なものはないのである。限嗣相続制は、あらゆる想定のなかでももっとも不条理な想定を前提している。すなわち、人間のすべての子孫は、土地および土地が包有するすべてのものにたいして、同等の権利をもってはおらず、おそらく五〇〇年も昔に死んでしまった人々の気紛れによって、現代人の財産が規制され制約されて当然だ、という馬鹿げた想定に立っているのである。しかしながら、限嗣相続制は、現在もなおヨーロッパの大部分の地方で重んぜられており、文武の高位高官につくためには名門の出であることが欠かせない条件となっている諸国においては、ことに重視されている。限嗣相続制は、その国の高職栄典にたいする貴族の排他的特権を維持するために必要だと考えられており、この貴族階級は、自分たち以外の同胞市民を抑えつけて一つの不当な特権を強奪しているので、貧困のゆえにこの特権が世の嘲笑《ちょうしょう》の的となることのないよう、かれらがさらにもう一つ別の特権をもつことも当然だと考えられているのである。もっとも、イングランドの慣習法は永代所有権を嫌悪するといわれており、したがってイングランドでは、ヨーロッパの他のどの君主国におけるよりも厳しく永代所有権が制限されている。とはいっても、イングランドにも永代所有権がまったくないわけではない。スコットランドでは、全国土の五分の一以上、おそらくは三分の一以上が、現在も厳格な限嗣相続制のもとにおかれていると思われる。

### 大地主やその支配下の隷農・奴隷は、がんらい土地の改良や耕作を進めることに関心がない

このようにして、広大な未耕地が特定の家族によって独占されただけでなく、その土地が再び分割される可能性も、できるかぎり永久に排除されたのである。けれども、大地主
363
が所領の大改良家であることはめったにない。こんな野蛮な制度を生ぜしめた乱世の当時には、大地主は自分の領地を防衛したり、さもなければ、隣人たちの所領に自分の支配と権威を拡大することに大わらわであった。大地主には、土地の耕作や改良に精を出す暇などなかったのである。ところが法と秩序が確立して、かれにそうした暇ができるようになった時には、すでにその気をなくしてしまっていることが多く、また耕作や改良を行なうのに必要な能力をほとんどの場合欠いてもいた。もしもかれの一身一家の支出がかれの収入に等しいか、または、きわめて頻繁《ひんぱん》に生じたことだが、支出が収入を上回るようなことになれば、かれには耕作や改良に使う資本《ストック》は残るはずがない。もしも経済に眼がきくなら、

かれは普通、自分の年々の貯蓄を、昔からの所有地の改良に用いるよりも、新たに土地を買うために使うほうが、はるかに利益が多いことを知っただろう。土地を改良して利益をあげるためには、他のあらゆる商業上の企画と同様、一銭一厘の些細《ささい》な節約や利得にたいする緻密《ちみつ》な注意を必要とするのだが、大資産家に生れついた者には、たとえかれが生来の節約家であるとしても、かかる緻密な注意を行きわたらせることは、まずほとんど不可能である。そういう人の境遇は、当然のことながら、かれにとってほとんど必要のない利潤などに注意を向けさせるよりも、むしろ、かれの好みを満足させる奢侈《しゃし》装飾のたぐいに注意を払うような気になるものである。かれの服装、馬車と供揃《ともぞろ》え、邸宅、家具などを優雅で気品に満ちたものにすることが、幼少のころから、かれが多少とも気を配るよう慣らされてきたことである。この習慣が自然に形成する心の傾きは、かれが土地を改良しようと考えるようになった時にも、かならずつきまとってくる。かれは、改良がすべて終った時にその土地が有する価値の一〇倍もの費用をかけて、自分の家の近くにある四、五〇〇エイカーほどもの土地を美化しようとする。そして、もしも同じ方法でかれの全所領を改良しようとすれば、その一〇分の一を改良し終えるまでに、かれは間違いなく破産してしまうだろうということを思い知らされる。しかしかれは、このやり方以外の方法で自分の所領を改良する気はさらにない。連合王国の両地方〔イングランドおよびスコットランド〕いずれにも、現在なお、封建的無政府の時代から中断することなく同一家族の手中にとどまっている大所領がいくつかある。これらの所領の現状を、その近隣の小土地所有者の土地と比較されたい。そうすれば、もはや他の論証をまつまでもなく、こうした広大な所有地が、改良にどれほど不利であるかが納得できるであろう。

　かかる大地主になんの改良も期待できないとすれば、かれらの配下にあって土地を占有した人々には、なおさらこれを望むことはできない。ヨーロッパの旧状においては、土地の占有者はすべて随意解約小作《テナント・アット・ウィル》〔小作契約当事者、一般には地主の一方的意志で予告期間なく自由に解約できる小作人〕であった。かれらは、全員とは言わないまでも、ほとんどすべて奴隷であった。もっともその奴隷状態は、古代のギリシャ人やローマ人のあいだに知られていた奴隷制度に比べても、あるいはわが西インド諸植民地における奴隷制度と比べてさえも、ずっと寛大なものであった。かれらはその主人に属するよりも、むしろ直接に土地に属するものと考えられていた。したがって、かれらは土地といっしょに売買されたが、土地から切り離してかれらだけが売買されるこ
364
とはなかった。かれらは主人の承諾があれば結婚できたし、しかも、結婚してしまえば、主人といえども夫妻をそれぞれ別人に売ってその配偶を断つようなことはできなかった。もしも主人が奴隷のだれかを傷つけて障害者にしたり殺害したりすれば、一般に軽い罰ではあったが、ともかく主人はなんらかの刑罰に処せられた。けれども、奴隷たちが財産を取得することは認められなかった。かれらが取得したものは、すべてことごとく主人のために取得されたのであり、主人は意のままに、それをかれらから取り上げることができた。

こうした奴隷によって、どのような耕作や改良が行なわれても、それはかれらの主人が行なったと言うべきものであった。主人がその費用を負担したからである。種子も牛も耕作用具も、すべて主人のものであった。耕作も改良も主人の利益のためであった。こうした奴隷は、日々の生活資料のほかは、なにひとつ手にすることができなかった。それゆえ、この場合には、地主がみずから自分の土地を占有して、その土地を自分の隷農《ボンドマン》〔ここでは、身分的人格的に自立を認められず、地主に隷属した農民を指す〕を用いて耕作したのだ、と言ってよかろう。この種の奴隷制度は、ロシア、ポーランド、ハンガリー、ボヘミア、モラヴィア、そのほかドイツの諸地方に、現在もなお存続している。ただわずかにヨーロッパの西部と南西部の諸地方では、この奴隷制度は漸次に廃されて、今やまったく姿を消してしまった。

　ところで、大地主に所領の大改良を期待することがきわめてむずかしいとすれば、かれらが奴隷を労働者として使用する場合には、所領の大改良をそれに期待することはさらにむずかしい。古今東西の経験に徴して、奴隷の仕事というものは、一見したところ、かれらの生活費だけ出せばよいように見えて、その実、結局もっとも高くつくことを明示していると思う。財産を取得できない人間は、できるだけたくさん食べ、できるだけ少ししか働かないことだけを考え、ほかにはなんの関心も示さないものである。奴隷の生活資料をまかなうのに十分な量を超えて、さらに仕事をさせるということは、ただ力ずくでのみできるのであって、奴隷がすすんで働くなどということはない。古代イタリーにおいて、穀物の耕作が奴隷の管理にまかされるようになった時、その耕作がいかに衰え、主人にとってどれほど不利益となったかは、プリニー〔二三～七九。ローマの博物学者〕およびコルメラ〔第一篇第十一章第一節「ホップ園など……」の小見出しの割注参照〕がともに述べているところである。アリストテレスのころ、古代ギリシャにおいても、耕作の事態はたいしてよくなかった。プラトンの法律論中に述べられている理想共和国について論じているなかで、アリストテレスは、労働しない人間五〇〇〇（理想共和国の防衛上必要と考えられる戦士の数）をその妻や召使とともに養うためには、バビロンの平野と同じくらいの広大で実り豊かな一地域が必要だ、と言っている。

人間には自尊心があるので、威張ることが好きである。したがって、目下《めした》の者を説得するために自分が下手に出なければならないということほど、人に屈辱感を与えるものはない。それゆえ、法律が許し、また仕事の性質上も差支えないならば、人は一般に、自由人よりも奴隷を使うほうを好むであろう。ところで、甘蔗《さとうきび》と煙草《タバコ》の栽培は奴隷による耕作の
365
費用に耐えられるが、穀作は、現在のところ、この費用に耐えられないように思われる。主産物が穀物であるイングランド領植民地においては、仕事の大部分は自由人によって行なわれている。ペンシルヴァニア州のクエイカー宗徒は、かれらの黒人奴隷を全員解放することをさきごろ決議したが、この一事をもって、奴隷の数はそれほど多くないということがわかる。もしも奴隷が、クエイカー宗徒たちの財産のうちかなり大きな部分を成しているものであれば、奴隷を解放するがごとき決議は、けっして賛成されなかったにちがい

ない。これとは正反対に、わが砂糖植民地においては、仕事はすべて奴隷が行なっており、また煙草植民地においても、仕事のほとんどは奴隷がやっている。わが西インドの植民地においても、砂糖農園《プランテーション》のあげる利潤は、一般に、ヨーロッパやアメリカで知られている他のいかなる耕作による利潤よりも、はるかに大きい。また、煙草農園《プランテーション》の利潤は、砂糖農園の利潤よりも劣るとはいえ、上述のごとく穀作の利潤よりも勝っている。砂糖も煙草もともに奴隷耕作の費用に耐えられるが、砂糖のほうが煙草よりも耐える力が大きい。したがって、わが植民地における白人の数にたいする黒人の数の割合は、煙草植民地よりも砂糖植民地のほうがはるかに多いのである。

### 自由身分の分益小作は農業の増進には関心をもつが、自分の資本は投下しようとしない

昔の奴隷耕作者の地位は、漸次に、現在フランスで分益小作《メティエ》という名で知られている種類の農民に引き継がれた。この農民はラテン語で Coloni Partiarii とよばれるが、イングランドでは廃止されてすでに久しいので、現在では、かれらを英語でなんとよぶのか私は知らない。地主はこの農民に種子、家畜および耕作用具を、要するに農地を耕作するのに必要な資本《ストック》をすべて、給付した。生産物は、資本《ストック》を維持するために必要と判断された分を控除した後、地主と農民とのあいだで均等に分けられた。資本《ストック》は、農民が農場を立ち退《の》くか、あるいは追い出されるかした場合には、地主に返された。

このような借地人によって占有されている土地は、実のところ地主の費用によって耕作されているものであり、そのかぎりでは、奴隷が占有している土地と異ならない。けれども、この両者には、一つのきわめて本質的な差異がある。すなわち、この分益小作なる借地人は、自由人であるから財産を取得することができるし、また土地の生産物をある一定の割合でもらうので、自分の取り分をできるだけ多くするためには、全生産物が可能なかぎり多くなければならないという当然の関心をもつことになる。これに反して、自分の生活資料のほか、なにひとつ自分のものにできない奴隷は、土地が、かれの生活に必要なもの以上にはなるべく少ししか生産しないようにして、身の安楽を図ろうとするのである。ヨーロッパの大部分の地域を通じて、農奴的借地関係が徐々に衰滅するにいたったのは、一つには右に述べた利益があったからであり、また一つには、つねづね大地主を嫉妬《しっと》していた君主が、地主の農奴たちが地主の権力を侵害することを漸次に助長し、ついにはこの種の奴隷制がまったく不便なものとなってしまうにいたったからである、と言われている。けれども、かくも重大な変革がいつ起こり、どのようにして行なわれたかは、近世史においてもっともはっきりしない点の一つなのである。ローマ教会はこの問題に大きな役割を果したと主張しており、確かに、早くも十二世紀に、法王アレクサンデル三世が奴隷総解放の教書を発布したことも事実である。けれどもこの教書は、信徒が厳しくこれに従うことを求めている戒律というよりは、むしろ信仰に理由をかりた一つの勧告であったように思われる。奴隷制度は、その後も数世紀にわたって、あまねく行なわれていたが、ついに、上に述べた二つの利益、すなわち一方では地主の利益、他方では君主の利益という二つの利益の作用が重なって、漸次廃止されてしまった。ところで、農奴は解放され、しかも同時に、これまでどおり土地を占有していることを許されはしたが、自分の資本《ストック》をもっていないので、地主が貸してくれる資本によって耕作するほかはなかった。かくて、解放された農奴は、フランス人のいわゆる分益小作たらざるをえなかったのである。

しかしながら、この最後の種類の耕作者にとっても、生産物のうち、自分の取り分のなかから蓄えることのできたわずかばかりの資本《ストック》の一部を、土地をいっそう改良するために投下するということは、とうていその利益となるところではなかった。なぜなら、地主は土地の改良にびた一文投下しないのに、その全生産物の半分を得ることになっていたからである。生産物の一〇分の一にすぎない一〇分の一税でさえ、改良にとって、ひどい妨げであることがわかっている。したがって、二分の一にも達する貢納は、改良を実際に阻んでしまうものであったにちがいない。地主が提供してくれた資本《ストック》を使って土地になるべく多く生産させることは、分益小作の利益であったろうが、しかし、この資本に分益小作自身の資本を多少なりとも混用するとなれば、それはどう考えても、かれの利益ではなかったろう。フランスでは、全王国の六分の五が、今もなおこの種の耕作者によって占有されているということだが、地主たちは、かれらの分益小作が、あらゆる機会をみつけては主

367

人の家畜を耕作にではなく運搬に使役している、と文句を言っている。小作人がそうするわけは、家畜を運搬に使役すれば、かれらは全利潤を自分の懐に入れられるが、耕作に使えば利潤を地主と分けなければならないからである。この種の借地人は、スコットランドの若干の地方にも現在なお残存している。かれらはスティール・バウ小作〔4〕とよばれている。ギルバート財務裁判所首席裁判官やブラックストーン博士〔第一篇第五章「金銀はその価値が……」の小見出しの割注参照〕によれば、正式に農業者《ファーマー》とよばれるよりも、むしろ地主の執事とも言うべきものであったとされている、昔のイングランドの借地人は、たぶんこれと同じ種類のものだったろう。

## 借地権が保証されるにつれて、自分の資本を耕作に投下しようとする農業者が現われた

この種の借地人の後に、きわめて徐々に登場したのが、自分の資本《ストック》で土地を耕作し、地主には、ある一定の地代を支払う、まさしく農業者《ファーマー》とよびうる人々であった。この種の農業者が一定期間の土地賃借権を保有している場合には、農場の改良に自分の資本《キャピタル》の一部を投下することが、自分にとって有利だとわかることも時にはあろう。なぜなら、借地権が満了する以前に自分の投下資本を回収し、しかも多額の利潤をも得ることが期待できることもあるからである。けれども、この種の農業者の占有権でさえ、長いあいだ、はなはだ不安定なものであったし、現在もなおヨーロッパの多くの地方においてそうである。賃借期間の満了以前でも、その土地を新たに買った者があれば、新地主は合法的に農業者の借

地権を拒否できたし、イングランドでは、不動産回復訴訟〔5〕なる虚構の訴訟によっても借地権は無効とされたのである。たとえ農業者が地主の暴力によって不法に追い出された場合でも、かれらが救済を求めうる訴訟はまったく不完全なものであった。この訴訟は、かならずしも常にかれらに土地の占有を回復してくれるものではなく、実際の損失を償うにはとうてい足りない損害賠償を与えるだけであった。おそらくヨーロッパでヨウマン〔6〕の身分がつねにもっとも尊敬されているイングランドにおいてさえ、ヘンリー七世〔在位一四八五～一五〇九〕の治世第十四年のころになってようやく、不動産占有回復訴訟〔7〕が考え出され、借地人が損害の賠償だけでなく占有権をも取り戻せることになり、またかれの請求が、ただ一回の裁判のあまり信頼のおけない判決をもって最終的に結審になるとは限らないようになった。この訴訟はきわめて有効な救済手段であることがわかったので、近代の訴訟手続においては、地主が土地の占有権を求めて訴訟を起す場合にも、地主としてかれに当然に属する訴訟手続たる権利令状または立入令状〔8〕を用いることはほとんどなく、かれの借地人の名において不動産占有回復令状によって訴訟するようになった。それゆえイングランドでは、借地人の安全なることは、土地所有者と変らない。しかもイングランドでは、地代が年四〇シリングの価値ある土地の終身借地権は自由土地保有権《フリーホールド》〔9〕であって、その借地人には国会議員の選挙権が与えられる。ヨウマンの大部分は、この種の自由土地保有権をもっているので、かれら全ヨウマンは、この権利がかれらに与える政治的重要性のゆえに、地主にとって、おおいに尊重すべき存在となったのである。借地人が、自分に権利のない土地に建物を建ててしまいながら、この重大な改良を地主が利用するなどということは、地主の体面にかけてもやるはずはあるまいと信じているというような事例は、イングランド以外にはヨーロッパのどこにも存在しない、と私は確信する。ヨウマンにとってかくも有利なこ
368 れらの法律や習慣は、たぶん、イングランドが誇りとする商業上の諸規制のすべてを合わせたよりも、同国の現在の富強に大きく貢献したと思われる。

### イングランド以外では、借地権はさまざまな制約を受けていた

各種の相続者にたいして、きわめて長期の借地権を保障する法律は、私の知るかぎりでは、大ブリテンに特有のものである。それは、早くも一四四九年にジェイムズ二世の一法律によって、スコットランドにもとり入れられた。しかし、限嗣相続制があったために、その好影響は、おおいに減殺された。というのは、限嗣相続制による土地の相続人は、普通、長期についてはもちろん、一年を超える場合にもしばしば、土地の賃貸をすることを制限されていたからである。この点について、最近の議会の一条例〔ジョージ三世第十年条例第五十一号〕は限嗣相続人にたいする制限をいくぶんか緩和したが、それでもまだ厳しすぎるようだ。それに加えてスコットランドでは、定期借地権をもっていても国会議員の選挙権は与えられないので、ヨウマンはこの理由から、イングランドにおけるほどには地主に尊重されなかっ

たのである。

　ヨーロッパの他の諸地方では、土地の相続人および購入者の双方にたいして借地人の権利を保障すると万事都合がよいとわかってから後も、その保障の期間はごく短期に限られていた。一例をあげれば、フランスでは、この期間は借地契約の開始から九年間に限られていた。もっとも同国では、最近、この期間は二七年に延長されたが、借地人を奨励してきわめて重要な改良をさせるには、これでもなお短かすぎる。土地の所有者は往古ヨーロッパのどこでも立法者であった。したがって、土地にかんする法律はすべて、土地所有者の利益と思われることを主眼に立案されたのである。かれらは、祖先のだれかが与えた借地権が現所有者を束縛して、長期間にわたってかれが自分の土地の全価値を享有できずにいるという事態は、自分たちの利益に反するものだと考えた。貪欲《どんよく》な者や不正な者は、つねに目先のことしか考えず、この規定がどれほど改良を阻害し、それによって、長いあいだには、地主の真の利益をどれほど損うことになるのかを見通していなかったのである。

　農業者もまた地代を支払うほかに、昔は、地主にたいして多くの役務《サーヴィス》を提供する義務があると考えられていた。この役務は、借地契約に明記されるなり、なんらかの細則で規定されるということはめったになく、荘園なり貴族所領の習わしによって決まっていた。したがって、これらの役務はほとんど完全に地主の恣意《しい》にゆだねられていたので、借地人をさまざまに苦しめた。スコットランドでは、借地契約に詳細に明記されていない役務がいっさい廃止をみると〔ジョージ二世第二十年条例第五十号による〕、数年にして同国のヨウマンの状態はいちじるしく改善されたのである。

ヨウマンに課せられた公的役務も、私的役務に劣らず専断的なものであった。公道を建設して維持することは、国によってその強制の程度に差こそあれ、現在もなお、いたるところで行なわれていると思われる賦役《サーヴィテュード》〔サーヴィスは個々の役務を指し、サーヴィテュードはその総括名称として用いられている〕の一つだが、
369 賦役はこれだけではなかった。国王の軍隊や、国王の家族や、あるいは国王の諸官吏が国内を通行する時には、ヨウマンは、徴発官が定めた値段で、馬匹《ばひつ》、馬車、食料品を提供しなければならなかった。大ブリテンは、この徴発という強制が完全に廃止されてしまったヨーロッパ唯一の君主国だと思われる。フランスやドイツでは、現在もなお徴発強制が行なわれているのである。

ヨウマンに課せられた公的租税もまた、役務と同様に、不規則かつ苛酷《かこく》なものであった。昔の地主たちは、かれらの君主に御用金を献ずることをはなはだ嫌ったが、しかし、かれらの借地人にたいして、君主がいわゆる小作課税《タリッジ》〔領主が随意に小作に課す税で、貨幣で納める〕することは簡単に認めており、この借地人にたいする君主の課税が、結局は地主たち自身の収入にどれほど影響を及ぼすことになるのか、それを予見するだけの識見をもっていなかった。今でもフランスに残存している租税の一つであるタイユは、この昔の小作課税の一例といってよい。タイユは、農場に農業者が投下している資本《ストック》の量にもとづいて、領主が農業者の利潤を評

価し、この推定利潤にたいして課す一租税である。それゆえ、できるだけ少ししか資本をもっていないように、そしてその結果当然に、耕作にもできるだけ少ししか資本を投下せず、その改良には一文も使わないように見せることが、農業者の利益だったのである。フランスの農業者の手中に資本《ストック》がたまたま蓄積されるにいたっても、タイユの存在するかぎり、蓄積された資本が土地に使用されることを禁止するのと同然である。しかも加えて、この租税は、これを課せられる者に恥辱を与え、その人をば上流の人間でないどころか、市民以下の人間に引き下ろしてしまうものと見られている。そして他人の土地を借りる者はだれでも、この税の対象になったのである。上流の人士は言うに及ばず、資本《ストック》をもつほどの市民であれば、この恥辱を甘んじて受けはすまい。それゆえこの租税は、土地から得られる資本《ストック》がその土地の改良に投下されることを阻止するだけでなく、その他いっさいの資本《ストック》を土地から駆逐してしまう。かつてはイングランドにおいてごく普通のこととして行なわれていた、あの昔の一〇分の一税や一五分の一税[10]も、土地に影響したかぎりで言えば、タイユと同じ性質の租税であったと思われる。

**農業者は大商工業者よりも社会的地位が劣るし、地代負担もあるという事情は、大資本が借地農業経営に向うことを妨げている**

このようなさまざまの阻止的要件が存在するかぎり、土地の占有者に改良を期待することは、ほとんどできなかった。この階層の人々は、法律が与えうる最大限の自由と安全のもとでも、土地の改良をしようとすれば、かならず、いちじるしく不利な条件でことを進めなければならなかったのである。地主と比べた場合の農業者の立場というものは、自分の貨幣《かね》で取引する商人と比べた場合の借金で取引する商人の立場と同様である。自分の貨幣で取引する商人にしても借金で取引する商人にしても、資本《ストック》はいずれもふえるであろう。しかし借金で取引する商人の資本は、自分の貨幣で取引する商人の資本と同じような経営をしているだけでは、増加の速度がつねに遅いにちがいない。そのわけは、利潤のうち大きな部分が借金の利子として取られてしまうからである。農業者によって耕作される土地も、これと同様で、優劣がない経営をしているだけでは、地主によって耕作される土地よりも、改良の速度はずっと遅いにちがいない。なぜかというと、生産物のうち大きな部分が地代として取られてしまうが、この部分は、もし農業者が土地の所有者であれば、土地の改良をさらに進めるために投下できるからである。しかも農業者の地位は、ことの道理上、地主の地位よりも劣っている。ヨーロッパの大部分を通じて、ヨウマンは、商人や職人の上層部にさえ及ばない、社会的に劣った階層とみなされており、またヨーロッパのどこにおいても、大貿易商や大製造業者より劣るとみなされている。こうした状況であるから、かなりの資本《ストック》をもっている者が、社会的に劣る地位につくために、優っている地位を捨て去るというようなことは、まずありえないことである。それゆえ、ヨーロッパの現状においてさえ、資本《ストック》が、なにか他の職業から、土地を借りて農業を営むという形で土地の改良に向うようなことはほとんどなかろう。大ブリテンは、たぶん他のどの国よりもこうした動きの見られる国であるが、しかしその大ブリテンでさえ、場所によっては借地農業経営に大資本《ストック》が用いられてはいるものの、この資本は一般に、おそらく、あらゆる商売のなかで資本《ストック》の蓄積が通常もっとも緩慢である借地農業経営自体によって獲得されたものなのである。そうは言っても、小土地所有者に次いでは、富裕な大農業者が、どこの国でも、主たる改良者である。おそらくイングランドには、ヨーロッパの他のどの君主国よりも、そういう農業者が多いだろう。ホラント共和国やスイスのベルン共和国でも、農業者はイングランドの農業者に劣らないといわれている。

## ——穀物取引の制限も農業の発達を阻害した——

以上に述べたことに、さらに加えて、ヨーロッパの昔の政策は、地主が行なおうと農業者が行なおうと、土地の改良および耕作にとって都合の悪いものであった。すなわち、第一に、特別の免許がないかぎり、穀物の輸出は一般に禁止されており、これはきわめて広く行なわれた規制だったようである。第二に、買占人や仲買人や先買人[11]を取り締まる馬鹿げた法律を定め、また、大市《フェア》や週市《マーケット》の特権を定めることによって、穀物だけでなく、ほとんどあらゆる農産物についての国内取引にさまざまの制限を加えた。穀物輸出の禁止が、外国穀物の輸入にたいして与えられた二、三の奨励とあいまって、古代イタリーの耕作をどのような仕方で妨害したかは、すでに述べたところである。しかもこのイタリーは、ヨーロッパのなかで自然に恵まれたもっとも豊饒《ほうじょう》な国であり、かつまた、その当時、世界一の帝国の本拠でもあった。穀物の国内取引にたいするこのような制限が、輸出の全般的禁止とあいまって、イタリーほどに豊饒でもなければ環境にも恵まれていない諸国の耕作を、いったいどれほど阻害したかは、おそらく想像に絶するものがあろう。

〔1〕entail　不動産とくに土地の相続方法の一つ。相続対象となる土地について、相続権者の順位を、たとえば被相続者の長男、次男というようにあらかじめ定めてしまい、相続ごとにこの順位の筆頭者に相続させることを原則とし、筆頭者を欠く場合は二位以下を順次繰上げて、上位の者が相続者となる。ひとたび、ある土地を限嗣相続の土地と登記して、これについて相続権者順位を定めてしまうと、以後はなんらかの事情で相続権者がまったくいなくなってしまわないかぎり、その土地は永久にこの順位を守って相続されることになる。相続の指定には、単に相続順位のみを定めた無条件相続のほか、相続者が相続地を抵当に入れることを禁止した禁止条項を含む場合と、さらにこれに併せて、相続者が負う負債の対価として当該土地を取り上げることが法律上無効であることを規定した解除条項、無効条項をも含む場合とがあった。いずれにせよ、相続者は自分の後の相続者となる子孫のために、相続した土地を、遠い祖先の

決定どおりに維持せざるをえないことになる。この制度の目的については、本文の後段をみよ。

〔2〕substitution　ローマ法における不動産相続の一形式で、予定する相続者がなんらかの理由で資格を失った場合の相続者を指名しておく場合と、被相続者が、遺言状で、かれの相続者から不動産遺贈を受けるべき第三の人物、もしくは信託遺贈（本章訳注〔3〕をみよ）を受けるべき第三の人物を指名する場合とがあった。

〔3〕fidei commisses　ローマ法における不動産遺贈の一形式。不動産を贈与したい相手が、なんらかの理由で法的に直接その贈与を受ける資格を欠く場合に、第三者にたいして、最終的な被贈与者に贈与することを遺言状をもって義務づけたうえで、その不動産を第三者に贈与するという形をとった。第三者は、最終的な被贈与者への不動産贈与を、いわば信託されたわけである。なお、スミスはこの二語を一語に綴《つづ》っている。

〔4〕steel-bow tenant　農地の小作契約に当って、地主が耕作用資本《ストック》を提供し、小作人はその資本を投下して耕作するという小作の一形態。小作契約期間の残りが少なくなると土地を放置して荒れるにまかせて、地主に損失を与えることを防ぐために、契約満了時には、提供を受けた資本の全価値を地主にたいして補償することを義務づけられた小作人。steel は厳格に定めた、bow は耕作用資本《ストック》、の意味である。

〔5〕common recovery　限嗣相続権の認められている保有地を無条件相続権のある保有地に転換するために、まったく虚構の訴訟を行なって法的条件を満たすという、擬制

的訴訟手続のこと。

〔6〕 **yeoman**　ヨウマンを厳密に定義することはきわめて困難だが、一般的に言えば、封建社会の解体過程で十四世紀以降に出現した、身分的に自主独立で、自分の土地を耕作する自営農民を指し、社会的な身分を表示している。賦役や地代が低率で固定化したり金納化したという事情と農業生産力の発展とに助けられて富を貯《たくわ》えた農民が、ワット・タイラー Wat Tyler の乱（一三八一年）など農民一揆による武力をも背景に、やがて一定の上納金を領主に納めることによって、それと引換えに封建地代の支払を免除してもらうことに成功し、自分の土地を自分の判断で、みずから耕作経営することになる。こうしてヨウマン層は出現した。

ヨウマンは封建地代の収取関係の圏外に立ったという意味では、もはや封建社会の基本的構成員ではないが、いまだ資本・賃労働関係を経営に含まないという点では資本主義的関係を有さず、その限りで歴史的には封建制から資本制への過渡的存在である。だが自由な商品生産を営むなかで、経営に成功した富裕な自営農民のある者は、農地の拡張や借地によって農業経営をさらに大規模化した。他方、ある者は、毛織物工業や金属工業など各種の日常的手工業を兼営して、農村工業を育てあげることになる。スミスが第三篇第三章（「遠隔地向け製造業……」の小見出し参照）で読者の注目を促している「農業の末裔《まつえい》としての製造業」がそれである。こうしてヨウマンは、やがてその上層に農業なり手工業なりで成功して大規模な経営を行なう富裕な階層――

いわゆる中産的生産者層――を押し上げ、十六世紀半ばころともなると、資本制的借地農業者や農村マニュファクチャー主を出現させることになる。なお、スミスはヨウマンと借地農業経営者としての農業者とをしばしば混用しているが、ヨウマンが直ちに借地農業経営者であるわけではない。

〔7〕 action of ejectment　元来は期間を定めた借地権保有者が、その占有を侵害された場合に、侵害にたいしての回復を求める訴訟。第五篇第一章第二節訳注〔8〕参照。

〔8〕 権利令状　writ of right とは、自由土地保有権のうちの無条件相続権（fee simple）が認められている土地について、侵入など不法が行なわれた場合に、無条件相続権の権利を主張して不動産の回復を求める訴訟を開始する令状のこと。また立入令状　writ of entry は、保有地にたいする侵入など不法があることを主張して、不動産の占有回復を求める訴訟を開始する令状のこと。

〔9〕 freehold　元来は、封建制下で人格的・身分的に自由をえた農民が、土地の使用について領主から獲得した強力な権利で、その内容は、権利の存続期間を限定せず、土地保有権が、㈠無条件で相続できる場合　㈡限嗣相続ができる場合　㈢一代終身に限って認められる場合　があった。フリーホールドという言葉は、こうした土地の保有権を指す場合と、かかる保有権が設定されている土地を指す場合とがあるが、スミスはここでは前者の意味に用いている。

〔10〕 一〇分の一税　tenths も一五分の一税　fifteenths も、ともに元来は臨時供与金の一種

で、その都度、国王の要求にもとづいて、議会がその供与を審議し、決定したものであった。封建時代を通して、国家財政と王室財政は明確に分離されておらず、最大の封建領主としての国王は、他の領主と同様、その経常経費は自前を原則としていた。国王大権は国民の一般的福祉にかんしては全国民の上に及ぶべきものとされたが、課税権を内包しておらず、ただ戦争など緊急事態に対応するための臨時費用については、議会に供与金を要求することができた。臨時税《サブシディ》、人頭税、それに一〇分の一税、一五分の一税がその主要なものである。

一五分の一税は十二世紀から始まり、ジェイムズ一世の治下、一六二四年に廃止されたもので、当初、各州を対象に住民の動産価額の一五分の一を徴収した。税額はその後実質的に一五分の一を下回るようになり、やがて定額税となったが、名称だけは残った。また一〇分の一税は、十三世紀後半から始まり一六二四年に廃止されたもので、勅許都市《シティー》、自治都市《バラア》、王領地を対象に、初めは動産価額の一〇分の一を課したが、後には一五分の一税と同様に定額税化した。

スミスがこの両税について「昔の」と断わっているのは、それがすでに廃止されていたためでもあるが、同じ一〇分の一税とよばれながら、本文中の意味での税とは異なる税があり、その税はスミスの時代にも存続し、その後も実に二十世紀にまで残存したからでもある。この別種の一〇分の一税とは、教会領の年々の収入の一〇分の一をとり立てる奉納金で、初めはローマ法王に納められていたが、一五三四年からは、イングランド国教会の首長たるイングランド国王に納められることになり、さらに一七〇三年以降は零細教会領補助を目的とする「アン女王基金」に提供された。なお tenths は tithes と同義で用いられる場合もあり、邦訳では tithes もまた「一〇分の一税」とされているが、tithes は元来一〇分の一税とは別物で、収獲物の一〇分の一を基準に、教会が自分の生活のために教区民から現物で徴集した封建的貢租である。この tithes については第五篇第二章、第二節〔2〕(「土地の生産物に……」の小見出し)を参照。

〔11〕買占人 engrosser ——再販売を目的に穀物その他の食料品を買い占め、時に収獲以前の穀物買占めを行なう者。仲買人 regrator ——穀物その他の食料品を買取り、その同じ市場もしくは四マイル以内の地域で再販売する者。先買人 forestaller ——穀物をはじめ商品が市場や港へ運ばれる途中で買い占めてしまう者。十六、七世紀当時には、都市への穀物供給を安価かつ円滑に保つためには中間商人の介在は有害だとみなされ、一五五二年にエドワード六世は「先買人および買占人取締り条例」によって、穀物取引商を治安判事による免許制とするとともに、買占めや先買いなどを禁止した。なお本条例をふくめて、穀物取引の規制についてのスミスの見解は、第四篇第五章の「穀物貿易および穀物法にかんする余論」で詳細に展開されている。

# 第三章　ローマ帝国没落後における都市の発生とその発達について

都市の住民は徴税請負権などを獲得して、農村住民よりも早く領主の支配から脱した

ローマ帝国没落の後、都市の住民が農村の住民よりも良い条件にあったわけではない。もっとも、かれらはギリシャやイタリーの古代共和国の最初の住民〔いずれも元来は都市国家であり、「最初の住民」とはその都市の市民を指す〕とはきわめて異なった種類の人々から成っていた。ギリシャやイタリーの古代共和国の住民はおもに土地所有者で、国土は元来かれらの間に分割されていたのであり、かれらはたがいに隣接して住居を構え、共同防衛のために城壁をめぐらすことが便宜だと考えた。ところがローマ帝国没落の後は、これとは反対に、土地所有者は一般に、自分の所領内の防備を固めた城に、かれの借地人や従者に囲まれて住んでいたようである。都市には主として商人や職人が住んだが、かれらはこの当時、奴隷状態もしくはそれにごく近い状態にあったらしい。ヨーロッパの二、三の主要都市の住民にたいしては、昔の特許状によって特権が授与されていたが、この特権をみれば、特許状授与の以前に、かれらの状

態がどんなものであったかが、はっきりとわかる。領主の同意なしに娘を嫁がせることができ、自分の死後には、領主ではなくて自分の子供が財産を継承し、遺言によって自分の動産を処分することを特権として授与された人々は、この特権授与の以前には、農村における土地占有者とまったく同一の、もしくはほとんどそれに近い農奴的状態にあったにちがいない。

そればかりでなく、またかれらはたいへんに貧乏で卑賤《ひせん》な種類の人々だったようだ。かれらは、今日の呼び売り商人や行商人のように、商品を携えてあちらの場所こちらの場所へと、市《いち》から市《いち》へと、いつも歩きまわっていた。この当時、ヨーロッパ諸国のどこにおいても、現在アジアのタタール諸国の一部におけるのと同様のやり方で、旅行者がある荘園を通過するとき、ある橋を渡るとき、市《いち》のある場所から他の場所へ商品を運び歩くとき、あるいは市《いち》で商品を売るために露店屋台を出すとき、かれら自身にも、かれらの商品にも課税されるのが常であった。これら種々の税金は、イングランドでは、通行税、橋税、積荷税、出店税という名で知られていた。だが、時としては国王が、また時としては、ある場所に限って課税権限を有したと思われる大領主が、特定の商人にたいして、とくにその領主の直営領地内に住んでいるような商人にたいして、こうした諸税を全般的に免除するようなこともあった。かかる商品は、他の点では奴隷状態もしくはそれにきわめて近い状態であったが、この免税特権のゆえに、自由商人《フリー・トレイダー》とよばれた。かれらはその代りに、通常かれらの保護者にたいして一種の人頭税を年々支払った。この当時は、対価なしに保護を与えられることはほとんどなかったから、この人頭税も、たぶん、かれらの保護者がかれらに他の諸税を免除することによって失う分を埋め合せるものとみなされたのであろう。最初は、これら人頭税や免税はどちらもまったく対人的なものであって、その個人の生存中もしくはかれらの保護者の気が向いているあいだだけ、特定の個人に及ぼされたものであった。イングランドの多くの都市の土地台帳にもとづいて公けにされたきわめて不完全な記録にも、この種の保護にたいする代償として、時には特定の市民が各自それぞれ国王または国王以外の大領主に支払った税金について、また時にはこれら諸税の総額のみについて、しばしば記されている。[1]

けれども、都市の住民の状態が最初はいかに奴隷的であったにしても、かれらが農村の土地占有者よりはずっと早くに自主独立の状態に到達したことは明らかなようである。国王の収入のうち、都市におけるこうした人頭税から生ずる部分については、ある期間を限って一定の上納金《レント》をもって、時には州長官《シェリフ》に、また時には他の人々に、その徴収を請け負わせるのが普通であった。市民でさえも、連帯してであるにせよ個人としてであるにせよ、上納金全額を納入する責任を負えるようになると、信用がついて、自分が住んでいる町か
373 ら納められるこの種の歳入の徴収請負を認められることもしばしばだった。[2] このようにして徴税を請け負わせることは、ヨーロッパ各国君主の日常経済にとって、まったく都合の

良いものだったにちがいない。君主たちは、荘園の賃借人たちが、連帯して、あるいは個別に、上納金全額の納入責任をもつようになると、かれらに全荘園の徴税を請け負わせてしまうことが多かった。もっとも請け負う代りに、借地人たちは、自分の好きな方法でこの税金を徴収し、かれら自身の荘園管理人《ベイリフ》の手で国庫に納めることを許され、かくて国王の役人たちの横暴から免れることができたのである。このことは、当時にあっては、きわめて重要な意味をもっていた。

都市における徴税請負も、おそらく、この仕事が他の請負人に出されていたのと同様に、初めは年限を限って市民に請け負わせたもののようである。けれども時がたつにつれて、定額上納金を将来けっして増額しないという留保のもとに、徴税請負をかれらに世襲的に、つまり永久に許すことが、どこでも行なわれるようになったらしい。こうして支払が永久的なものになるとともに、人頭税を支払う代りに各種の免税も当然に永久的なものとなった。したがって、これら各種の免税特権は、もはや対人的なものではなくなり、以後は私人としての個人に属するものとはみなされず、ある特定の自治都市の市民としての個人に属する権利とみなされることになった。そうした特定の都市は、このために自由都市とよばれた。それは、市民が自由市民とか自由商人とかよばれていたのと同じ理由によるのである。

この徴税特権授与と並んで、その特権を与えられた都市の市民には、かれらの子女を嫁がせ、子供が相続し、また遺言によって自分の動産を自由に処分することができるという、さきに述べた重要な諸特権も授与されるのが普通であった。この種の特権が、これまで、営業の自由とともに、私人としての特定の市民にたいして与えられていたかどうか、私は知らない。この点について、なんらか直接の証拠をあげることはできないのだが、しかし、かれらが特権を与えられたことはありえなかったとは思えない。けれども、この点がどうであれ、隷農状態と奴隷状態のおもな属性は、こうして市民たちから取り去られたので、かれらはいまや、少なくとも、われわれが今日自由《フリーダム》という言葉で表現する意味において真に自由《フリー》となったのである。

それだけではなかった。かれらは同時に、共和政体ないし自治体を組織することが普通であったが、この自治体は、自分たちの市政官《マジストレイツ》や市議会をもち、行政のために細則を定め、自衛のために城壁を築き、全住民を強制して昼夜警戒に当らせる、つまり、むかし了解されていたごとく、昼夜を分かたずあらゆる攻撃奇襲にたいしてこの城壁を防衛させるとい
374 う、一種の軍隊的規律のもとに全住民を服せしめる特権をもっていた。イングランドでは、かれらは通例は郡裁判所や州裁判所に訴えられることなく、かれらのあいだに生じた訴訟は、刑事訴訟を別とすれば、他はすべて、かれら自身の市政官の判断にゆだねられていたのであった。他の諸国では、はるかに広範囲の司法権がかれらに許されることも多かった。[3]

## 国王が都市に特権を認めたのは、諸侯にたいする均衡勢力として都市を利用しようとしたためである

自分たちに課せられる税の徴収を請け負うことを認められたような都市にたいしては、市民に税の支払を強制するために、たぶん、ある種の強制的司法権を授与する必要があったようである。この混乱した時代にあって、この種の裁判を都市がどこか他の法廷に持ち出さねばならないとすれば、それは、はなはだ不便なことであろう。けれども、ヨーロッパ諸国の君主たちが、このようにして、将来絶対に増加しないことになっている固定上納金と、おそらくは、他のすべての収入のうち、事物自然の成り行きによって、かれら自身が費用を出すことも気を配ることもなしにふえる見込のもっとも多い収入部門とを交換し、しかもさらに、こうして、かれらの領土の真只中に一種の独立共和国をみずからすすんで建設したということは、一見奇異に思われるにちがいない。

これを理解するためには、たぶん、この当時、ヨーロッパのどの国の君主も、自分の領土の全域にわたって、臣民のなかで力の弱い者を、強大な領主の圧迫から保護するほどの力はなかったということを想起しなければならない。法律が保護してやることもできず、自衛するほどに強力でもない人々は、いずれかの大領主の保護に頼り、その保護を受けるために領主の奴隷、奴僕になるか、さもなければ、たがいに共同の保護のために相互防衛連盟でも結成するか、このいずれかをとらざるをえなかった。単なる個人としてみれば、

勅許状を有する都市や自治都市の住民たちは自衛する力をもっていなかったけれども、隣
人と相互防衛連盟を結成することによって、侮りがたい抵抗をすることができたのである。
領主たちは市民を軽蔑《けいべつ》し、市民をば自分とは別の社会層とみなしたばかりか、解放された
奴隷の一群、自分とは別の人種だくらいに思っていた。市民が富をもてば、それはかなら
ずや領主の嫉妬《しっと》や憤激を挑発し、そのあげくには、領主はあらゆる機会をとらえて、情け
容赦もなく、市民から略奪をほしいままにした。こうしたわけで、市民は当然ながら領主
375 を憎みかつ怖《おそ》れたのである。国王もまた領主たちを憎み、怖れた。けれども、国王は、お
そらく市民を軽蔑はしただろうが、しかし市民を憎んだり怖れたりする理由はなかった。
そこで、国王と市民のあいだに相互の利害が一致し、市民にたいしては領主に対抗して国
王を支持する気をおこさせ、また国王にたいしては領主に対抗する市民を支持する気をお
こさせた。市民は国王の敵の敵であり、国王ができるかぎり市民たちをこの敵から安全か
つ自主独立の存在たらしめることが、国王自身の利益であった。市民にかれら自身の市政
官を認め、かれら自身の行政のための細則を定める特権を授与し、自衛のために城壁を築
造する特権や、さらには全住民を一種の軍隊的規律に服せしめる特権を授与することによ
って、国王は、かれの権限においてなしうるすべてを尽して、諸侯から安全と独立を得る
ためのあらゆる手段を市民に与えたのである。この種の常置的な行政府のごときものが確
立しないことには、つまり住民にたいして一定の計画なり方式に従って行動するよう強制

する、なんらかの権威がないことには、相互防衛のための有志連盟では、永続的な安全をもたらすことはできなかったであろうし、また、住民が国王にたいしてなんらか有力な支持を与えることもできなかったであろう。住民たちに自分の都市の徴税請負を永久に認可することによって、国王は、自分の友人、さらには、そう言ってよいなら、自分の同盟者にしたいと願っている人々から、都市の上納金を値上げしたり徴税請負を他の請負人に認可したりして、国王がかれらを将来圧迫するのではないかという警戒心や疑念の根源をすべて取り除いたのである。

こうした事情なので、諸侯たちとの仲がもっとも悪かった国王が、この種の特権を都市に授与するに当って、もっとも寛大であったように思われる。たとえば、イングランドのジョン王〔在位一一九九～一二一六〕は、都市にたいしてすこぶる気前よく恩恵をほどこした人物であったようだ。[4] フランスのフィリップ一世がその諸侯にたいする権威をすべて失ったので、かれの治世末期に、後にルイ肥満王〔ルイ六世のこと。在位一一〇八～三七〕として知られるかれの息子ルイは、大領主の横暴を抑えるためのもっとも適切な方法について、王領内の司教たちと相談した、と神父ダニエルは伝えている。司教たちの助言は二つの異なった提案からなっていた。その一つは、王領内のすべての大都市に市政官と市議会とを設置することによって、司法権の新秩序を作り出すというものであった。もう一つの提案は、これら都市の住民たちを、
376 かれらの市政官の指揮下に、随時国王の援軍として出動せしめるという形で、新たな民兵

を組織しようとするものであった。フランスの古事研究家によれば、フランスで都市の市政官および市議会の制度について年代をはっきり言えるのは、この時代からのことである。ドイツの自由都市の大半がかれらの特権を初めて授与されたのも、また、かの有名なハンザ同盟[1]が初めて強大になったのも、スワビア家諸王の王権不振の時代のことであった。[5]

この当時、都市の民兵は農村の民兵に比べて劣ってはいなかったらしく、緊急の折には農村の民兵よりも迅速に集合できたので、近隣の領主たちと争う場合には優位に立つことがしばしばあった。イタリーやスイスのような国では、政治の中心から遠く離れているためか、その地方の力がそもそも強かったためか、それともなにか他の理由からか、君主はその権威をまったく失ってしまい、都市は一般に独立の共和国となり、その近隣の貴族をすべて征服し、かれらに命じて農村にある城を毀《こわ》させ、他の温良な住民たちと同様に都市の中に住まわせたのである。ベルン共和国その他いくつかのスイスの都市は、要するにこのようにしてでき上った。歴史をやや異にするヴェニスを除けば、イタリーの主要な共和国の歴史もこれと同じであって、これら共和国のうち、きわめて多くのものは、十二世紀末から十六世紀初頭までのあいだに興亡あいついだのである。

君主の権威が、しばしばはなはだしく衰微はしても、完全に失墜させられるにはいたらなかったフランスやイングランドのような国では、都市が完全に独立してしまう機会はなかった。それでも、都市の固定徴税請負上納金のほかには、君主が都市の同意なしにかれらに税を課すことはいっさいできないほどに、都市は強力になった。そこで都市は、王国の諸階級から構成される総会《ジェネラル・アセンブリ》に代表を送ることを求められ、その総会において、都市の代表者は、緊急の折には、聖職者や諸侯とともに、国王にたいして若干の臨時上納金を許与することにも参加できた。また都市の代表者は、一般に権力にたいしてきわめて好意的だったので、時には、この種の集会における大領主たちの権威にたいする均衡勢力として、国王によって利用されていたらしい。ヨーロッパのすべての大君主国の議会における都市代表の起源は、ここにある。

377

## ――その結果、都市には資本の蓄積が促進された――

秩序と良い政治が、個人の自由および安全とともに、こうして都市において樹立されたのだが、この時代に農村では、土地の占有者たちは、さまざまな乱暴無法にさらされていた。しかし、このように自衛できない状態におかれていた農村の人々は、おのずと、自分に必要な生活資料だけ得てそれで満足していた。けだしそれ以上のものを得ようとしても、かれらの圧制者の無法を誘うだけだからである。これに反して、かれらがみずからの勤労の成果を享受できると確信すれば、かれらはおのずと、自分たちの生活状態を改善するために、そして生活必需品だけでなく、便利な品物や優雅な品物をも入手しようとして精を出すことになる。したがって、必需の生活資料以外の品物の製造を目的とする産業は、農村で土地の占有者たちが広く営むようになるよりもずっと以前から、都市では発達していたのである。もしも、農奴的な奴隷状態に苦しめられている貧しい耕作者の手中に、少しばかりの資本《ストック》でもたまれば、かれは当然に細心の注意を払ってこれを主人の眼から隠したであろう。さもないと、この小資本は主人のものになってしまうのである。そして機会があれば、即座に、かれは都市へ逃げ出してしまったであろう。この当時の法律は、都市の住民にたいしてきわめて寛大であり、かつ農村の住民にたいする領主の権威を減退させようとしていたので、農民がもし領主の追跡を逃れて都市に一年間だけ身を隠すことができれば、かれは永久に自由の身になった。それゆえ、農村の住民のうち勤勉な人々の手中に蓄積された資本《ストック》は、すべて、これを獲得した人にとって資本の安全を保障する唯一の聖域たる都市に、おのずと難を逃れたのである。

## 都市は、まず外国貿易を営むが、やがてそのための製造業をも行なうようになる

都市の住民が、その生活資料と産業活動の全原材料を、究極的にはつねに農村から得なければならないことは、確かにその通りである。だが、海岸か航行可能な河川の沿岸に位置する都市の住民は、かならずしも生活資料や原材料を近隣農村から得なければならないわけではない。その範囲はずっと広範で、自分たちの産業の製造品との交換によってか、それとも、遠国間の運送業者の役を務めて一国の生産物を他国の生産物と交換することによってか、世界の果てからでも、生活資料や原材料を調達することができる。都市は、こ

のようにして、その近隣農村のみならず、この都市と交易したすべての相手が貧困と不幸に陥っているなかにあっても、ひとり巨富と繁栄を築き上げることが可能であった。これらの国々は、個別的には、おそらく、都市の生活資料なり仕事なりのほんの小部分を提供したにすぎなかったのだが、しかし、それを全部あわせてみると、都市にたいしてきわめて大きな生活資料と仕事とを提供できたのである。けれども、この当時の通商の狭い範囲内だけをとってみても、富裕で勤勉な国がいくつかは存在した。ギリシャ帝国は終始そうであったし、アッバス朝治下のサラセン帝国〔アッバス家が支配した回教徒帝国。七五〇〜一二五八〕もそうであった。ト[378]ルコ人に征服されるまでのエジプト、バーバリ〔アフリカ北海岸、現アルジェリア地方〕の海岸のある部分、およびムーア人支配下のスペイン諸州もまた同じであった。

イタリーの諸都市は、ヨーロッパで、もっとも早く、商業によってかなりの富裕状態に達したと思われる。イタリーは、当時、世界のなかで文明開化した地域の中央に位置していた。かの十字軍は、財貨《ストック》の莫大な浪費と住民殺害をひき起したことによって、必然的にヨーロッパの大部分の地域の進歩を遅らせはしたが、しかし、その十字軍も、いくつかのイタリー都市の進歩にとっては、きわめて好都合であった。各地から聖地の征服に進軍した大軍隊は、ヴェニス、ジェノアおよびピサの海運業にたいして、時には聖地にかれらを輸送することにより、また、たえずこの大軍に食料品を供給することにより、異常なまでの刺激を与えたのである。これらの都市は、言ってみれば、この軍隊の兵站部《へいたんぶ》であり、そして、ヨーロッパ諸国民がこれまで遇《あ》ったもっとも破壊的な狂乱は、これらの共和国にとっては富裕の一源泉だったのである。

商業都市の住民は、より富裕な国々の改良された製造品や高価な奢侈品《しゃしひん》を輸入して、大地主たちの虚栄心を少なからず満足させた。大地主たちは、自分の土地の原生産物を大量に投じてこれらの品々をせっせと買い込んだのである。こうした事情なので、この当時のヨーロッパの大半の地域の商業は、主として、かれらの原生産物を、かれらよりも文明の進んだ諸国民の製造品と交換する、という内容のものであった。かくてイングランドの羊毛は、フランスの葡萄酒《ぶどうしゅ》やフランダースの上質毛織物と交換されていたのであって、それは、今日ポーランドの穀物がフランスの葡萄酒やブランデーと交換され、またフランスやイタリーの絹布やビロードと交換されるのと同様であった。

このようにして、外国貿易によって、よりいっそう精巧で改良された製造品にたいする嗜好《しこう》が、そうしたものの製造が行なわれていない諸国に持ち込まれた。けれども、こうした好みがおおいに広まって、かなりの需要を生ずるようになると、商人たちは輸送費を節約するため、おのずから同種の製造業を自国内に起そうと努めはじめたのである。ローマ帝国の没落後、ヨーロッパの西部諸地方に起ったと思われる、遠隔地向けの販売を目的とする最初のさまざまな製造業の起源は、ここにある。

ところで、国内で営まれる製造業をなにひとつもたないままに大国が存在し、また存在しえたことはかつてない。このことは注意しなければならない。大国でありながら製造業を欠いているといわれる場合には、それはつねに、精巧で改良の進んだものか、遠隔地へ
379
売るのに適したような製造業についての話だと解すべきである。どの大国においても、大多数の人々の衣服と家具はいずれも自国産業の生産物である。このことは、国内に製造業がたくさんあるといわれる富国よりも、通常製造業がないといわれる貧国において、なおさら全般にあてはまるところである。富国においては、最下層の人々の衣服や家具でさえも、外国製品が貧国におけるよりもはるかに大きな比率を占めていることは、広く見かけるところであろう。

### 遠隔地向け製造業の起源には、外国貿易の末裔と、農業の末裔との二つがある

遠隔地へ販売するのに適した製造業は、二つの異なった経路で、異なった地方に勃興《ぼっこう》したように思われる。

すなわち、これらの製造業は、同種の外国製造業を模倣して特定の商人や企業家たちが始めたものであって、かれらの資本《ストック》の、言ってみれば、上述のごとき乱暴な運用によって開始された場合もある。この種の製造業はしたがって、外国貿易の末裔《まつえい》なのであって、十三世紀にルッカ〔ピサに近いイタリー北部の都市〕に栄えた絹布、ビロードおよび錦織など往古の製造業は、こうしたものだったと思われる。だがこれらの製造業は、マキアヴェリのいう勇将の一人

たるカストルッキオ・カストラカーニ〔ルッカ侯。十四世紀初葉にフローレンスなど都市の弾圧に勇名を馳せた〕の暴政によって、そこから駆逐されてしまった。一三一〇年には九〇〇家族がルッカを追われたが、このうち三〇家族はヴェニスに退去し、そこで絹織物業を始めたいと申し出た。(6)かれらの申し出は受け入れられて多くの特権が与えられ、かれらは三〇〇人の職人をもって絹織物業を始めたのである。フランダースでその昔栄え、エリザベス時代の初めにイングランドに伝えられた上質毛織物製造業や、現在のリヨンとスピタルフィールズ〔イギリスの絹織物業中心地〕の絹織物業なども、また、同様である。このようにして始められた製造業は、外国の製造業を模倣したものであったから、一般に外国産の原料を用いた。ヴェニスの製造業が最初におこった時には、原料はすべてシシリーとレヴァント〔東部地中海沿岸の諸国〕から運んできた。これよりさらに昔のルッカの製造業も、同様に外国産原料で営まれた。桑の栽培と養蚕は、十六世紀まで、イタリー北部では一般的でなかったようである。これらの技術は、フランスにはシャルル九世の時代まで伝えられなかった。フランダースの製造業は、主としてスペイン産とイングランド産の羊毛を用いていた。スペイン産の羊毛は、イングランドで最初におこった毛織物製造業の原料ではなかったが、遠隔地向け販売に適した最初の毛織物製造業は、スペイン産羊毛を原料としていた。リヨンの製造業の原料は、現在、その過半が外国産絹糸だが、それが最初におこった時には、原料の全部ないしはほとんど全部が外国産であった。スピタルフィールズの製造業の原料が、一部分でもイングランド産のものだったことはなさそうである。こうした製造業は一般に少数の個人の計画立案によって始められるものであるから、その立地は、かれらの利害、判断、あるいは気紛れによるもので、臨海の都市に定められることもあれば、内陸の町に定められることもある。

遠隔地販売向け製造業は、時としては、もっとも貧困かつ未開の地方においてさえ、どんな場合にもかならず営まれているような、家内工業的な、比較的粗製の製造業が、次第に精巧なものになることによって、自然に、いわば自力で、成長した場合もある。このような製造業は一般に、自国産の原料によって営まれており、しばしば、海岸から非常に遠くはないまでも相当に離れた、そして時には、あらゆる水運の便からも遠いような内陸の地方において、最初にみがきがかけられ改良されたようである。そもそも地味豊かで耕作の容易な内陸の地方は、その耕作者を養うのに必要な量を超えて、大量の余剰食料を産出するものだが、陸上輸送に費用がかかることと、河川航行が不便であることのために、この余剰食料を他地方に送るのは多くの場合困難であろう。そのため、豊富であることが食料の値段を安くし、他の場所よりもそこで働くほうが生活の必需品や便益品をより多く得られることを知った多数の職人が、その近辺に定住するように促される。職人たちは地元に産する製造品の原料を加工し、でき上った製品を、または、同じことだが、その製品の価格を、より多くの原料や食料と交換する。かれらは原生産物の余剰分を水運の便のある場所やどこか遠隔の市場に運ぶ費用を節約することによって、この余剰分に新たな価値を付与するのである。そして、それと交換に、耕作者がこれまで入手していたよりも容易な条件で、耕作者にとって有用な、あるいはかれらの意に適《かな》うものを供給する。耕作者は自分の余剰生産物を従来よりも高く売ることができ、しかも、かれらが必要とする他の便益品が従来より安く買えることになる。耕作者は、こうした事情にはげまされて土地をさらに改良し、いっそう良く耕作してこの余剰生産物を増そうとするし、またそれが可能にもなる。そして、土地が肥沃《ひよく》であることが製造業を生み出したように、製造業の進歩は土地
381 に反作用して、土地の豊度をさらに増すのである。製造業者は最初のうちは近隣に供給し、やがて、その製品が改良され精巧なものになるにつれて、より遠方の市場にも供給するようになる。なぜなら、原生産物はもちろん、多少加工を加えた粗製造品でも、長距離陸上輸送の費用に堪えるのはきわめてむずかしいが、精巧で改良された製造品は、容易にその負担に堪えられるからである。精巧で改良された製造品は、小さな嵩《かさ》でも多量の原生産物と同じだけの価格を有することがしばしばある。たとえば、重量わずか八〇封度《ポンド》にすぎない一反の上質毛織物は、単に羊毛八〇封度《ポンド》の価格だけでなく、各種の労働者やかれらの直接の雇主が食べる数千封度《ポンド》の穀物の価格をも、しばしば含んでいるのである。穀物は、そのままの形では輸出困難だが、このようにして完成製造品の形で事実上輸出され、世界の果てまでも容易に送られるのである。リーズ、ハリファックス、シェフィールド、バーミンガム、ウルヴァハムプトンなどのさまざまな製造業は、このような筋道によって、自然

に、そして、いわば自力で、成長してきたのである。[2]このような製造業は農業の末裔である。ヨーロッパ近代史においては、こうした製造業の発達と改良は、外国貿易の末裔たる製造業よりも一般に遅れていた。上記の諸地域で今日繁栄している諸製造業が、外国向けの販売に適したものを作るようになるよりも一世紀以上も前から、イングランドは、スペイン産羊毛で作る上質毛織物の製造をもって知られていたのである。上記の諸地域で今日繁栄している各製造業の発達と改良とは、外国貿易およびそれによって直接に導入された諸製造業の最後にして最大の成果たる、農業の発達と改良の結果としてのみ可能となったものである。そこで、この点の説明に進むことにしたい。

（1）Brady's historical treatise of Cities and Burroughs, p. 3 ほかを参照。〔ブレディ『都市史論考』一六九〇年刊〕

（2）Madox, Firma Burgi, p. 18 および History of the Exchequer, chap. 10. sect. v. p. 223, first edition を参照。〔マドックス『勅許都市』一七二六年刊および『財務裁判所史』一七一一年刊〕

（3）Madox, Firma Burgi を参照。なおフリードリッヒ二世ならびにかれのスワビア家相続者のもとでの大事件にかんする Pfeffel の記述をも見よ。〔C. F. K. Pfeffel, *Nouvel Abrégé chronologique de l'histoire et du droit public de l'Allemagne*, 1776『ドイツにおける

歴史ならびに公法略述新版』。本書の初版は一七六六年に出版されており、初版、新版ともにスミスの蔵書目録に記載されている。この原注は一七七八年刊の『国富論』第二版から付されているから、一七七六年刊行のペッフェルの新版をスミスは援用したものと思われる〕

(4) Madox を参照。

(5) Pfeffel を参照。〔この原注は一七七八年刊の第二版から付された〕

(6) Sandi, Istoria Civile de Vinezia, Part 2. vol. i. page 247, and 256 を参照。〔サンディ『ヴェネツィア社会史』一七五五年刊〕

〔1〕**Hanseatic League**　ハンザ同盟の歴史は不明瞭《ふめいりょう》な点が多い。ほぼ十一世紀ころからドイツ北部の貿易商が連合体を作り始め、十二世紀後半からライン河沿いの河川貿易の復活やバルト海貿易の発展につれて、一二二六年にフリードリッヒ二世から特許状を得たリューベックをはじめとして、貿易特権をもった商業都市が成長し始めた。なかでもリューベックはバルト海貿易の拠点となり、ケルンは北海貿易の拠点となった。ところが、ドイツ国王の力がかならずしも強くなかったので、これら商業都市は自分の権益や通商の安全を守るために、都市どうし連携して、領主や、そして時には外国とも対抗する都市勢力として、いわゆるハンザ同盟を形成した。同盟は明確な組織などをもってはいなかったが、リューベックが中心となっており、ハンブルク、ブレーメン、ダンツィヒ、ケルンなどが主要な加盟都市だった。このほか、ロンドン、ベル

ゲン、ブルージュなども参加していた時期がある。ハンザ同盟の成長がスワビア家の王権不振とどれほど密接な関係を有するかは、かならずしも明らかでない。なお、スワビア家はドイツ南西部シュワーベン地方を本拠とした王朝、ホーエンシュタオフェン家（一一三八～一二六八）を指す。

〔2〕リーズ、ハリファックスは繊維工業町として、シェフィールド、バーミンガム、ウルヴァハムプトンは金属工業町として、いずれも、この当時すでに進行しつつあった産業革命の牽引車的地域である。シェフィールドのみは事情が若干異なるが、他はいずれも典型的な農村工業町で、農村内における日用必需の生活用品、スミスのいわゆる「生活の必需品と便益品」を製造する「粗製の」製造業が、数世紀の歴史を経てマニュファクチャー経営として成長をとげ、中世以来の歴史を有する都市に栄えた「遠隔地向け」の「精巧な」製造業と競争し、市民革命の過程ではそれらと対決し、ついに産業上の覇権を築くにいたったものである。そこには、純粋培養と言って差支えない産業資本の自生的成長を看取できる。だがスミスにあっては、外国貿易の末裔たる製造業と農業の末裔たる製造業とのあいだの、市民革命を介在させた対決は認識されておらず、ただ前者から後者への単なる移行のみが論じられているにすぎない。

# 第四章　都市の商業はいかにして農村の改良に貢献したか

都市の発達は、周辺農村の改良と耕作を三つの方法で促進した

商工都市の発達とその富とは、次の三つの方法で、都市近隣の農村の改良と耕作とに貢献した。

第一に、都市は、農村の原生産物をいつでも売ることのできる一大市場を提供することによって、農村の耕作と、よりいっそうの改良とを振興した。このことの利益は、都市近隣の農村にのみ限られたものではなく、都市が交易関係をもったすべての農村に大なり小なり波及した。都市は、これらすべての農村に、その原生産物または製造品の一部にたいする市場を提供し、その結果、すべての農村の勤労と改良とを何がしか振興した。ところで、都市近隣の農村は、都市に近いということのために、必然的にこの市場からもっとも大きな利益を得ることになった。この農村の原生産物は運送費が少なくてすむので、商人は、近隣の生産者にたいしては、この原生産物に比較的高い価格を払いながら、消費者に

たいしては、遠方からくる原生産物と同じ値段で供給できたのである。

第二に、都市の住民によって取得された富は、売物に出ているような土地の購入に用いられることも多かったが、そうした土地は、しばしばその大半が未耕地だったらしい。商人たちは、通例は田舎の地主になることを熱望しており、そしてひとたび地主になると、かれらは一般にもっとも優れた改良家となるのである。商人というものは、自分の貨幣を主として儲《もう》けの多い計画に使うことに慣れている。ところが根っからの田舎の地主は、貨幣を主として浪費に使うことに慣れている。前者の商人は、かれの貨幣が常時自分の手許から出てゆき、やがて利潤をともなって再びかれの手許に戻ってくることがあたり前だと心得ているが、後者の地主は、ひとたび貨幣を手放してしまうと、もはやその貨幣に再会することなどほとんど期待していない。この習慣の差異は、どんな仕事《ビジネス》をする場合にも、おのずからかれらの気質や傾向に影響を及ぼす。商人は一般に大胆な企業家だが、田舎の地主は臆病《おくびょう》な企業家なのである。前者は、費用に比例して土地の価値が増加することが
383 確かだという見込をえた場合には、恐れることなく一度に巨額の資本を自分の土地の改良に投下する。ところが後者は、いつも資本をもっているわけではないが、たとえ多少の資本をもっていても、それをこのように使うことは、めったにない。かりにかれがともかく改良を行なうとしても、通例それは資本と言えるほどのものを投じて行なわれるのではなく、かれの年々の所得から貯蓄できる程度のものでそれをやるのである。改良の進んでい

ない地方の商業都市にたまたま暮している者ならばだれでも、土地の改良については、商人の活動が、根っからの田舎の地主の活動よりもどれほど活発であるかを、いつも見ているはずである。しかも、商業活動が商人にたいしておのずともたらす秩序、経済、注意といった習慣は、商人をば、どのような改良計画にしても、利潤をあげて成功裡に遂行することに、よりよく適合させるのである。

最後に第三として、従来ほとんどつねに隣人とは戦闘状態にあり、領主にたいしては奴隷的従属状態におかれて暮していた農村住民のあいだに、商業と製造業は徐々に秩序と善政をもたらし、それとともに個人の自由と安全をも、もたらした。この点は、ほとんど注意されていないのだが、商工業がもたらした諸結果のなかで、もっとも重要なものである。私の知るかぎりでは、従来この点に着目した著述家はヒューム氏ただ一人である。[1]

## 商工業のない国の領主は、余剰生産物を隷属者や食客に振舞い、それがかれの権威や武力の基盤になった

外国貿易も比較的精巧な製造業もないような国では、大地主は、土地の生産物のうち、耕作者の生活維持に必要なもの以上の余剰の大部分と交換できるようなものが、なに一つないので、余剰のすべてを自分の家で田舎ふうな客人のもてなしに浪費してしまう。もしもこの余剰生産物が一〇〇人あるいは一〇〇〇人もの人間の生活を支えるに足るほどであるとしても、この大地主は、一〇〇人あるいは一〇〇〇人の人を養う以外には、その余剰

の使い途《みち》がないのである。それゆえ、かれはいつも多数の家の子郎党、食客に囲まれている。そしてこの寄食者たちは、養ってもらうかわりに地主に与えるべき等価物をなに一つもたずに、ひたすら地主の振舞いに寄食しているのであるから、兵士がかれらに給料を支払う君主に服従しなければならないのと同じ理由で、寄食者たちは地主に服従しなければならなくなる。ヨーロッパで商工業が発達する以前には、上は国王から下はもっとも小さな諸侯《バロン》たちにいたるまで、富者や権力者のもてなしは、今日われわれの想像も及ばないものであった。ウェストミンスター・ホール〔ウェストミンスター宮殿の一部をなした巨大な広間〕はウィリアム赤顔王《ルーファス》〔ノルマン朝第二代王ウィリアム二世。在位一〇八七〜一一〇〇。血色よく赤顔だったという〕の食堂だったが、おそらくかれの客人でいっぱいになることも再三だったろう。トマス・ベキット〔一一一八〜七〇。カンタベリー大主教〕は、座席の得られなかった騎士や従士が食事のために床にすわるとき、かれらの上等な衣服を汚さないようにと、大広間の床にきれいな乾草や、また季節には藺草《いぐさ》を敷きつめた。これはベキットの饗応《きょうおう》の壮大さを物語るものである。かのウォリック伯は、かれの所有する各地の荘園《マナ》で毎日三万人もの人々をもてなしていたといわれており、この人数は誇張されているだろうが、しかし、このような誇張を許すほどに多数であったにちがいない。これとほぼ似たりよったりの客人の饗応は、スコットランドのハイランド地方の各地では、つい最近まで行なわれていた。これは、商業も製造業もほとんど営まれていないすべての国民に共通していることのように思われる。ポウコック博士〔リチャード・ポウコック。一七〇四〜六五。旅行家〕の語るところによると、アラビアの一酋長が、自分の家畜を売りにきた町の路上で食事をとるにあたって、通りがかりの人や下品な乞食までもすべて招いて、かれと同席して酒宴をともにするようすすめるのを見たということである。

土地の占有者たちは、あらゆる点で、寄食者と同じく大地主に寄りかかっていた。奴隷状態にはない者も、土地がかれらに与える生活資料にはどう見てもつり合わない、わずかの地代を支払う随意解約小作にすぎなかった。スコットランドのハイランド地方では、一昔前には一クラウンか半クラウン、もしくは一頭の羊か小羊、その程度のものが、一家族を養うに足る土地の普通の地代だった。場所によっては、今日でもそうである。このことはしかし、貨幣が、現今、そこでは、よそでよりも多量の商品を買えるというわけではない。大所領の余剰生産物がその領内で消費されざるをえないような地方では、それを消費する農民が食客や召使と同じく領主に頼って暮しているとするなら、余剰の一部が領主の邸宅から離れたところで消費されるほうが、領主にとってむしろ都合がよいことも多かったろう。そうすれば領主は、客や家族が多くなりすぎて困るというようなことがなくなるからである。賦役免除地代〔自由土地保有農が賦役を免れるために領主に支払った少額の地代。第二篇第三章訳注〔4〕参照〕とほとんど変らないほどのわずかの地代で一家族を養うに十分な土地を保有している随意解約小作も、召使や食客と同じく、地主に頼って暮しており、したがって、かれらと同じく無条件で地主に服従せざるをえなかった。こうした地主は、自分の召使や食客を自宅で養っているのと同じように、借地人たちをかれらの家で養っていることになるわけである。この両者の生活は地主の気前よさにかかっているのであり、それがいつまで続くかは地主の御機嫌次第だということになる。

385

昔の諸侯《バロン》の権力は、このような事情のもとで、大地主が借地人や寄食者にたいして必然的にもつようになった権威の上に築かれたものである。そこで諸侯はおのずから、所領内に住むすべての人々にたいして、平時には裁判官となり、戦時には指揮官となった。かれらは、それぞれの領地内で秩序を維持し、法律を執行することができた。なぜなら、かれらはみな、領地内でだれかが不正をはたらけば、全住民の総力を結集してこの不正を攻撃させることができたからである。かれら以外には、こうしたことができるだけの権威をもっている者はいなかった。とくに国王は、そうした権威をもっていなかった。往時にあっては、国王は王国内の最大の土地所有者以上のものではなかったし、大地主たちは、共同の敵にたいする共同防衛のために、国王にたいしてある種の尊敬を払っていたにすぎなかった。全住民が武装して、つねづねたがいに助けあっているような大領主の領地で、もしも国王が、自分の権威においてほんのわずかばかりの負債の支払でも強要しようとすれば、内乱を鎮定するのとほとんど変らないほどの努力をしなければならなかったであろう。そこで国王は、国土の大部分にわたって司法行政を自ら行なうことをあきらめて、それを運営する能力のある者にゆだねざるをえなかった。そして、これと同じ理由から、地方の民兵の指揮も、その民兵が服従している人々に任せることを余儀なくされたのである。

これらの地域的司法権が、封建法にその起源をもっていると考えるのは誤りである。民事および刑事の最高裁判権のみでなく、徴兵権、貨幣鋳造権、さらには人民統治のための細則を決める権限さえ、すべて、ヨーロッパに封建法の名が知られる何世紀も前から、大地主が世襲保有権として所有していた権利である。イングランドにおいて、ノルマン人による征服以前にサクソン人領主が有していた権威と裁判権は、征服後のノルマン人領主たちのだれとも劣らない強力なものだったようである。けれども封建法は、征服後にいたるまでイングランドの慣習法とならなかったと思われる。フランスに封建法が始まるはるか以前から、フランスの大領主たちが世襲保有権としてもっとも広範な権威と裁判権を所有していたことは、なんの疑いもない事実である。この権威も裁判権もすべて、右に述べた財産と風習の状態から必然的に生じたものである。フランス王国あるいはイングランド王国の遠い昔のことにさかのぼるまでもなく、ずっと後の時代においても、同様な結果はつねに同様な原因から生ずるにちがいないということの多数の証拠を、われわれは見つけ出すことができる。スコットランドのロッホアーバーの一地主、カメロン・オブ・ロッホイール氏が、なんの法的根拠もなしに、またその当時のいわゆる地域裁判管轄者[2]でも直接借地農[3]でもなく、単にアーガイル公[4]の一家臣にすぎないのに、そのうえ治安判事でさえもないのに、自分の支配下の民衆にたいして最高の刑事裁判権を行使していた時代から、まだ三〇年とはたっていないのである。かれは裁判の正規の手続をなんら踏まなかったけれども、きわめて公平に裁判を行なったと言われている。それにまた、当時のスコットランドのこの地方の状態が、治安を保つためには、かかる権限をかれが掌握している必要があったのだということも考えうる。この地主の地代収入は年五〇〇ポンドにも足らなかったが、一七四五年には、かれは配下の民衆八〇〇人を率いて叛乱《はんらん》を起しさえした。

封建法の採用は、完全私有地〔5〕をもつ大領主の権威を拡大するどころか、むしろそれを抑える一つの試みとみなせるだろう。封建法は、上は国王から下は最小の地主にいたるまで、一連の役務《サーヴィス》や義務をともなう規則正しい服従関係を確立したものである。地主が成年に達しないあいだは、地代は、土地の管理権とともに、かれの直接の上位者の掌中に収められ、したがって大地主のそれはすべて国王が握ることになっていた。国王は被後見人の扶養と教育を引き受け、後見人たる権威にもとづいて、被後見人の身分にふさわしいやり方でかれを結婚させる権利をもっているのだと考えられた。この制度は、必然的に国王の権威を強化し、また大地主の権威を弱める傾向があったとはいえ、そのいずれも地方住民のあいだに秩序と善政を確立するのに十分とまではいかなかった。なぜなら、この制度は、混乱の原因たる財産と風習の状態を十分に変えることができなかったからである。統治の権威といっても、従来同様、国王なるものはあまりにも力が弱く、その他の大地主たちはあまりにも強大でありすぎたが、大地主たちの力が強すぎることが国王の微力である原因でもあった。封建的服従関係の制度ができ上ってから後も、国王は以前と同じく大領主の無法を抑えることができなかった。大領主たちは、あいかわらず自分勝手に、ほとんどたえ間なくたがいに戦争を繰返し、国王にたいしても頻々《ひんぴん》と戦いをいどんだ。かくて、城壁などに囲まれていない農村地方は、いぜんとして暴力と略奪と混乱の場であった。

**外国貿易と製造業が提供する財貨と引換えに、領主はその権威と武力を喪った。だから、都市の商工業は農村改良の結果ではなく、その原因である**

ところが、封建的諸制度が全力を尽しても達成できなかったことを、外国貿易と製造業
の黙々たる、人の気づかないような活動が、漸次になしとげたのである。これらの外国貿
易や製造業は漸次に、大地主にたいして、かれらが自分の土地の全余剰生産物と交換でき
るようなもの、そして借地人やお抱え者たちに分けてしまうことなく自分だけで消費でき
387 るような品々を供給するようになった。すべては自分のためのものであって、他人にはな
に一つやらないというのが、万国いつの世にも人類の支配者たちの卑しい格言であったよ
うに思われる。こうして大地主は、自分が収得する地代の全価値を自分だけで消費する方
法を発見するやいなや、地代の価値を他人に分けてやろうなどとはしなくなったのである。
かれらは、ダイヤモンド入りのバックル一組とか、あるいは、これと同様にくだらない、
なんの役にもたたないものと、一年間一〇〇〇人を養う生活資料、または同じことだが、

その価格とを交換し、それにともなって、この生活資料がかれら大地主に与えたはずの勢力と権威のすべてをも手放してしまったのである。ところで、バックルは自分だけのものであり、他のなんぴとといえども分け前にあずかるはずがなかった。これにたいして、昔の消費方法によれば、大地主たちは少なくとも一〇〇〇人の人々とそれを分け合わなければならなかったのである。いずれを選ぶかを決めねばならない判断者にとって、この差異はまったく決定的であった。かくて、およそあらゆる虚栄のなかでもっとも子供じみた、もっとも賤《いや》しい、そしてもっとも欲に目のくらんだ虚栄を満たすことと引換えに、大地主たちは、次第に自分の勢力と権威のすべてを手放してしまったのである。

外国貿易もなく精密な製造業もなに一つない国では、年に一万ポンドの所得がある人は、おそらく、一〇〇〇家族を養う以外には、この所得を使いきることはできまい。そしてこの一〇〇〇家族は、おのずとかれの命ずるままになるのである。これにたいして、ヨーロッパの現状においては、年収一万ポンドの者が、全年収を使ってしまうことは可能だし、またたいてい使っているのだが、それによって直接には二〇人の人間を養うこともなく、また配下におくだけの値うちもない従僕一〇人以上を支配することもできないのである。だが間接的には、たぶん、かれは昔の金の使い方で養ったのと同数の人間を、あるいはそれよりずっと多くの人間を養っているのである。なぜなら、かれが全収入と交換する貴重な生産物の量はきわめて少なくても、それを集めたり製造したりするのに雇われた労働者の数は、きわめて大きかったにちがいないからである。この生産物の高い価格は、一般に、労働者の労働の賃銀と、労働者の直接の雇主すべての利潤に由来している。その価格を支払うことによって、かれすなわち年収一万ポンドの者は間接的にこれら賃銀や利潤のすべてを支払うわけで、かくして間接的に全労働者とその雇主の生活維持に貢献しているのである。けれども、一般に、これらの人々の生活維持にたいするかれの寄与の割合はごく小さく、かれらの年々の生活資料全体の一〇分の一に当っているものは、たぶんきわめて少数で、多くの者には一〇〇分の一にも当らず、ある人々には一〇〇〇分の一、いや万分の一にさえも当らないだろう。したがって、かれは労働者と雇主全員の生活維持に貢献することはたしかなのだが、これらの人々はみな、たいていはかれがいなくとも生活していけるのであるから、いずれも多かれ少なかれ、かれから独立しているわけである。

388　大地主が地代を自分の借地人やお抱え者たちの生活維持に費やす場合には、地主はいずれもこれらの人々全員を完全に養ってやる。これにたいして、地主が地代を商人や職人の生活維持に用いる場合には、全体としてみれば、地主はおそらく以前と同じく多数の人を、それどころか田舎式の大盤振舞いにつきものの無駄を考えに入れれば、以前よりも多数の人間を、養うことができるであろう。とはいえ、地主の一人一人についてみれば、こうしたより多くの人間のなかの一個人の生活維持にたいしては、ほんのわずかの割合の寄与しかしていないことが多い。個々の商人や職人は、ただ一人の顧客の仕事ではなく、一〇〇人も一〇〇〇人もの異なった顧客の仕事によって自分の生計の資を得ている。したがって、かれは、この顧客全員から大なり小なり恩恵をうけてはいるが、そのうちのだれか一人に絶対的に頼るということはないのである。

大地主の個人的消費がこのようにして徐々に増大してきたので、かれらのお抱え者の数は漸次に減少せざるをえなくなり、ついにかれら全員がお払い箱になってしまった。同じ原因から、借地人のなかでも不要な者については、次第に契約が解除されていった。農地は拡大された。他方、土地を耕す占有者の数は、人手不足という苦情を押し切って、当時の耕作と改良の不完全な状態におうじて農地を耕すのに必要な程度に減らされてしまった。不要な人間を減らし、農民から農地の全価値を厳しく取り立てることによって、地主はより大きな余剰を、これと同じことだが、より大きな余剰生産物の価格を、収得したことになる。商人や製造業者は、たちどころに、この地主にたいして、かれが従来他の余剰部分を消費してきたのと同じ方法で、このより大きな余剰を自分だけで使ってしまう方法を提供した。大地主の個人的消費が徐々に増大し続けたので、大地主は、自分の土地の改良の実状からみて可能な限度をこえて、地代を引き上げようと望んだ。借地人がこの地代値上げに応じられたのは、次の条件が満たされた場合のみであった。すなわち、かれら借地人が土地の改良に投下した資本が利潤をともなって回収されうるだけの期間、その土地の保有を保障されることが条件であった。贅沢《ぜいたく》な虚栄心にとりつかれた大地主は、喜んでこの条件に同意した。ここに長期借地契約の起源がある。

土地の全価値を支払っているかぎりは、随意解約小作でも領主の丸抱えではない。かれらがたがいに相手から受ける金銭上の利益は相互的かつ同等であって、このような借地人が自分の生命や財産を危険にさらしてまで地主に仕えることはないであろう。いわんや、もしかれが長期借地権をもっていれば、かれはまったく独立しているわけで、かれの領主は、土地の賃借契約で明示して定めてあるものか、それとも、その国で一般周知の法律によって借地人に課せられているもののほかには、どんな些細《ささい》な役務といえども、かれに期待してはならないのである。

389 借地人はこうして独立してしまい、家来のものたちが解雇されてしまうと、大地主はもはや、司法権の正規の執行を妨害したり、国の平和を乱したりすることはできなかった。エソウが飢えと必要とに迫られて一皿のポタージュを得んがために生得権を売った[6]のとは異なって、かれら大地主は、豊富のなかでの気紛れから、大人が真剣に求めるというよりも、むしろ子供の玩具まがいの装身具や金ぴかの安ものを手に入れようとして、生得権を売ってしまったので、かれらは都市の富裕な市民や商人と変らない普通の人間になってしまった。このように農村においても、都市におけると同様、政治を攪乱《かくらん》するに足るほどの権力をもつ者がいなくなったので、正規の行政が、都市はもとより農村にも行なわれるようになった。

おそらく本論の主旨には関係ないだろうが、どうしても言及しておきたいことがある。それは、先祖代々にわたって大領地を所有してきたような旧家というものが、商業国にはきわめて稀《まれ》にしかないということである。これにたいして、ウェイルズやスコットランドのハイランド地方のごとき、商業がほとんどない地域では、このような旧家はざらにある。アラビアの歴史はいたるところ系図の記事でいっぱいだし、タタールのある汗《カーン》が書いた歴史は、ヨーロッパ諸国語に翻訳されているが、この本には系図のこと以外はなにも書かれていない。これは、これら諸国民のあいだで、旧家がごく普通にいくらでもあることを示している。富者が、自分の収入を挙げて人を養うために費やす以外には収入の使い途をもたないような国々では、富者が貧乏になるおそれはないし、また、かれがどれほど慈悲深くても、自分にできる以上に多くの人を養おうとするほど無茶ではなかろう。これにたいして、自分だけのためにどんなに多額の収入でも使えるような場合には、支出に際限がなくなることが多々ある。なぜなら、人は、虚栄心やおのれ一身の保全のための愛着については、およそ限度というものがないからである。それゆえ商業国では、もっとも苛酷《かこく》な法律の規定をもって、その分散を防ごうとするにもかかわらず、富が同一家族内に長くとどまっていることは、めったにない。これに反して、質朴な国民にあっては、なんら法律の規制がなくとも、富は同一家族内に長くとどまっていることがしばしばある。規制がないわけは、タタール人やアラビア人のような遊牧民族にあっては、かれらの財産は消費されてなくなってしまう性質のものであったため、当然に、この種の規制はすべて不可能だったからである。

社会の幸福にとって至上の重要性をもつ一変革が、このようにして、社会に貢献するつもりなど少しもない二種類の人々によってひき起されたことになる。大地主の唯一の動機
390
は、まったく子供じみた虚栄心を満足させることであった。また商人や職人たちは、たわいのなさという点で少しはましだったが、もっぱら自分の利益だけを念頭において、一ペニーでも儲けられるところでは儲けようという、かれら独自の小商人根性を貫いて行動しただけのことである。だが、両者いずれも、前者の愚かさと後者の勤勉とが徐々にもたらしつつあったあの大変革について、なんら知りもしなければ、それを予見もしていなかったのである。

かくしてヨーロッパの大部分を通じ、都市の商工業は、農村の改良と耕作の結果ではなく、その原因であり誘因であったのである。

**ヨーロッパ諸国の発展は、北アメリカ植民地の場合と異なり、事物の自然の成り行きに反しているので、その速度は緩慢である**

けれどもこの順序は事物の自然の成り行きに反しているので、必然的にその歩みは遅くかつ不確実である。富が商工業に依存することのはなはだ大なるヨーロッパ諸国の遅々た

富がまったく農業のうえに築かれているわが北アメリカ植民地の急速な発達と、比較してみるがよい。ヨーロッパの大部分を通じて、住民の数は五〇〇年のうちに二倍になるとは考えられない。ところが、わが北アメリカ植民地の何箇所かにおいては、二〇年もしくは二五年で人口が倍増することが判明している。法および各種の永代所有権が大所領の分割を妨げ、その結果、小地主の増加を困難にしていた。しかしながら、小地主というものは、かれの小さな所有地の隅から隅まで知っており、財産のなかでもとくに小財産がおのずからはぐくむ愛情をもって、かれの小所有地を見守るものであり、またそうした理由から、単にその土地を耕作するだけでなしに、美観を添えて楽しもうとするものであって、この種の小地主は一般に、すべての改良者のなかでもっとも勤勉で、もっとも聡明で、かつもっとも成功する者たちなのである。しかも、この長子相続法などの規制は、土地が売りに出されることを抑制するので、売りに出される土地よりも土地を買おうとする資本のほうがつねに多い。そこで、売られる土地はいつも一種の独占価格で売られるのである。地代は、その土地の購入代金の利子にも見合わず、しかも地主は、この地代のなかから土地の手入れその他臨時の出費を負担させられているのに、この出費にたいして利子が払われることはない。土地を買うことは、ヨーロッパのどこにおいても、小資本にとっては、もっとも割に合わない使い方なのである。もっとも、やや余裕のある身となって仕事から引退する人が、なににもまして安全だという点から、選んでかれのわずかの資本を土地に投ずることもときにはあろう。また、収入が土地以外のものから得られる本業のある人も、同じやり方で貯蓄の安全をはかろうとすることがしばしばある。しかし、二、三〇〇ポンドの資本を、商業その他の職業に用いる代りに、
391 小さな土地の購入と耕作に投下する青年がいるとすれば、かれは確かにたいへん幸福な、かつ真に独立の生活を営むことを期待はできようが、しかしそうすれば、この青年は、巨富を築いたり知名人となるというような希望は、いっさい永遠に棄ててしまわねばならない。もしかれがその資本《ストック》を他の用途に用いるなら、他の人々と同様に、かれにも富や名をなす機会があったかもしれないのだが。このような人はまた、ひとかどの地主となることなど望むべくもないのに、さればといって〔借地〕農業者《ファーマー》たることは恥だとしばしば考えている。それゆえ、市場に提供される土地の量が少ないことと、その価格が高いこととは、そうした事情がなければ土地の耕作と改良に向うべき大量の資本を妨げて、こうした用途に投下させないのである。ところが北アメリカでは、五、六〇ポンドもあれば農場を始めるのに十分な資本《ストック》に足りる、と言われている。そこでは、未耕地の購入と改良は、資本《キャピタル》の大小を問わず、そのもっとも有利な用い方であり、同地で得られるあらゆる富と名声への最捷路《さいしょうろ》なのである。もっとも、このような土地は、北アメリカではほとんど無償か、あるいは、その土地の自然の生産物の価値よりもずっと低い価格で、取得できるはずである。こういうことはヨーロッパでは不可能だし、また実際、土地がすべて久しい以前から私有

財産になっている国では、どこでも不可能なことである。けれども、もしも多数の家族を残して地主が死去し、その所有地が子供全員のあいだに平等に分割されるとすれば、普通ならこの分割された土地は売りに出されるであろう。非常にたくさんの土地が売りに出されれば、土地はもはや独占価格では売れまい。自由価格で土地が売買される場合の地代は、土地の購入代金が生む利子にほぼ見合うであろうし、小資本を土地の購入に用いても、他の方法に用いるのと同じくらいに利益があがるようになるだろう。

イングランドは、元来、地味が肥沃《ひよく》であり、全国土の面積の割に沿岸面積が広く、さらに国土を貫流してもっとも内陸奥地の一部にさえ水運の便を供している可航河川が多数あるので、外国貿易や遠隔地向け製造業や、そしてこれら両者がもたらしうるあらゆる改良を行なう場所としては、おそらくヨーロッパのいずれの大国にも劣らず、ほんらい適しているのである。しかもエリザベスの治世の初期から、イングランドの立法府は商業と製造業の利害について特別に注意を払ってきており、実際のところ、法律が全体としてこの種の産業にとってイングランドよりもいっそう好都合になっている国は、ヨーロッパじゅう他に一つもなく、ホラントさえ例外ではない。かくして、イングランドでは、商工業がこの時代全体を通して終始発展し続けてきたのである。農村の耕作と改良もまた、徐々に進展してきたことは疑いない。とはいえ、農村の耕作と改良は、商工業のはるかに急速な進
392 歩のあとを追って、遅々たる歩みで、しかもかなりの間隔をおいて、ついてきたように思

われる。国土のかなりの部分は、たぶんエリザベス時代よりも前から耕作されていたにちがいないが、しかも現在なお国土のきわめて大きな部分が未耕のままであり、そして、それにもまして大きな部分は、今なお、そうあって然るべき耕作の状態よりもはるかに劣っているのである。しかしイングランドの法律は、商業を保護することによって間接的に農業を奨励するにとどまらず、種々の直接の奨励策によって農業を振興させている。穀物輸出は凶作の時を除いて自由なだけでなく、奨励金まで交付して奨励されている。まずまずの作柄の時は、外国産穀物の輸入は禁止に等しい輸入税をかけられている。生きた牛の輸入は、アイルランドからの輸入を別として、どんな時にも禁止され〔チャールズ二世第十八年条例第二号による〕、アイルランドからの輸入が許されたのも、ごく最近のことである〔ジョージ二世第三十二年条例第十一号などによる〕。それゆえ、土地を耕作する者は、土地の生産物のなかで最大にして最重要な二品目、すなわちパンと食肉について、同胞にたいする独占権をもっているわけである。これらの奨励策は、後段で述べるように、たぶん、その根本において、まったく誤認にもとづいたものなのだが、少なくとも農業を振興しようとする立法府の好意を十分に表明してはいる。しかし、これらすべてよりも、はるかに重要なことは、イングランドのヨウマン層が、法の許す最大限の安全と独立と尊敬とをかち得ているということである。それゆえ、長子相続の権利が認められており、一〇分の一税が支払われ、法律の精神に反してはいても永代所有権が許される場合もあるような国で、農業にたいする奨励をイングランド以上に行なえる国はどこにもない。けれども、このような奨励にもかかわらず、その耕作の状態は右のごときありさまなのである。商業の発達の結果、間接的に生ずる奨励のほかに、法律で農業にたいして直接的奨励を何も与えなかったならば、そしてヨウマン層をヨーロッパの他の大部分の諸国におけると同じ状態に放置しておいたならば、イングランドの農耕の状態はいったいどんなことになっていたであろうか。エリザベス時代以来すでに二〇〇年以上もたつが、二〇〇年といえば、人間が繁栄を通常持続する期間としては、かなり長いものである。

393 フランスは、イングランドが商業国として著名になるのに先立つことおよそ一世紀、すでに外国貿易に少なからず関与していたように思われる。当時の考えでは、シャルル八世のナポリ遠征〔一四九四年〕以前におけるフランスの商船隊は相当なものであった。けれども、フランスの耕作と改良は、全体としてみると、イングランドよりも劣っている。同国の法律は農業にたいして、イングランドと同様の直接的奨励を与えたことはないのである。

スペインとポルトガルのヨーロッパ諸国向け貿易は、主として外国船に頼って営まれてはいるものの、すこぶる盛大である。これらの国が行なっている植民地とのあいだの貿易は、自国船で営まれており、そのうえ、これら植民地が非常に富裕かつ広大であるために、さらにいっそう盛大である。しかし、この外国貿易は、これら二国のいずれにたいしても、遠隔地向け製造業として取り立てていうべきほどのものは、なに一つ根をおろさせなかったのであり、また、両国の大部分は現在なお未耕のままである。だが、ポルトガルの外国貿易は、イタリーを除くと、ヨーロッパのいずれの大国の外国貿易よりも古い歴史を有している。

イタリーは、外国貿易と遠隔地向け製造業との力によって、一国全土が耕作され改良されてきたと思われるヨーロッパ唯一の大国である。シャルル八世の侵略以前には、グィチアルディーニ〔一四八三〜一五四〇。イタリーの歴史家でメディチ家全盛期の政治家でもあった。著書に『イタリー史』がある〕によれば、イタリーは、もっとも山がけわしく不毛の地域でも、平坦で肥沃な地域に劣らず耕作されていた。同国の位置が有利なことと、その当時、同国内に多数の独立の州が存在していたことが、たぶんこの全国土の耕作に少なからずあずかって力あったのだろう。だが、イタリーの場合にも、近代歴史家のうちもっとも思慮深く控え目な一人たるグィチアルディーニがこのように一般的に論じているとはいえ、当時のイタリーが現在のイングランドほどに良く耕作されてはいなかったとしても、とりわけ不思議ではない。

**資本は、商工業にとどまるかぎり不安定だが、土地に投下されれば国富としてもっとも確実である**

しかし、およそ商工業によって一国が獲得する資本は、そのうちのある部分が国土の耕作や改良に実際に投下され、不動産化されるまでは、いつ手許を離れていくかわからない、きわめて不安定で不確実なものである。商人というものは、かならずしも、ある特定の国の市民ではない、とはいみじくも言ったものである。商人にとっては、どこで商売を営むかはたいした問題ではないのであって、ほんのちょっと不快なことがあれば、商人はその資本を、またその資本が支えているすべての産業を、ともに一国から他国に移してしまうであろう。その資本は、建物なり、土地の持続的な改良なりという形で、いわば、その国土の表面に撒《ま》きちらされてしまわないかぎり、一部たりといえども、それがある特定の国に属しているなどとは、かりそめにも言えないのである。ハンザ同盟諸都市の大部分が所有していたといわれる巨富も、十三、四世紀のはっきりとはわからない歴史のなかに残っている以外は、今日ではそのあとかたもない。ハンザ同盟諸都市のなかのある都市がどこにあったのか、あるいは、あるハンザ都市につけられたラテン名が今日のヨーロッパの都市のどれに当るのか、それさえはっきりしていない。ところが、十五世紀末から十六世紀初頭にかけてのイタリーの不幸[7]は、ロムバルディーとタスカニー地方の諸都市における商工業をいちじるしく衰退はさせたものの、これらの地方は今なおヨーロッパでもっとも人口が多く、もっともよく耕作されているなかに数えられている。また、フランダースのさまざまな内乱と、その後のスペインの統治は、アントワープ、ガン、ブルージュなどで盛大をきわめていた商業を追い払ってしまった。しかし、フランダースは今日もなお、ヨーロッパでもっとも富裕な、もっともよく耕作された、そしてもっとも人口稠密《ちゅうみつ》な地方の一つなのである。戦争や政治によるありきたりの変革でも、商業のみに由来する富の源泉を簡単に枯渇させてしまう。ところが、商業よりももっと堅実な農業の改良によって生じる富は、はるかに耐久力があるので、普通の変革よりも一段と激烈な動乱、たとえばローマ帝国没落の前後の一時期にヨーロッパ西部諸地方で生じたような、敵対する野蛮民族が一世紀にも二世紀にもわたって略奪を続けたことによってひき起されたような動乱破壊でもないかぎりは、壊滅させられることがないのである。

〔1〕David Hume, *Political Discourses*, 1752.『政治経済論集』中の第一および第二論説を指す。スミスはヒュームを名ざしているが、このような見解は、スミスの論敵ジェイムズ・ステュアートらも主張しており、むしろスコットランド歴史学派とよばれた論客たちに共通の理解だった。したがって、スミスの論拠がヒュームにあったとは、かならずしも言えない。なお、第二篇第二章訳注〔12〕参照。

〔2〕Lord of regality　スコットランド王によって、特定地域の民事および刑事裁判権の運用を許された者をいう。

〔3〕tenant in chief　領主から、しかもとくに国王から、直接に土地保有の権利を認められた封建農民を指し、封建農民のなかではやや特権的な身分であった。

〔4〕Duke of Argyll　スコットランド中部のアーガイルシャー領主で、一七六一年までロッホ・オーのケムブル家がその座にあり、スコットランド貴族のなかで最大最強の

名門。とくに市民革命期には、政治的軍事的にスコットランドを指導する立場にあった。この時期の当主アーチバルド・ケムブル（一六〇七〜六一）は、国王チャールズ一世の宗教政策に反撥《はんぱつ》した反王党派であり、一六四八年にはエディンバラに新政府を樹立して実権を握ったが、さればとてクロムウェルの極端な粛清政治にも安心できず、一六五一年にチャールズ二世を迎えて戴冠を行なうなど、国王とクロムウェルのあいだを揺れ動いた。王政復古後の一六六一年に、アーチバルドは共和制に加担したかどで打ち首の刑に処せられたが、その行動はスコットランドの政治的苦悩を一身に象徴していたといえる。

〔5〕allodium　十一世紀ころのアングロ・サクソンの所領形態の一つで、この所領は絶対的な所有権が認められており、国王など上位の支配者にたいして、なんらの義務も負っていなかった。

〔6〕旧約聖書「創世記」の第二十五章にある故事にもとづく。エソウは、イサクとリベカとのあいだに生れた双生児の長男で、長じて敏腕の狩人となったが、狩より戻ったエソウが、家でスープを煮ていた弟ヤコブに、空腹と渇きをいやすため、そのスープを所望した。ところがヤコブは、スープと引換えに家督権を譲るよう要求し、エソウは、それに応じたという。「創世記」第二十五章は「かくエソウ家督の権を軽んじたり」と結んでいる。「一皿のポタージュを得んがために生得権を売る」という言葉は、十六世紀イングランドの宗教家 W. Tyndale が、この「創世記」の内容にもとづいて

造ったもので、エソウの行動は、目先の利を求めて永久の利益、もっと大切な利益を放棄することのたとえとされている。

〔7〕ここにスミスのいう「イタリーの不幸」とは、一四九四年にフランスのシャルル八世がナポリ王国を侵略したのに始まり、一五〇一年のルイ十二世とアラゴン王によるナポリ征服、アラゴンによるナポリ併合といった、イタリーを舞台とした一連の戦争を指す。この間、フランス、アラゴン、ナポリ、スイス、ヴェニスなどの諸国が入り乱れて抗争し、イタリーは荒廃した。

# 第四篇　経済学の諸体系について

395

# 序論

## 経済学の目的は国民と主権者の双方をともに富ませることにある

政治経済学《ポリティカル・エコノミー》は、およそ政治家あるいは立法者たるものの行なうべき学の一部門としてみると、はっきり異なった二つの目的をもっている。その第一は、国民に豊かな収入もしくは生活資料を供給することである。つまり、もっとはっきり言えば、国民にそうした収入や生活資料を自分で調達できるようにさせることである。第二は、国家すなわち公共社会にたいして、公務の遂行に十分な収入を供することである。だから経済学は、国民と主権者の双方をともに富ませることをめざしている。

時代が異なり、国民が異なるにつれて、富裕になる進路も異なったが、この違いが、国民を富ませる方途について、二つの異なった経済学上の主義を成立させた。その一つは商業主義《システム・オヴ・コマース》、他の一つは農業主義とよんでよかろう。私は、できるだけ十分かつ明瞭《めいりょう》に、この両者を説明しようと思う。そこで、まず商業主義から始めよう。これは、現代の学説であり、ほかならぬ現在のわが国において、もっともよくゆきわたっているものなのである。

# 第一章　商業主義または重商主義〔1〕の原理について

## 富とは貨幣のことだと言われ、金銀を蓄積することが富国と国防への道だと考えられてきた

富とは貨幣すなわち金銀のことだという考え方は、貨幣が、商業の用具として、ならびに価値の尺度として、二重の機能をもつことから、自然に生じた通俗の見解である。貨幣が商業の用具であることの結果、貨幣をもっていれば、他のいかなる財貨によるよりも容易に、われわれが必要とするどんなものでも入手できる。この面では、つねに問題は貨幣を獲得することに尽きる。貨幣をもっていれば何を買うにも苦労はない。ところで、貨幣が価値の尺度でもある結果、われわれは、他のすべての財貨の価値を、それと交換される貨幣の量をもって評価する。富者のことを多額の貨幣をもっているといい、貧者をわずかの貨幣しかもっていないという。倹約家、あるいは金持になろうとあくせくしている者は、貨幣《かね》を愛する人間だといわれる。不注意な者、気前のいい者、または浪費家は、貨幣に無頓着《むとんじゃく》な人間だといわれる。富裕になるというのは、貨幣をにぎることである。富と貨幣は、

要するに、日常用語では、あらゆる点で同義とみなされている。

富んだ国は、金持の場合と同じように、貨幣の豊富な国だと考えられ、どの国も、金銀を山と積み上げることが、国を富ませるもっとも手早い途《みち》だと考えている。アメリカ発見の後しばらくのあいだ、スペイン人が未知の海岸に到着したときに、かれらが最初に発する質問は、いつもきまって、どこか近くに金か銀の出るところがあるか、ということだった。その返事次第で、かれらはそこに植民地をつくる価値があるかどうか、あるいは、その国は征服するだけの価値があるかどうか、を判断したのである。フランス国王から有名な成吉斯汗《ジンギスカン》の息子の一人のもとへ大使として派遣された修道士プラノ・カルピーニ〔ピアン・カルピーニか？　一二〇〇頃～五二。イタリーのフランチェスコ会修道士。東洋旅行家〕は、タタール人がふたことめにはフランス王国には羊や
397 牛がたくさんいるかとたずねた、と言っている。かれらの質問は、スペイン人の質問と同じ目的であった。かれらはフランスが征服に値するほど富んでいるかどうかを知りたかったのである。タタール人のあいだでは、貨幣を用いることをふつう知らない他のすべての遊牧民族と同様、家畜が商業の用具であり、価値の尺度なのである。それゆえ、かれらによれば、富とは家畜のことなのであり、それは、スペイン人にとって富とは金銀のことだったのと同じである。この二つの考えのうち、タタール人の見解のほうが、おそらく真理に近いものだったろう。

ロック氏は、貨幣とその他の動産とのあいだの区別についてこう述べている。すなわち、

貨幣以外のすべての動産は、きわめて消耗しやすい性質なので、こうした動産から成る富は、たいして頼りにならないし、ある年にこの種の普通の財貨が豊富な国民も、翌年には、なにひとつ輸出もしないのに、ただ自分が浪費と贅沢《ぜいたく》をしたというだけで、たいへん物が払底してしまうことになる。これと反対に、貨幣は、長く変らぬ友人であって、人から人へとわたり歩くかもしれないが、国外に出てゆかないようにしておきさえすれば、たやすくは浪費も消耗もされはしない。このようなわけで、金銀は、ロック氏によれば、一国民の動産としての富のうち、もっとも堅牢《けんろう》かつ確実な部分であり、またこの理由から、この種の金属を増加させることこそは、その国民の経済政策の大目的たるべきものなのである。[2]

また次のような見解もある。すなわち、もしもある国民が全世界から隔離されているとするならば、その国内に流通する貨幣がどれほど多かろうと少なかろうと、それはたいした問題ではない、ということはわかる。つまり、その場合は、貨幣が多いか少ないかに従って、この貨幣によって流通させられる消費財が、より多くの貨幣片と交換されるか、あるいは、より少ない貨幣片と交換されるかという違いが生ずるだけであって、一国の真の貧富は、結局のところ、これらの消費財が豊富であるか乏しいか、によるのだということは承認する、だが、とその見解は言う、諸外国といろいろな関係をもち、対外戦争をしなければならず、遠国に陸海軍を維持しておかねばならない諸国については、話は別だ、と。すなわち、戦争や軍隊派遣は、その支払のために貨幣を国外に送らなければ遂行不可能だが、一国民は、国内に大量の貨幣をもっていないかぎり、多額の貨幣を国外に送ることはできない、とかれらは考える。だから、こうした国民はみな、いざという場合に対外戦争を遂行するのに必要な金《かね》に困らぬよう、平時から金銀を蓄積する努力をしておかねばならない、と。



## 貿易収支に注意すれば、金銀の一時的流出は差支えない、という主張がある

これらの通俗的な見解の結果、ヨーロッパの諸国民はみなそれぞれ、自分の国に金銀を蓄積するあらゆる可能な方法を研究してきたのだが、しかし、ほとんどその効果はなかった。スペインとポルトガルは、金銀をヨーロッパに供給するおもな鉱山の所有者だが、両国は、もっとも厳しい罰則を設けて金銀の輸出を禁じるか、さもなければ、その輸出に高い税金をかけるかしてきた。これと同様の輸出の禁止は、古来、そのほかのたいていのヨーロッパ諸国の政策のなかにとりいれられている。この禁止は、そんなものがあろうとは予想だにしないようなところにも見いだされるのであって、たとえば、昔のスコットランドの条例のなかには、金銀を「王国の外へ」もち出すことを重刑をもって禁じたものがある。同様の政策は、かつてフランスでもイングランドでも行なわれた。

これら諸国が商業国になると、商人たちは、さまざまの機会に、この禁止がきわめて不便なことを知った。自国に輸入する場合にも、どこか外国に輸出する場合にも、金銀を支

払って外国品を買えば、それ以外のいかなる財貨によって買うよりも、いっそう有利に買い付けられることが多かった。そこでかれらは、この禁止を貿易上有害だとして抗議したのである。

かれらは第一に、外国品を買うために金銀を輸出することは、かならずしも王国内にあるこれらの金属の量を減らすものではないと説明した。むしろ、この輸出は国内の金銀の量をしばしば増加させるだろう、とかれらは主張した。そのわけは、もしもこうして外国品を買っても外国品の消費が国内で増大しないならば、これらの財貨は、外国に再輸出されるだろうし、外国で大きな利潤を得て売られて、これらの財貨を買い付けるために送り出されたよりもはるかに多量の金銀が持ち帰れるだろう、というのである。マン氏〔トマス・マン。一五七一～一六四一。イギリスの経済学者。重商主義の理論家。本章訳注〔1〕および〔4〕参照〕は、外国貿易のこの作用を農業の播種期《はしゅき》と収穫期とにたとえている。「もしも、たくさんの良質の穀物を地中に投げ捨ててしまう播種期の農夫の行動だけを見ていると、われわれはかれを農夫というよりは、むしろ狂人とみなすだろう。だが、努力の結末である収穫期のかれの仕事を考えるならば、かれが行なったことの価値と、その行動による豊かな増収とを見いだすだろう」〔『外国貿易によるイングランドの財宝』第四章〕とマン氏は述べている。

第二に、かれらは、金銀は、その価値の割には嵩《かさ》が小さく、容易に密輸出できるから、
399 とうていその輸出は阻止できない、と説明した〔同書第六章〕。かれらの考えでは、この輸出は、

かれらのいわゆる貿易差額〔3〕に適切な注意を払うことによってのみ、阻止できるという。つまり、もし一国が輸入するよりも大きな価値を輸出するならば、差額が諸外国からその国に支払われることになる。この差額は、金銀で支払われねばならないのだから、こうして王国内の金銀の量は増加させられる。けれども、一国が、輸出するよりも大きな価値を輸入するならば、逆の差額が諸外国に支払われねばならず、これもまた当然に金銀で支払われるのだから、おのずから国内における金銀の量が減少する。この場合に、金銀の輸出を禁止したところで、その流出を阻止することはできず、ただ、輸出をしようとする者の危険を増し、その費用を増大させるだけのことである。こうなれば、為替相場は、貿易差額を支払うべき国にとって、差額支払がない場合よりも、いっそう不利になる。なぜなら、外国あての為替手形を買う商人は、それを売る銀行業者に、外国に送金するについての自然的危険、手数および費用ばかりでなく、さらに輸出禁止を破ることから生ずる異常な危険にたいする費用をも負担しなければならないからである。けれども、為替相場が一国に不利になればなるほど、貿易差額も必然的にますますその国に不利になる。なぜなら、その国の貨幣は、貿易差額を受け取るべき国の貨幣に比べて、当然にそれだけ価値が減ってくるからである。たとえば、イングランドとホラントのあいだの為替相場が五パーセントだけイングランドに不利ならば、ホラントで一〇〇オンスの銀に当る手形をイングランドで買うには、銀一〇五オンスを必要とすることになろう。したがって、イングランドで一

○五オンスの銀は、ホラントでは一〇〇オンスの銀の価値しかなく、それに相応した量のオランダ産品を購入するにすぎないだろう。これにたいして、ホラントで一〇〇オンスの銀は、イングランドにおいては一〇五オンスの価値があり、それに相応した量のイングランド産品が購入できるだろう。為替相場の差によって、ホラントに売られるイングランド産品は、それだけ安く売られ、イングランドに売られるオランダ産品は、それだけ高く売られることになろう。この為替相場の差だけ、イングランド産品はそれだけ少ないオランダ貨幣をイングランドにもたらし、オランダ産品はそれだけ多くのイングランドの貨幣をホラントにもたらすだろう。したがって、貿易差額は必然的にそれだけイングランドに不利となり、それにつれて、この差引額だけますます多くの金銀をホラントに輸出する必要が生じよう。これが第二の説明である。

### この議論は、正しいところもあるが、金銀を他の財貨にたいして特別扱いするのは誤りである

400 これらの議論は、一部は正しいが一部は詭弁《きべん》である。それは、貿易において、金銀の輸出がその輸出国にとって有利なこともよくある、ということを主張しているかぎりでは十分な根拠がある。また、個々人が金銀の輸出で多少とも儲《もう》かると知ったなら、どんな禁止策をもってしても、その輸出を防止することはできない、と主張している点でも、十分根拠がある。けれども、金銀以外の有用な財貨は、政府の配慮をまたずとも、貿易が自由で

さえあれば確実に適量が供給されるものだが、そうした財貨を保持または増加させることに比べると、金銀の量を保持または増大させるには、政府の配慮をいっそう多く必要とすると想定している点では、これらの議論は詭弁的である。それはまた、為替相場が高いことは必然的に、かれらのいわゆる不利な貿易差額をいっそう増大させる、つまり、より多量の金や銀の輸出をひき起す、と主張する点でも、おそらく詭弁的である。為替相場が高いことは、じっさい諸外国に貨幣を支払わねばならない商人にとっては、きわめて不利であった。かれらは銀行業者が振り出してくれる外国あての為替手形に、それだけ高い価格を支払ったのであった。けれども、輸出禁止をおかすことからくる危険は、銀行業者にいくらか特別の費用をかけさせるかもしれないが、それは、かならずしもより多くの貨幣を国外に持ち出すことにはならないだろう。この費用は一般に、貨幣をその国から密輸出するために、国内ですべて支出されてしまうので、かっきり振り出された為替手形の金額以上には、ただの六ペンス貨一個の輸出さえひき起すことはないだろう。為替相場が高いことは、また、この高い為替で支払う金額をできるだけ少額にとどめるように、おのずと商人たちに輸出額を輸入額とほぼ均衡させるよう努力する気を起させるだろう。それに加えて、為替が高いことは、外国品の価格を高くし、その消費を減らすという点で、必然的に一種の税金として作用するにちがいない。それゆえ、為替が高いことは、いわゆる不利な貿易差額を増加させるどころか減少させ、したがって、金銀の輸出を増大させるのではなくて減少させる傾向があるだろう。

### ヨーロッパでは、貿易差額を重視する政策がとられた結果、国内商業の重要性が無視された

　こんなおそまつな議論ではあったが、しかし、これらの議論は、それを聞かされた人々を納得させた。この議論を、商人は、議会に、枢密院に、貴族に、そして地方の大地主《ジェントルメン》に向けて訴えた。つまり、貿易に明るいと思われた人々が、貿易のことはなにも知らないと自覚している人々に訴えたのである。外国貿易が国を富ませるものだということは、商人はもちろんのこと、貴族も地方の大地主も、経験でよくわかっていた。けれども、それがどの程度か、またどんな方法でか、ということは、だれにもよくわからなかった。商人たちは、外国貿易がどうやって自分たち自身を富ませるかについては、知り尽していた。そ
401 れを知っていることは、自分の仕事のうちであった。しかし、外国貿易がどうやって国を富ませるかを知ることは、かれらの仕事ではなかった。この問題をかれらが考えるのは、外国貿易にかんする法規についてなんらかの変更を国に訴える必要が生じた場合だけだった。そのときは、外国貿易の有利な効果と、そうした効果が現行法によってどのように妨げられているかを説明することが、ともかく必要になったのである。この問題を判定すべき裁判官にとっては、外国貿易とは貨幣を国にもたらすものだが、問題になっている法規に妨げられて、その法規がない場合に比べて、もたらされる貨幣の量が少ないと聞かされ

れば、それでこの問題のもっとも満足すべき説明のように思われた。そこで、これらの議論は望みどおりの結果を生んだのである。フランスとイングランドでは、金銀の輸出禁止は自国の鋳貨だけに限られ、外国の鋳貨と地金の輸出は自由にされた。ホラントその他二、三の地方では、自国鋳貨の輸出も自由とされた。こうして、政府の注意は、金銀の輸出にたいする警戒から、転じて、金銀の増減をひき起しうる唯一の原因としての貿易差額の監視に向けられたのである。これは、政府の注意が、一つの無益な苦労から、はるかに複雑な、はるかにやっかいな、しかもこれまた同じく無益な、別の苦労に向けられたことに他ならない。だがしかし、マンの著書の表題『外国貿易によるイングランドの財宝』[4]は、イングランドのみでなく、他のすべての商業国の経済政策の根本方針になったのである。元来、国内商業は、あらゆる商業のなかでもっとも重要であり、他の商業に比べて、同額の資本で、その国民に最大の収入をもたらし、最大量の雇傭をつくり出すものである。しかるに、この国内商業が、外国貿易にたいして単に従属的なものとみなされてしまった。国内商業は国に貨幣を持ち込みもしなければ、国外に持ち出すこともない、と言われた。それゆえ、国内商業の盛衰が外国貿易の状態に間接的に影響するかもしれないことは別として、国は、国内商業によって、いっそう富むことも、また貧しくなることも、ありえないとされたのである。

### 貿易が自由であれば、金銀も他の財貨と同様、必要量だけはただちに流入し、必要量以上は流出する

402
自国に葡萄園《ぶどうえん》のない国は、葡萄酒を外国からもって来なければならない。同じことで、自国に鉱山のない国が、金銀を外国から得なければならないことは明らかである。けれども、政府の配慮が、葡萄酒よりも金銀により多く向けられる必要があるとは思えない。葡萄酒を買う金《かね》のある国は、必要な葡萄酒をいつでも買うことができるだろう。また同様に、金銀を買うのに必要な手段を有している国は、金銀に不足することはけっしてないだろう。金銀も、他のすべての商品と同様に、一定の価格で買うことができるし、金銀がその他のすべての商品の対価であるように、他のあらゆる商品はこれら金銀の対価なのである。政府の配慮がなんらなくとも、貿易が自由であれば、われわれが必要とする葡萄酒はいつでも供給されることを、われわれは信じて疑わないのである。そうであるなら、これと同じ安心さをもって、貿易の自由は、商品流通やその他の用途のために買い入れたり用いたりする金銀の全部についても、いつでもわれわれにそれを供給しうるだろうということも、信頼してよいのではないか。

人間の勤労をもって購入または生産できる商品の量は、どこの国でも、有効需要に、つまり、その商品をつくり、市場に出すために支払われねばならない地代、労働および利潤の全部をすすんで支払おうとする人々からの需要に、おのずと対応している。けれども、

金銀よりも容易に、あるいは正確に、この有効需要に対応する商品はない。なぜなら、金銀は嵩《かさ》が小さくて価値が大きいからである。一つの場所から他の場所へ、その価格の安い場所から高い場所へ、その有効需要を超過する場所からそれに満たない場所へと、金銀ほどに容易に運べる商品はほかにはないのである。たとえば、イングランドで、いままでより以上に金にたいする有効需要があるとすれば、一隻の定期郵便船で、リスボンその他金を得られるどこからでも、ギニー金貨五〇〇〇万個以上も鋳造できる五〇トンもの金を運んでくることができるだろう。けれども、これと同価値の穀物需要がある場合には、それを輸入するには、一トン五ギニーとして、一〇〇万トンの船腹、つまり一〇〇〇トンの船一〇〇〇隻を必要とするだろう。これは、イングランドの全軍艦をもってしてもなお足りない。

一国に輸入される金銀の量が有効需要を超過する場合には、政府がどんなに用心しても、その輸出を防止することはできない。スペインやポルトガルのようにすぐに死刑を科す苛《か》酷《こく》無比の法律をもってしても、金銀を国内にとどめておくことはできない。ペルーとブラジルからの金銀のたえざる輸入は、スペインやポルトガルの有効需要を超過し、同国におけるこれらの金属の価格を隣国における価格以下に低下させるからである。これと反対に、もし、ある国で金銀の量が有効需要に満たず、そのために近隣諸国よりもその価格が高くなるほどである場合にも、その国の政府は、金銀を輸入するのに苦心する必要はないだろ

403 う。また、たとえ金銀の輸入を防ごうと骨を折ってみたとしても、とうていその目的を達することはできまい。これらの金属は、かつてスパルタ人がそれを購入する手段を得るやいなや、ラケダイモン〔スパルタ〕のうちにそれらが入ることに反対したリュクルゴス〔スパルタの憲法制定者〕法のあらゆる障壁をも突破して、その国内に入ってしまった。わが国があらゆる残忍苛酷な関税法をもってしても、オランダおよびゴーゼンバーク〔スウェーデン南部の都市、エイテボルクのこと〕の東インド会社の茶の輸入を阻止できない。なぜなら、これらの会社の茶は、わが国の東インド会社〔第四篇第七章第三節訳注〔7〕参照〕の茶より、いくらか安いからである。ただし、茶一封度《ポンド》が一六シリングというと、その最高価格に属するが、それでもその嵩は、茶にたいする支払に普通使われる銀の嵩の約一〇〇倍、同じ価格の金なら二〇〇〇倍以上だから、したがって、まさに、それだけ茶の密輸の困難さは大きいはずである。

金銀の価格は、他の大部分の商品の価格のようにたえず変動するということはないが、そのわけは、ひとつには、金銀が豊富な場所から不足している場所に容易に運べるためである。他の大部分の商品は、市場がたまたま供給過剰であっても品不足であっても、嵩が大きいために、その移動が妨げられてしまう。金銀の価格は、もちろん、まったく変動しないというわけではない。けれども、金銀の価格がこうむる変化は、一般に徐々で、漸次的で、しかも一様なのである。たとえば、ヨーロッパでは、たいした根拠はないのだが、前世紀および今世紀を通じて、金銀の価値は、スペイン領西インド諸島からの不断の流入のために、たえず、ただし徐々に、低落し続けていると考えられているようだ。けれども、金銀の価格に急激な変動が起り、そのために他のあらゆる商品の貨幣価格を、いっきょに、はっきりと目につくほどに大幅に高くしたり安くしたりするには、アメリカの発見でひき起されたほどの商業上の大変革を必要とするのである。

**金銀が一時的に不足しても、それにたいする便法はあるし、貨幣が足りないという不平は、金銀の不足によるものではない**

金銀はこのような性質をもつのだが、それにもかかわらず、金銀を買う手段のある国で、金銀がたまたま不足するようなことが起るかもしれない。しかしその場合、金銀に代る便法は、他の商品が不足した場合の代替品よりも、ずっとたくさんある。もしも製造品の原料が不足すれば、工業は休止せざるをえない。もしも食糧が欠乏すれば、国民は飢死にせざるをえない。だが、もし貨幣が不足しても、きわめて不便ではあるが、物々交換で貨幣に代えることができる。信用で売買し、月一回か年一回、商人たちがたがいに信用を決済すれば、不便も少なく、不足する貨幣を補えるだろう。十分に規制された紙幣を代用するならば、なんの不便もないばかりか、場合によっては、ある種の利益をさえともなうだろう。したがってどの点からみても、一国における貨幣量の維持や増加を監視するために、政府の配慮がそれに向けられることほど無駄なことはない。

ところが他面、貨幣が不足しているという不平ほどよく耳にする不平はない。貨幣は、葡萄酒と同じく、それを買う力もなければ借りる信用もない者には、つねに不足しているにちがいない。しかし、このいずれかをもつ者は、必要な貨幣なり葡萄酒なりに不足することはめったにないだろう。だが、貨幣が足りないというこの不平は、さきざきのことを考えない浪費家にかならずしも限ったものではない。この不平は、ときには、一商業都市全体、そしてその近隣農村を通じて、どこにも一般的なものでさえある。資金以上の取引をすることが、かかる貨幣不足の普通の原因である。まじめな人でも、計画が自分の資本に不釣合であっては、支出が所得に釣り合わなかった浪費家と同じように、ややもすれば貨幣を買う手段に不足し、貨幣を借りる信用を失いがちなものである。計画がものにならないうちに資本《ストック》を使い果し、それとともに信用もなくなってしまう。かれらは借金に東奔西走するが、だれもが貸す金《かね》はないという。貨幣が足りないというこうした不平が広く起ったとしても、それはかならずしも、いままでどおりの量の金・銀貨が国内に流通していないことを証明するものではない。それは、金・銀貨と引換えに与えるものをなにももっていない人が大勢いて、かれらが貨幣に不足している、ということを証明するものなのである。商業の利潤がたまたま通常よりも多いときには、大小いずれの商人にあっても、総じて、資金以上に取引をしすぎるような過ちを犯しやすい。かれらは、かならずしも、ふだんよりよけいに貨幣を海外に送るようなことをしているのではない。ただかれらは、国の内外で通常以上の量の商品を信用で買い付けて、支払請求がくる前に代金が入ることを期待しつつ、この商品をどこか遠方の市場に送る。ところが、代金回収よりもさきに支払請求がきてしまう。しかも、かれらの手もとには、貨幣を買うなり、借金の確実な担保に入れるなりできるようなものは、なにひとつない。貨幣が足りないという不平を広くひき起すものは、なんら金銀の不足ではなくて、右のような人々が当面する借金難と、かれらの債権者がぶつかる回収難となのである。

**貨幣は商業用具ではあるが国民資本の一小部分にすぎない。人が貨幣を追い求めるのは、それで財貨が買えるからである**

富は貨幣すなわち金と銀から成るのではなくて、貨幣で買えるものからなり、貨幣はものを買う力があるからこそ価値があるということを、まじめに証明しようとするのは、あまりにも馬鹿げている。貨幣は、確かに、いつも一国の資本の一部を成すものだが、しかし、すでに述べたように、貨幣は、一般にそのほんの一小部分を成すだけだし、しかもつねにいちばん利潤の少ない部分なのである。

商人が、財貨で貨幣を買うよりも、貨幣で財貨を買うほうが一般に容易だと思うのは、富が、その本質からして、財貨よりも貨幣から成っているためではない。そうではなくて、貨幣が人々によく知られ、安定した商業用具であって、それと引換えにならばなんでも容
405 易に与えられるが、しかし、かならずしもいつでもこれと同じ容易さで、物と交換に貨幣が得られるというわけではないからなのである。しかも、大部分の財貨は貨幣よりも持ち

が悪く、商人がこれを抱えこんでいると、貨幣を抱えこんでいるよりも、ずっと大きな損失をこうむることがしばしばあるだろう。また、かれの商品の代金が金庫に入れてある場合よりも、商品が手もとにある場合のほうが、とうてい支払におうじきれないほどの貨幣の請求を受けることが多い。こうした事情に加えて、かれの利潤は、商品の買付によるよりも、直接には商品の販売から生ずるものであり、したがって、これらすべての理由から、商人は一般に、かれの貨幣を商品と交換することより、かれの商品を貨幣と交換することのほうに、はるかに熱心なのである。けれども、倉庫に商品を山と積み上げているある特定の商人が、ときとして、販売の時機を失したために破産するということはあっても、一国民あるいは一国となると話は別で、そういうことにはならない。一商人の全資本が、貨幣を手に入れるための持ちの悪い財貨ばかりから成ることは、しばしばある。しかし、一国の土地と労働の年々の生産物のうちで、隣国から金銀を買い入れるために常時あてられるのは、そのほんの一小部分にすぎない。大部分は、その国民自身のあいだに流通し、消費される。そしてまた、外国に送られる余剰についても、その大部分は、一般に他の外国品の購入にあてられるのである。それゆえ、たとえ金銀を買い入れようと予定されていた財貨との交換に金銀が得られなくても、そのために国民が破滅してしまうようなことはなかろう。もっとも、その国民は多少の損失と不便をこうむるだろうし、不足する貨幣の代りに必要な便法をなんらか採用せざるをえなくなるだろう。けれども、その国の土地と労働の年々の生産物は、ふだんと同じか、ほとんど同じだろう。なぜなら、この場合にも、たぶん、ふだんと同じか、ほとんど同じに近い量の資本が、この生産物を従来どおり維持するために投下されるからである。財貨は、貨幣が財貨を引き寄せるほどすぐには、貨幣を引き寄せるとはかぎらないが、長い目でみれば、貨幣が財貨を引き寄せるのに比べてさえも、いっそう必然的に、財貨は貨幣を引き寄せるものである。財貨は、貨幣を買うことのほかにも、他のさまざまの目的に役だつが、これにたいして貨幣は、財貨を買うことのほかは、なんの役にもたたない。したがって、貨幣は財貨のあとを追いかけざるをえないが、財貨はかならずしも貨幣を追い回さないし、本来、その必然性もないのである。財貨を買う者は、かならずしもそれを転売しようと思っているわけではなく、それを自分で使うか消費するつもりのことが多い。これにひきかえて、財貨を売る者はつねに、得た貨幣であらためて別の財貨を買おうと思っている。だから、前者は財貨を買ってしまえば、多くはそれでことがすむが、後者は、財貨を売るだけでは仕事の半分にしかならないのである。人が貨幣を求めるのは、貨幣そのものが欲しいからではなく、貨幣で買うことができる財貨が欲しいためなのである。

**耐久性は金銀を蓄積する理由にはならない。用途がふえれば、国内の金銀の量は、それにおうじて増加する**

消費財は早晩滅失してしまうが、金銀はこれに比べて耐久性があるから、それを不断に

406 輸出することがないならば、金銀は幾世代にもわたって蓄積されて、ついには国の真の富は信じられないほどに増大するだろうと言われている。それゆえ、どの国にとっても、金銀という長持ちする商品を、滅失しやすい他の商品と交換する貿易ほどに不利益なものはない、と主張されている。しかしながら、イングランドの金物《かなもの》をフランスの葡萄酒と交換する貿易が、イングランドにとって不利だと思っている者はいない。だが、金物はたいへん耐久性のある商品であり、継続的な輸出をしていないと、これまた幾世代にもわたって蓄積され、ついに国じゅうが鍋釜《なべかま》だらけになってしまうだろう。だが、ここですぐ次のことに気づくだろう。すなわち、こういった什器《じゅうき》類の数は、どこの国でも、その用途別にかならず限られており、また、その国で日常消費される食物を調理するために必要である以上に余分の鍋釜を抱えこんでいるのは馬鹿げたことであり、また、もしも調理すべき食物の量がふえるとすれば、増加した食料品の一部は、鍋釜の購入に用いられるか、あるいは、鍋釜の製造に従事する職人を余計に雇用するのに用いられるから、鍋釜の数も、食物の量の増加につれて、すぐに増加するだろうということである。これと同様に、以下のことにもすぐ思いつくべきである。すなわち、金銀の量は、どこの国でも、その国での金銀の用途によって限られており、その金銀の用途は、鋳貨として商品を流通させ、金・銀器として調度の一種を提供することである。そして、どこの国でも、鋳貨の量は、鋳貨によって流通させられるべき商品の価値によって決定され、この商品の価値が増大すれば、ただちにその商品の一部分は、価値が増加した商品の流通に必要な鋳貨の追加量の得られるところならどこであるかを問わず、外国に送られて、貨幣を購入する。金・銀器の量は、こういうりっぱなものを楽しもうという家族の数と富によって規制されているのだから、こうした家族の数や富が増加すれば、この増加した富の一部は、まず間違いなく、手に入れられる場合にはどこででも、金・銀器をさらに買増しするのに用いられるだろう。また、国内に不必要な量の金銀を持ち込んだり、あるいはそれをとどめておこうとしたりして、一国の富を増加させようとすることは、個々の家庭に不必要にたくさんの台所道具を押しつけて、それによって御馳走《ごちそう》をふやそうとするのと同じで、まことに愚かしい、ということを銘記すべきである。これら不必要な道具類を買うための出費は、家族の食料品の量を増すものでもなければ、その質を良くするものでもなくて、量を減らし質を悪くするだけだろう。それと同じように、不必要な金銀を購入するための出費は、いずれの国においても、国民に衣食住を供している富を、国民を養いかれらに仕事を与えている富を、必然的に減少させるにちがいない。金銀は、鋳貨の形をとっていても、食器の形をとっていても、つまるところ道具にすぎないのであって、台所用品が道具であるのとなんら変りないのだと
407 いうことは銘記すべきである。金銀の用途を増加させよ、金銀によって流通させられ、処理され製造されるべき消費財を増加させよ、そうすれば、間違いなく金銀の量を増加させることができよう。しかし、もしも異常な手段によって金銀の量を増そうとすれば、これ

また間違いなく、金銀の用途を減少させるのみでなく、その量まで減少させるにちがいない。これらの金属にあっては、その量は、それの用途が必要とする以上に大きくなることはないのである。もしも、この必要量以上に金銀が蓄積されたとしても、金銀はきわめて容易に運べるし、また、金銀を使わないで寝かせておくことにともなう損失はたいへん大きいので、どのような法律を出してみても、金銀がただちに国外に送られることは防げないであろう。

## 国防上の必要は金銀を蓄積する理由にはならない。軍事力を維持するのは、金銀ではなくて主として消費財である

外国と戦争を行ない、陸海軍を遠方の諸国に派遣しておくことができるようにと考えて、金銀を蓄積することは、かならずしも必要ではない。というのは、陸海軍を維持するのは、金銀ではなくて消費財だからである。国内産業の年々の生産物をもって、つまり、その土地、労働および資本《ストック》から生じる年々の所得をもって、遠国における陸海軍維持のための消費財を買う手段を確保している国民は、そのような遠方の地で戦争を続けることができるのである。

一国民が、遠国にいる軍隊に給与を支払い、食料品を調達する方法は、三通りある。すなわち、第一に、その国に蓄積された金銀のいくぶんかを外国に送るか、第二に、自国の製造業の年々の生産物のうちのある部分を外国に送るか、それとも、最後に、その年々の

原生産物のある部分を外国に送るか、このいずれかである。

一国に蓄積され、あるいは貯《たくわ》えられているとみなしていい金銀は、三つの部分に区別することができる。第一に流通している貨幣、第二に私人の家庭内の金・銀器、最後に、多年の節約によって集積され、国庫に貯えられている貨幣。

一国の流通貨幣から大量の貨幣を引き揚げてしまうことは、まずできるものではない。なぜなら、流通貨幣には、大きな余裕などはほとんどありえないからである。どこの国でも、年々売買される財貨の価値は、この財貨を流通させ、適当な消費者に配給するために、一定量の貨幣を必要とするけれども、しかし、それ以上の貨幣を流通させるものではない。流通の水路は、それを満たすに足るだけの貨幣量をかならず引き寄せはするが、それ以上にはけっして受け入れることはしないものである。もっとも、外地での戦争のおりには、一般に、この水路から、いくぶんかの貨幣が引き出される。この場合には、海外で生活する者の数が多くなるので、国内で生活する者の数がそれだけ減る。そして、国内で流通している財貨は前よりも少なくなり、これらの財貨を流通させるために必要だった貨幣量も少なくなるからである。こうした外地での戦争の場合には、一般に、イングランドの大蔵 408 省証券、海軍手形、銀行手形といった各種の紙券が異常に大量に発行される。そして、この紙券が流通する金・銀貨に代ることによって、より多くの金・銀貨を海外に送れるようにする。だが、こうした方法では、巨額の費用を必要とし、何年も続くような外地での戦争を遂行するための財源としては、まことに貧弱である。

私人の家庭の金・銀器を鎔解《ようかい》しても、それがなおさら取るに足らない財源だということは、これまで、あらゆる場合に認められているところである。たとえば、フランス人が、さきごろの戦争〔七年戦争。一七五六～六三年〕の勃発《ぼっぱつ》当初に、この方法で得た便益はわずかなものであり、かれらが失った生活の趣好はとうてい償われなかった。

君主の蓄積された財宝は、かつては、右に述べたものに比べて、はるかに大きな、長続きする財源であった。だが現在では、プロシャ国王を別とすれば、金銀を蓄積することは、ヨーロッパの諸君主の政策にはなっていないようである。

有史以来おそらくもっとも出費のかさんだ、今世紀の数次の戦争をまかなった財源は、国内に流通している貨幣の輸出にも、私人の家庭の金・銀器の輸出にも、あるいは君主の財宝の輸出にも、そのいずれにもほとんど頼らなかったように思われる。最近のフランスとの戦争は、大ブリテンに、七五〇〇万ポンドの新たな起債だけでなく、地租一ポンドにつき二シリングの付加税と減債基金〔第五篇第三章「十八世紀に入って……」の小見出し以下参照〕からの年々の借入を含めて、九〇〇〇万ポンドを超える出費となった。この費用のうち三分の二以上は、遠国、すなわちドイツ、ポルトガル、アメリカ、地中海の諸港、西インド諸島および東インドにおいて使われた。ところが、イングランドの歴代国王は、いまだかつて財宝を蓄積したことがなかった。また、異常に大量の金・銀器が鎔解されたという話は聞いたこともない。また、この国に流通している金・銀貨は、一八〇〇万ポンドを超えると考えられたこともなかった。もっとも、さきごろの金貨改鋳〔一七七四年。第一篇第五章「その後、定められた……」の小見出し参照〕以来、この額はいささか内輪に見積られている、と信じられている。そこで、私がこれまで読んだり聞いたりしたと記憶するなかでもっとも誇大な計算に従って、金・銀貨をあわせて三〇〇〇万ポンドになると想定してみよう。戦争が、もしわれわれの貨幣で行なわれたものとすれば、この誇大な計算によっても、われわれの貨幣全部が、六、七年のあいだに、少なくとも二回はわが国から送り出されては、また戻ってきているはずである。そうであるなら、このことは、貨幣を国内に保蔵するために監視することが、政府にとっていかに不要であるかを立証する、もっとも決定的な論拠になるだろう。というのは、この想定に従えば、わが国の貨幣全部が、だれも知らないうちに、この六、七年というきわめて短い期間のうちに、二度までも、わが国から出ていっては戻ってきたにちがいないからである。だが、流通の水
409 路は、この期間のどの時点をとっても、平常よりも流れが減ったとはどうしても思われない。貨幣にたいして支払う手段をもっていた者は、だれもほとんど貨幣の不足を感じなかった。外国貿易の利潤は、じっさい、戦時を通じて平時よりも大きかったし、とくに戦争末期にそうだったのである。いつの場合も同じだが、このことが、大ブリテンの各港において、資力不相応の過大取引を広くひき起した。そしてさらに、過大取引にいつもつきものの、例の、貨幣が足りないという不平をひき起した。貨幣を買う手段もなければ、借金

する信用もない多くの人たちが、貨幣の不足を感じたのである。けだし、債務者は貨幣を借りることがむずかしいと思い、債権者は返済を受けることがむずかしいと思うからである。だが、金銀は、それと引換えにしかるべき価値を与えることのできた人々には、通例入手できたのであった。

それゆえ、さきごろの戦争の莫大な出費は、金銀の輸出によってではなくて、各種の大ブリテン製商品の輸出によって、主として、まかなわれたにちがいない。政府あるいは政府のもとで働いていた者が、ある外国への送金を商人と契約した場合、その商人は当然に、為替手形のあて先である外国の取引先にたいして、金銀そのものよりもむしろ各種商品を送って、その支払をしようと努めるだろう。もし大ブリテンの商品にその国で需要がないならば、かれは、それを、その国あての手形が買えそうなどこか他の国に送り、そこで手形を買おうと努力するだろう。市場に適合した商品の輸出は、つねに相当な利潤をあげるものだが、金銀の輸出は、利潤をともなうことがごく稀である。外国の商品を購入するために金銀が海外に持ち出される場合には、商人の利潤は、金銀と引換えに品物を買ったことによって生ずるのではなく、その品物を売ることによって生ずるのである。だが、金銀が単に負債を支払うために海外に送られる場合には、商人は代りの品物を得るわけではないから、したがって利潤も得られない。それゆえ、かれは当然に、金銀の輸出によるよりも商品の輸出によって、外国の債務を支払う方法を見つけ出そうと工夫をこらすのである。

410

さきごろの戦争の最中に、なにひとつ代りの品を持ち帰ることなく、大量の大ブリテン製商品が輸出されたことが、『国民の現状』[5]の著者によって指摘されているが、それも、こうした事情にもとづいているのである。

右に述べた三種類の金銀のほかに、大きな商業国ではどこでも、巨額の地金が外国貿易のために輸入されたり輸出されたりしている。この地金は、各国の鋳貨がそれぞれ自国内を流通しているのと同じように、商業諸国間を流通するものであって、いわば大商業共和国の貨幣だとみなしてもよい。一国の鋳貨は、それぞれの国の国境内に流通する各種の商品によって、その運動と方向を与えられ、商業共和国の貨幣は、国際間を流通する諸商品によって、その運動と方向を与えられるものである。両者のうち、前者は同じ国民の諸個人間の、後者は異なった国民の諸個人間の交換を促進するのに用いられる。大商業共和国のこの貨幣の一部は、さきごろの戦争を遂行するのに用いることができただろうし、また、たぶん用いられただろう。諸国が戦争に参加する全面戦争の場合には、この貨幣には平和時とは異なった運動や方向が与えられ、平時よりも、より多く戦場付近に流通し、戦地や近隣諸国で各国の軍隊の給与支払や食糧購入のために用いられる、と考えるのは当然である。けれども、商業共和国のこの貨幣のうち、どれほど多くの部分を大ブリテンが年々このように用いたとしても、この貨幣は、大ブリテン製の商品か、それとも、大ブリテン製の商品をもってあらかじめ購入された他国の品物かによって、年々購入されたにちがいない。そうなると、われわれは、戦争の遂行を可能にした究極的財源としては、各種の商品に、つまり、わが国の土地と労働の年々の生産物に、けっきょく戻ってくるわけである。このように多額の年々の経費は、多量の年々の生産物によってまかなわれたにちがいない、と考えることはまことに当然である。たとえば、一七六一年の経費は、一九〇〇万ポンド以上にも達した。どんな蓄積でも、かくも巨額の年々の浪費に耐えきれるものではなかろう。まして、この浪費に耐えうるほどの金銀の年生産があろうとは思われない。スペインとポルトガルに年々輸入された金銀の総量は、もっとも信頼できる報告によれば、普通は英貨六〇〇〇万ポンドをたいして超えることはないのだが、この金額は、さきごろの戦争のある年には、わずか四ヶ月の経費をまかなえるかどうか、という程度のものだったのである。

## 軍隊維持のため遠国に送る財貨は、製造品が有利で、原生産物は不利である

遠く離れた諸国で、軍隊に給与を支払い、現地で食糧を購入するために、あるいは、それに使う目的で商業共和国の貨幣の一部を買うために、遠国に送られるのにもっとも適した商品は、嵩《かさ》が小さくて大きな価値を有し、したがって、わずかの費用でごく遠方にまで送れるような、比較的精巧で改良された製造品であるように思われる。自国の工業が、そうした製造品の余剰を年々大量に生産し、これがいつも外国に輸出されているような国は、

411 多量の金銀を輸出しなくても、あるいは、輸出するだけの金銀をもっていなくても、きわめて費用のかかる戦争を何年にもわたって遂行できる。もちろん、この場合は、その製造品の年々の余剰のうち、かなりの部分は、輸出されて商人には対価をもたらすとしても、国にはなんらの代償物も持ち帰ることがない。なぜなら、その国の政府は、外国で軍隊の給与と食糧を調達するために、商人から外国あての為替手形を買い入れるからなのである。けれども、この余剰のある部分は、依然ひき続いて代償物を持ち帰るだろう。戦時中は、製造業者たちにたいしては二重の需要があった。すなわち、第一に、軍隊の給与と食糧のために外国あてに為替手形が振り出されるが、この手形を支払うためには海外に財貨を送らねばならない。そこで製造業者は、この財貨をつくることを求められる。そして、第二に、国内で通常消費されてきた日常の輸入品を購入するのに必要な財貨をつくることが求められる。それゆえ、もっとも破壊的な戦争のさなかに、大部分の製造業がしばしば大繁栄をきたし、また反対に、平和になると、これらの製造業が衰退することがある。かれらは、自国の荒廃のさなかに景気よく繁栄し、国の繁栄が回復すると衰退してしまうのである。さきごろの戦争中および講和後しばらくのあいだの大ブリテンの製造業諸部門が示したさまざまな状態は、まさに右に述べたことの一つの例証として役だつだろう。

膨大な費用がかかり、非常に長期にわたる戦争は、土地の原生産物の輸出によって、つごうよく遂行できるものではない。軍隊の給与を支払い、食糧を調達するに足るほどの量の原生産物を外国に送る費用は、あまりにも巨額だからである。また、自国民の生活資料に十分である以上に、それをはるかに超える原生産物を生産する国はほとんどない。それゆえ、原生産物を大量に外国に送るとすれば、それは国民の欠くべからざる生活資料の一部を外国に送ることになってしまうだろう。だが、製造品の輸出については、話は別である。製造業に従事している人々の生活資料は、その国内にとどめられていて、ただ、かれらが作った生産物のうちの余剰分だけが輸出されるのである。ヒューム氏は、イングランド往時の国王たちが、なか休みせずには長期戦を行なえなかったことを再三指摘している〔ヒューム『イングランド史』第十九～二十章〕。当時のイングランド人は、外国で軍隊の給与や食糧を調達する手段としては、国内消費からいくらも割愛できないような土地の原生産物か、さもなければ、原生産物と同じく運送費がたいへん嵩《かさ》むような、ごく粗製の、わずかばかりの製造品しか持っていなかったのである。国王たちが戦争を長期に継続できなかったのは、貨幣不足のためではなく、もっと精巧で、もっと改良された製造品がなかったためである。当時も、こんにちと同じく、イングランドでは貨幣によって売買が処理されていた。流通している貨
412 幣の量は、当時、通常行なわれていた売買の数と価値にたいして、現在と同じ割合を保っていたにちがいない。いや、むしろ当時の流通貨幣量は、現在よりも大きな割合を保っていたにちがいない。なぜなら、金・銀貨が行なう機能の大半を現在代行している紙幣というものが、この当時は全然なかったからである。商業も製造業もほとんど知らない国民に

あっては、以下に説明する理由によって、非常の場合に、君主がかれの臣民から多少ともまとまった上納金を取り立てることはほとんどできない。そこで、そうした国では、君主は一般に、このような非常事態の場合の唯一の財源として、財宝の蓄積に努力する。また、この必要とは別に、君主は、このような状態においては、おのずと蓄積のために不可欠な節約をするようになる。こうした未発達の状態のもとでは、君主の経費さえも、宮廷の華美を楽しむ虚栄心に左右されることなく、もっぱらかれの家臣たちにたいする賜金や従者のもてなしに用いられる。だが、そうしても、虚栄心がほとんどかならずと言っていいくらい浪費につながるのにたいして、賜金やもてなしが浪費に陥ることはめったにない。そうしたわけで、タタール人の族長はみな財宝を蓄えているのである。たとえば、ウクライナのコサック族の族長でカルル十二世〔スウェーデン王。在位一六九七～一七一八〕の有名な同盟者であるマゼーパ〔一六四四頃～一七〇九〕の財宝は、莫大なものだったと言われている。メロヴィンガ王朝系のフランスの国王たちもみな財宝を持っていた。かれらは、子供たちに王国を分け与えるときには、財宝をも分与した。サクソンの君主たちも、ノルマン征服後の初期の国王たちも、同様に財宝を蓄積していたように思われる。どの治世の場合も、まず最初に行なわれたことは、普通、王位継承を確実なものにするためのもっとも基本的な手段として、前王の財宝をおさえることであった。発展した商業国の君主は、このような財宝蓄積の必要にせまられてはいない。なぜなら、かれらは一般に、非常の場合には、自分の臣下から臨時の上納金を取り立てることができるからである。かれらは、また、金銀を蓄積しようとする気も少ない。そこでかれらはおのずと、むしろ必然的に、時代の流行を追うようになり、そこでかれらの経費は、領内の他の大土地所有者たちの経費と同じように、むちゃな虚栄心によって左右されるようになる。かれらの宮廷の無意味な虚飾は日を追って華美になり、その費用は単に蓄積を妨げるだけでなく、もっと重要な諸経費にあてられていた財源を蚕食することもしばしばある。ダーシリダスはペルシャの宮廷について、自分はペルシャで栄華をいやというほど見たが、力強さというものは見ず、召使ばかりで兵士はほとんど見なかった、と言っているが、このことは、ヨーロッパの多くの君主の宮廷にもあてはまるだろう。

**外国貿易の利益は、㈠余剰生産物を輸出し不足な必要物資を輸入する　㈡労働の生産力を高め社会の真の富を増加させる**

413 金銀の輸入は、一国民が外国貿易から得るおもな利益でもなければ、まして唯一の利益などではない。およそどんな地域間にせよ、外国貿易が営まれる場合には、その地域はすべて外国貿易から二つの利益を得る。すなわち外国貿易は、自国では需要のない土地と労働の生産物の余剰分を海外に送り、そしてそれと引換えに、国内で需要のある別の物資を持ち帰る。外国貿易は、自国の余剰物資を輸出して他国の物資と交換し、それによって自国民の欲望の一部を満たし享楽を増大させるのであり、かくすることによって、自国の余剰物資に価値を与えるのである。外国貿易のおかげで、国内市場が狭隘《きょうあい》であっても、技術や製造業の分業が最高度の域にまで成熟することが、どの部門においても妨げられないのである。労働の生産物のどれだけの部分が国内消費を超過して余ろうとも、それにたいして、外国貿易は、いっそう広い市場を開くことによって、その国の労働を奨励してその生産力を改善し、年々の生産物を最大限に増加させ、かくして、その社会の真の所得と富とを増加させるのである。こうした重大な任務を、外国貿易は、それが行なわれるすべての国にたいして、たえず遂行している。これらの国々はすべて、外国貿易から大きな利益を得るものであり、とくに貿易商が居住している国が、どちらかと言うと、得るところがもっとも大きい。というのは、貿易商は一般に、外国よりはまず自国の足りない物を補い、余剰物を輸出することに従事するものだからである。鉱山のない国にそこで必要とされる金銀を輸入することは、確かに外国貿易の仕事の一部ではある。けれどもそれは、外国貿易の仕事のなかでは、まことに取るに足らないものであって、それだけのために外国貿易を行なう国は、一世紀のあいだに、ただの一隻の船を雇う必要もあるまい。

## アメリカの発見は、ヨーロッパに市場を開き、各国の労働の生産力を増し、富を増大した

アメリカの発見〔一四九二年〕がヨーロッパを富ませたのは、金銀をアメリカから輸入したからではない。アメリカの鉱山は富鉱なので、金銀はそれ以前よりも安くなってしまった。金・銀製食器一そろいは、いまでは、十五世紀にそれを買う場合に必要だったと思われる

17, 18世紀のアメリカ大陸と大西洋

穀物のおよそ三分の一の量で、あるいは三分の一の量の労働で、買うことができる。これまでと同じだけの労働や商品を年々支出することによって、いまのヨーロッパは、かつて買えた量のおよそ三倍もの金・銀器を年々買えるのである。しかし、商品が従来の平常価格の三分の一で売られるようになれば、いままでそれを買った人々が、いまや、かつての三倍の量を買えるだけではなく、前よりもはるかに多数の購買者、おそらく以前の一〇倍以上の、

414

いや二〇倍以上の購買者が買える水準にまで引き下げられたことになる。アメリカの金・銀鉱山が発見されることなくヨーロッパが進歩せる現状に達した場合に、そのヨーロッパにあると想定される金・銀器の量に比すれば、現在のヨーロッパには、その三倍どころか、二〇倍あるいは三〇倍以上のものが存在しているのではないだろうか。そのかぎりでは、ヨーロッパは確かに真の利便を得たわけである。もっとも、それはごく些細《ささい》なものにすぎないとはいえ。金銀は、安くなると、貨幣としては以前よりもむしろ不適当になる。前と同じ買物をするのに、われわれは前よりも多量の金銀を持ち運ばねばならず、前には一グロート〔旧四ペンス銀貨〕で足りたものを、今では一シリング〔旧一二ペンス〕を懐にしてゆかなければならない。このことの不便さと、金銀が豊富にあることの利便さと、そのどちらのほうを重くみるべきか、これを断言するのはむずかしい。ともかく、このいずれの場合にしても、ヨーロッパの状態をなんらか根本的に変えることはできなかったろう。ところが、アメリカの発見は、明らかに根本的な変化をもたらした。それは、ヨーロッパのあらゆる商品にたいして無限の新市場を開いて、新しい分業と技術の改良をひき起したのである。そうしたことは、旧来の商業の狭隘な圏内では、その生産物の大部分を吸収する市場が欠けていたために、けっして起りえなかったことである。労働の生産力は増進され、労働の生産物はヨーロッパ各国で増加し、そして、それとともに、住民の真の所得と富も増大した。ヨーロッパの商品は、ほとんどそのどれもが、アメリカにとって新しいものだったし、またアメリカの商品の多くも、ヨーロッパにとって新しいものだった。そこで、これまで考えられもしなかった新たな一連の商品交換が始まることになったのである。そして、この商品交換は、旧大陸にとって明らかに有利であったように、新大陸にとっても当然に有利になるべきものであった。ところが、ヨーロッパ人が残忍非道に振舞ったので、すべての国にとって有益になるはずの出来事〔アメリカの発見〕が、これらいくつかの不幸な国々にとっては、その国土を荒廃させ、人命を殺傷するような結果をもたらすことになってしまった。

## 東インド貿易は、独占会社が行なったので、市場を増大させもせず、ヨーロッパを富ませもしなかった

アメリカの発見とほとんど同じ時に起った、喜望峰経由で東インドにいたる航路の発見〔一四九八年〕は、アメリカよりもずっと距離が遠いにもかかわらず、外国貿易にたいして、たぶん、アメリカの発見よりもさらにいっそう広い活動領域を開いた。アメリカには、多少なりとも文明人といえる民族はわずかに二つしかなかったのだが、かれらは発見されるとほとんど同時に絶滅されてしまった。かれら以外の者はすべて、まったくの野蛮人だった。これにたいして、東インドの諸国はもとより、シナ、インド、日本の諸帝国は、メキシコやペルーほどの金銀の富鉱にこそ恵まれていなかったが、その他のあらゆる点で、メキシコやペルーよりもはるかに富み、よく耕作され、すべての技術ならびに製造業において、ずっと進歩していた。メキシコとペルー両帝国の昔の状態についてのスペインの著述家た

415 ちの大げさな話――これが信用に値しないことは明らかだが――をたとえ信用するとしても、なおかつ、こう言ってよかろう。ところで、富んだ文明国民は、他の文明国民と通商するほうが、野蛮人や未開人と通商するよりもずっと大きな価値が交換できるものである。しかるに、ヨーロッパがこれまで東インドとの通商から得た利益は、アメリカとの通商から得た利益よりもはるかに少ないのである。ポルトガル人は、およそ一世紀ものあいだ、東インド貿易を独占しており、ヨーロッパの他の国民が東インドになんらかの財貨を輸出したり、また、東インドから輸入するには、ポルトガル人の手を経て間接的に行なうしかなかった。オランダ人が、前世紀の初めに、ポルトガル人の独占を侵し始めたときに、オランダ人はかれらの全東インド貿易を一つの排他的独占会社にゆだねてしまった。イングランド人、フランス人、スウェーデン人、デンマーク人も、オランダ人の先例をまねた。だから、ヨーロッパの大国民で、東インドとの自由貿易による利益を得たものは、これまでのところまったくない。ヨーロッパのほとんどすべての国民とそのアメリカ植民地とのあいだで、その国の臣民のだれにでも自由であるアメリカ貿易に比べて、東インド貿易が、なぜそれほど有利にならないかを説明するには、これ以上の理由をあげる必要はあるまい。これら各国の東インド会社の排他的特権、その大きな富、富によってそれぞれの政府から手に入れた大きな特典と保護は、これらの会社にたいする激しい嫉妬《しっと》をひき起した。この嫉妬はしばしば、東インド会社は毎年本国から多量の銀を輸出するから東インド会社の貿易はまったく有害だ、という主張になった。会社側はこれに答えて、かれらの貿易は、確かに、かかる銀の継続的輸出によってヨーロッパを全体として貧しくする傾向があるかもしれないが、この貿易を営む当該国を貧しくするものではない、なぜかというと、銀の見返りに東インドから持ち帰った品物の一部を、さらに他のヨーロッパ諸国に輸出するのだから、東インド貿易は、年々、持ち出した銀よりもはるかに多量の銀を自国に持ち帰ることになる、と主張した。この抗議も答弁も、いずれも、私がたったいま吟味してきた通俗的な見解にもとづいたものである。それゆえ、このいずれについても、これ以上あれこれ言う必要はあるまい。東インドに銀を年々輸出することによって、ヨーロッパでは、銀の輸出がない場合に比べて、銀器はたぶんいくらか高価になるし、そして銀貨は、これまでと同じ銀貨でも、おそらく、より多量の労働や商品を買うようになろう。これら二つの結果のうち、前者はごく些細な損失であり、後者もまたごく小さな利益であるから、この両者とも、社会の注意を呼び起すほどの大事ではない。東インド貿易は、ヨーロッパの商品に市場を開くことによって、あるいは、同じことだが、これらの商品をもって買われる金銀にたいして市場を開くことによって、必然的にヨーロッパの年々の商品の生産を増大させ、その結果、ヨーロッパの真の富と所得とを増大させることになるはずのものである。しかるに、東インド貿易が、こんにちまで、ヨーロッパの商品の生産も真の富も所得もたいして増大させなかったのは、おそらく、いたるところで東インド貿易にさまざまな制限が課せられていたからである。

## 富とは金銀なりという誤った主張にもとづいて国を富ませる二大方法として、輸入制限と輸出奨励とが行なわれた

416 私は、富は貨幣すなわち金銀から成るというこの通俗的見解を、冗長になるきらいはあっても、十分に検討する必要があると考えた。さきに述べたように、日常用語では、貨幣はしばしば富を意味している。そして、こうした表現のあいまいさが、この俗説をわれわれにたいへん親しみやすくしており、その結果は、この俗説の不条理を確信している人々さえ、ややもすれば、自分の考えの大本《たいほん》を忘れて、自分たちの推論を展開してゆくうちに、この俗説を、確実な否定しがたい真理だと思い込んでしまいがちなのである。たとえば、商業にかんするもっとも優れたイングランドの著述家のなかのある人々でも、一国の富は、金銀だけでなくて、その国土、家屋、そしてあらゆる種類の消費財から成る、と書き出しながら、議論を進めてゆくうちに、土地、家屋、消費財はいつのまにか忘れてしまい、すべての富は金銀からなり、金銀を増殖することが国民の産業や商業の大目的だ、と考えているかのごとき議論の調子になっていることがしばしばある。

けれども、富は、金銀から成るという原理と、金銀の鉱山のない国では、ただ貿易差額によってのみ、つまりその国が輸入するよりも大きな価値を輸出することによってのみ、金銀を獲得することができるという原理と、この二つの原理が確立されたので、国内消費

417

用の外国品の輸入をできるだけ少なくし、国内産業の生産物の輸出をできるだけふやすことが、必然的に経済政策の大目的になった。かくして、国を富ませるための二大方策は、輸入にたいするさまざまな制限と、輸出に与えられる各種の奨励とになった。

輸入にたいする制限は二種類あった。

第一に、どの国から輸入されるかを問わず、自国で生産できるような国内消費用の外国品の輸入にたいする制限。

第二に、貿易差額が不利になると思われる特定の諸国からの、ほとんどあらゆる種類の財貨の輸入にたいする制限。

これらの制限は、ときに重税となり、ときに絶対的禁止の形をとった。

輸入は、ときには戻税《もどしぜい》、ときには奨励金、ときには外国との有利な通商条約、ときには遠隔の土地に植民地を建設することによって、奨励された。

戻税は、二つの場合に与えられた。国内製造品が、なんらかの税あるいは消費税をかけられている場合には、その税額の全部または一部が、輸出に際して、しばしば払い戻された。また、課税されている外国の財貨が、再輸出を目的に輸入された場合には、この税金の全部または一部が、その輸出に際して返還されることもあった。

奨励金は、ある種の新興製造業や、その他特別の優遇に値すると考えられるような産業の奨励のために与えられた。

有利な通商条約によって、その国の財貨や商人は、条約締結国において、条約を結んでいない他国の財貨や商人に与えられる以上のさまざまな特権を獲得した。

遠隔の地に植民地を建設することによって、植民地を建設した国の財貨や商人には、単に特権のみならず、しばしば独占権が与えられた。

輸入にたいする上述の二種類の制限は、輸出に与えられるこれら四種類の奨励とともに、重商主義が、貿易差額を自国に有利にすることによって、一国の金銀の量を増加させようとする、六大手段をなしている。以下、その一つ一つを、章別に考察することにしよう。そして、これらの手段がその国に貨幣をもたらすという、ありもしない勝手な想像については、これ以上あまり深入りせずに、主として、これらの手段のそれぞれが、その国の産業の年々の生産物に与える結果がどんなものかを、検討することにしたい。これらの手段が、この年々の生産物の価値を増加させるのか、それとも減少させる傾向にあるのか、そのいずれであるかに従って、これらの手段は、明らかに、一国の真の富と所得を増大させるか、または減少させるかするにちがいない。

〔1〕『国富論』は、全巻あげて、実はきわめて周倒で体系的な重商主義批判だといってよい。その際、スミスが「商業主義または重商主義」System of Commerce, Mercantile System とよんだもののなかには、今日の経済学史なり、経済史なりが、㈠重金主義

㈡初期または絶対主義的重商主義　㈢後期または議会的重商主義　というふうに区別し、小分けしている経済思想と政策の三段階が一括してふくまれている。

重金主義　bullionism（ブリオンとは、金銀の地金のこと）とは、国家富強の基礎として直截に金銀を重視し、いわゆる取引差額（本章訳注〔3〕参照）によってその獲得、確保を行なおうとする経済政策と思想をいい、政策的には十四世紀末に始まり、十六、七世紀のイングランドで強く主張された。

これにつづく初期重商主義は、一回一回の取引差額が黒字になることを求める重金主義を批判して、たとえいったん地金銀を輸出しても、全般的・綜合的な対外貿易の帳尻つまり貿易差額が黒字になれば、その分はおのずから地金銀として還流すると主張した。これは絶対主義と結びついた当時の東インド会社をはじめとする仲継《なかつぎ》貿易資本の利害を代弁するもので、スミスが本章（「貿易収支に注意……」の小見出し参照）で挙げているトマス・マン Thomas Mun はその代表的理論家であった。

これにたいして名誉革命後に体系的構築を見た後期重商主義は、独立生産者の生産手段からの放逐を土台に、資本主義的殖産興業を、議会の立法に裏打ちされた国家の暴力によって、いわば温室的に促進した。具体的には、㈠法律によるエンクロージャーと穀物法による農業保護と輸出奨励　㈡国民産業、幼稚産業の保護、そのための内外市場の創出確保　㈢原料供給地、販売市場としての植民地の獲得・維持　㈣銀行・国債・租税による資金の集中と運用　㈤貧民の労働力化のための賃銀押し下げや

労役場《ワーク・ハウス》での陶冶《とうや》　等の諸政策が動員され、後期重商主義は、次第に統制経済と早熟な帝国主義への傾斜を強めてゆく。この場合には、たとえば毛織物といった特定産業部門の保護が政策の重点になるから、たとえば競争国フランスとの、あるいは対価を銀で払ってくれる最良のおとくいポルトガルとの貿易収支がそれぞれ注目されることになり、全般的貿易差額よりも、個々の相手国との特殊貿易差額が重視される。

さて、スミスは、これら三種のすべてに批判を加えているが、言うまでもなく最大の力点は、スミスの時代が直面している後期重商主義におかれている。しかし理論的には、それらがいずれも、富とは貨幣つまり金銀だという根本的な誤りから発している、として一括し、一面的ではあるが有効な批判を行なっている。スミスが名ざしで俎上《そじょう》にのせた重商主義者は、おもにマンであり、他にはロックがあるにすぎない。しかしスミスは、一〇〇年も一五〇年も前の経済理論を批判するために『国富論』の大冊を書いたわけではない。かれは一七七二年九月五日のポウルトニー宛の手紙で、「サー・ジェイムズ・ステュアートの本については、私は貴方と同じ意見を抱いております。一度もその本に言及はしませんでしたが、同書の誤った理論はどれも、私の本の中で明白かつ的確な論駁《ろんばく》に遭っているものと自負しています」と書いており、スミスの主たる論敵が、実は『国富論』に先立って、一七六七年に出たステュアート『政治経済学原理』の壮大な重商主義理論体系だったことを物語っている。もっともステュアートの『政治経済学原理』には、重商主義の枠をのり超えた幾多の達見がちりばめられているけれども、この場合にも、結局は重商主義の根本的な誤りを受け継いでいる、というのがスミスの批判の手法であったろう。「言及はしませんでしたが」というのは、フェアでなかったかもしれないが、ステュアートをマンやロックと一括して批判し去る黙殺戦術は、ここでも、はなはだ有効であった。ステュアートは、『国富論』の刊行以後、第二次大戦後になって、その価値が見直されるにいたっているが、それまで久しく経済学史のうえでは「死んだ犬」の扱いを受けていた。

〔2〕キャナンは、この箇所に注をつけて、「このパラグラフのどの部分もほとんど根拠がない」とし、「おそらく照合もせずに『グラスゴウ大学講義』からそっくり引き写したのであろう」と推測している。現代日本の経済書と違って、『国富論』は、ごく少数の例外を除いて、他人の著書の逐語的引用をほとんどやらない。たまにやっても、少なからず不正確な点も見られ、スミスの几帳面《きちょうめん》な人柄を想うと、やや意外の感を受けるくらいである。まして、他人の説をスミスが要約する場合には、かなり自由に、スミス自身の評価をこめた大胆な裁断をともなうことが多い。キャナンの指摘の前段も、ロックの逐語的な再現にはほど遠い、ということを言おうとするなら、確かにその通りであるが、これは編者注として意味をなさない。キャナンの真意は、ロックはそんなことは書いていない、というにあろう。けれども、ロックの経済論は、明らかに、市民社会の形成史における貨幣の画期的役割の強調、富の生産と経済循環における貨幣的契機の重視、国際商業戦争を前提とした貿易差額による貨幣蓄積への関心といっ

たナショナリスティックな重商主義の骨骼《こっかく》を備えており、スミスの要約には、確かに——たぶん意識的に——付帯条件をすべて切りすてた一面的・単線的なところがあるが、それだけにロック理論の性格における基本的な側面を鮮明にしているのである。

　キャナンの後段の指摘も妙で、『グラスゴウ大学講義』が、聴講生の筆になることを考慮に入れても、『国富論』の文章は、明らかに内容的に拡充され、文章も書き直されている。スミスは、キャナンの推測と違って、『国富論』執筆の際に、もしロックを照合したとしても、同様な文章を書いたのではあるまいか。

〔3〕balance of trade　商品輸出と輸入の帳尻のこと。これが順、すなわち黒字であれば、その分は外国から金銀の形で流入するから、これは、国内に金・銀鉱山を持たない国が征服等によらずに金銀を獲得するためのほとんど唯一の方策であった。近世初頭以降、基本的には重商主義の全時代を通じて、金・銀貨幣は富の中の富として国家富強の基礎であり、一国経済発展の指標であり、「戦争の腱《けん》」とも考えられてきたから、貿易による金銀の獲得とその確保とは、当然に経済政策の最重点目標となった。

　この目標をもっとも端的な形で追求したのが、十六、七世紀のイングランドで典型的に成立した重金主義（本章訳注〔1〕参照）の取引差額（balance of bargain　この命名は、リカードゥやマルサスと同時代に歴史的方法に立つ経済学を説いて活躍したリチャード・ジョーンズ Richard Jones, 1790-1855 のもの）である。重金主義は、個々の商人の営む外国貿易に国家が干渉し、一回一回の取引《バーゲン》における輸出入の差額が順になって、金銀が流入し、確保されることを求め、地金銀の輸出禁止、贅沢品《ぜいたくひん》の輸入禁止、外国商人が得た輸入品の売上代金を国内商品に投ずることを要求する使用条例 statutes of employment, 王立為替取引人 royal exchanger の復活による為替の国家統制など、多く十四世紀末から十五世紀に王権によって行なわれた諸規制の再建を主張した（したがって政策面では、これら十四、五世紀の諸規制にさかのぼって重金主義政策とよぶことが多い）。

これにたいして、個々の取引差額が自国にとってプラスになることを要求するのは、国民経済的には無意味で、一国全体の年々の綜合的・全般的貿易差額が順であればよい、とする初期重商主義の主張が現われた。名誉革命後の後期重商主義では、国内産業の保護育成の観点から、むしろ特定国との貿易差額が重視され、全般的貿易差額は、スミスが以下の諸章で批判している複雑厖大《ぼうだい》な保護政策体系がどのくらい有効に働いたかを示す指標として扱われるようになった。

なお、貿易差額という言葉が初めて公刊の文書に現われたのは、マンと同時期の重商主義者、ミッセルデン Edward Misselden, ?–1654 の一六二三年の書、『貿易循環論、または自由貿易擁護のための貿易差額』 *The Circle of Commerce: or, the Ballance of Trade, in Defence of Free Trade* においてである。

〔4〕 Thomas Mun, *England's Treasure by Forraign Trade. or, the Ballance of our Forraign Trade is the Rule of our Treasure*, 1664. スミスは、by を in と表記している。このスミ

スの誤記は、単純な写し間違い、あるいは記憶違いかもしれない。しかし by のほうだと、イングランドの財宝は外国貿易によって獲得されるものだ、という語感を生むが、スミスが誤記した in だとイングランドの財宝は外国貿易に存す、といった強い印象を与える。スミスのマン、あるいは重商主義批判の気持が底流にあって生じた誤記なのかもしれない。

〔5〕 William Knox, *The Present State of the Nation, particularly with respect to its Trade, Finances, etc., etc., addressed to the King and both Houses of Parliament*, 1768. ノックス（一七三二〜一八一〇）はアイルランド生れだが、十八世紀半ばに長期間アメリカに住み、またジョージアおよび東フロリダの駐英事務官を務めた。アメリカに貴族層を育成するよう、そして植民地代表を大ブリテン議会に参加させるよう主張し、アメリカ独立後はアメリカに母国派（loyalist）植民地建設を唱えるなど、特異な活動を続けた。『国民の現状』は匿名で出版され、翌年に早くも四版を数えたほか、フランス、スペインでも翻訳された。本書に展開されている大ブリテンについての見通しは、きわめて悲観的である。

## 第二章　国内でも生産できる財貨を外国から輸入することにたいする制限について

特定の国内産業に独占を与える関税や輸入禁止措置がとられているが、これが国民に有利かどうかは疑わしい

重税か絶対的禁止のいずれかによって、国内でも生産できる財貨を外国から輸入することを制限すれば、これらの財貨の生産にたずさわっている国内産業には、多かれ少なかれ、国内市場の独占が確保される。こうして、畜牛および塩漬肉のいずれをも輸入禁止したことは、大ブリテンの牧畜業者に、食肉についての国内市場独占を保障したのである。また、穀物輸入に課せられる高い税は、穀物が国内にかなり潤沢なときには輸入禁止も同然なことになるのだが、この税も、その栽培業者に右と同じような利益を与える。外国産毛織物の輸入禁止も、同様に、毛織物生産者にとって有利である。絹織物業は、外国産原料しか使わないのだが、最近同じ便益を獲得した。亜麻布織物業はまだこの便益を得ていないが、その獲得をめざして懸命に努力中である。その他多くの種類の製造業が、同じようにして、

大ブリテンにおいて、同国人にたいする完全な、あるいはそれに近い独占を得ている。大ブリテンへの輸入が完全に禁止されているか、あるいは一定の条件のもとで禁止されている財貨が、どれほどに多種多様であるかは、関税法に精通していない人には想像もつかない。

この国内市場の独占は、しばしば、それを享受する特定の産業をおおいに奨励し、社会の労働と資本《ストック》とを、独占がない場合に比べて、はるかに大量に当該産業に向けさせること
419
が多い、ということは疑いない。しかし、それが社会の勤労活動全般を増大させる傾向があるのか、あるいは勤労活動全般にもっとも有利な方向を与える傾向があるのかは、明らかではない。

一社会の勤労活動全体としては、その社会の資本が雇用しうる限度を超えることはできない。ある特定の人が雇用できる労働者の数は、かれの資本の量にたいして一定の比率を保っていなければなるまい。これと同じことで、一大社会の人々によって継続的に雇用される労働者の数も、その社会の全資本にたいして一定の比率を保っていなければならず、その比率を超えることはできない。いかなる社会でも、商業上の規制によって、その社会の資本が維持できる以上の量に勤労活動を増大させるなどということはできるものではない。商業上の規制は、ただ、勤労活動の一部を、そうした規制がない場合には行かないような方向へと転じさせうるだけなのである。しかも、その勤労活動の人為的な方向が、そ

わけではない。の自然に進む方向よりも、社会にとっていっそう有利だということが、はっきりしている

## 個人の利益追求は、安全をめざして、なるべく目のとどく近い場所に投資先を求める

各個人は、自分の自由にできる資本があれば、その多少を問わず、それをもっとも有利に使おうといつも努力するものである。かれの眼中にあるのは、もちろん自分自身の利益であって、その社会の利益ではない。けれども、かれ自身の利益を追求してゆくと、かれは、おのずから、というよりもむしろ必然的に、その社会にとって、もっとも有利な資本の使い方を選ぶ結果になるものなのである。

第一に、だれでも、自分の資本をできるだけ手近な場所で、したがって、できるだけ自国内の勤労活動の維持に、使おうとするものである。ただし、この場合、それによって資本《ストック》の普通の利潤ないしそれに近い利潤が得られることが条件である。

だから、利潤が同等か、ほとんど等しいなら、あらゆる卸売商は当然に、国内消費向けの外国貿易よりも国内商業を選ぶし、仲継《なかつぎ》貿易よりは国内消費向けの外国貿易を選ぶ。国内消費向けの外国貿易の場合には、かれの資本は、長期にわたって、かれの視界外に去ってしまうことがしばしばあるが、国内商業にあっては、かれの資本が、それほど長期間かれの視界を離れることはない。かれは、外国貿易の場合よりも、自分が信用する相手の性

420

格や状態をよく知ることができるし、万が一欺かれても、救済を求めるべき国の法規もくわしく知っている。これにたいして、仲継貿易の場合は、商人の資本は、いわば二つの外国のあいだに分割されるので、そのいずれの部分も、自国内に持ち込まれることはなく、また、商人自身の直接の監視や支配下に置かれるということもない。穀物をケーニヒスベルクからリスボンに送り、果物と葡萄酒《ぶどうしゅ》をリスボンからケーニヒスベルクに送るのに、アムステルダムの商人が用いる資本は、通常、その一半はケーニヒスベルクに、他の一半はリスボンにあるにちがいない。そのいずれも、アムステルダムにある必要はないのである。このような商人の住所は、当然ケーニヒスベルクかリスボンかのいずれかになるのであって、かれがアムステルダムに住もうというのは、よほどの事情がある場合だけである。けれども、資本からかくも遠く離れていることに不安を感じるから、商人は、普通、リスボン市場に送る予定のケーニヒスベルクの商品およびケーニヒスベルク向けを予定しているリスボンの商品、この双方の一部をアムステルダムに取り寄せる決心をするのである。そして、このためにかれは、若干の税金や関税の支払はもちろん、船積みと陸揚げの二重の失費を負担しなければならないのだが、しかし、そうしてでも、自分の資本のいくぶんかを、常時自分の監視や支配のもとに置くために、かれはこの特別の費用を甘んじて負担しようとするのである。こうして、相当の規模で仲継貿易をやっている国はいずれも、その国が貿易を引き受けているすべての国々の財貨の集散地、あるいは一般市場になる。商人は、二度目の船積みと陸揚げを省くために、つねにこれら諸国の財貨を、できるだけ国内市場で売りさばこうと努力し、こうして、できるかぎり、かれの仲継貿易を国内消費向けの外国貿易に転換しようと努めるのである。国内消費向けの外国貿易に従事する商人も、これと同様に、外国市場向けの財貨を集めたときに、利潤が同一ないし同じに近いならば、いつでもすすんで、その財貨のできるだけ多くの部分を自国内で売りさばこうとするだろう。かれが、自分の営む外国貿易を国内商業に転換することができれば、それだけ輸出の危険とわずらわしさを免れるわけである。こうして、商人の母国は、各国の住民の資本がたえずそのまわりを循環している、いわば中心であり、特別の原因によって、ときにこの中心からはじき出されて遠方での仕事に追いやられることはあるにしても、諸資本がつねに集まってこようとしている中心なのだ、と言えよう。けれども、国内商業に用いられる資本は、すでに述べたように、これと同額の資本が消費物の外国貿易に用いられる場合よりも、かならずや、いっそう多くの自国内の勤労を活動させ、はるかに多数の自国民に所得と仕事を与えるであろう。同様に、消費物の外国貿易に用いられる資本は、仲継貿易に用いられる同額の資本に比べれば、右と同じような利益がある。そこで、利潤が等しいか、あるいはほぼ等しいなら、だれしも、自然に国内の勤労活動に最大の支持を与え、自国民の最大多数に所得と仕事を与えるような方法で、自分の資本を用いようとするわけなのである。

421 第二に、国内の勤労の維持に自分の資本を用いる人はみな、その生産物ができるだけ大きな価値をもつような方向にもってゆこうと、おのずから努力する。

勤労の生産物とは、労働が加えられる対象物または原料にたいして、その勤労が新たに付加するもののことである。この生産物の価値の大小に比例して、資本を用いた人々の利潤も多くなったり少なくなったりするだろう。けれども、人が勤労の維持に資本を用いるのは、もっぱら利潤を得ようとするためである。したがって、かれはつねに、その生産物が最大の価値をもちそうな勤労活動、つまり貨幣なり他の財貨なりと交換する場合に、その最大量と交換されそうな勤労活動の維持に、この資本を用いようと努める。

### 個人の利益をめざす投資が、見えざる手に導かれて、社会の利益を促進する

ところが、すべてどの社会も、年々の収入は、その社会の勤労活動の年々の全生産物の交換価値と、つねに正確に等しい、いやむしろ、この交換価値とまさに同一物なのである。それゆえ、各個人は、かれの資本を自国内の勤労活動の維持に用い、かつその勤労活動をば、生産物が最大の価値をもつような方向にもってゆこうとできるだけ努力するから、だれもが必然的に、社会の年々の収入をできるだけ大きくしようと骨を折ることになるわけなのである。もちろん、かれは、普通、社会公共の利益を増進しようなどと意図しているわけでもないし、また、自分が社会の利益をどれだけ増進しているのかも知っているわけ

ではない。外国の産業よりも国内の産業を維持するのは、ただ自分自身の安全を思ってのことである。そして、生産物が最大の価値をもつように産業を運営するのは、自分自身の利得のためなのである。だが、こうすることによって、かれは、他の多くの場合と同じく、この場合にも、見えざる手に導かれて、〔1〕自分では意図してもいなかった一目的を促進することになる。かれがこの目的をまったく意図していなかったということは、その社会にとって、かれがこれを意図していた場合に比べて、かならずしも悪いことではない。社会の利益を増進しようと思い込んでいる場合よりも、自分自身の利益を追求するほうが、はるかに有効に社会の利益を増進することがしばしばある。社会のためにやるのだと称して商売をしている徒輩が、社会の福祉を真に増進したというような話は、いまだかつて聞いたことがない。もっとも、こうしたもったいぶった態度は、商人のあいだでは通例あまり見られないから、かれらを説得して、それをやめさせるのは、べつに骨の折れることではない。

自分の資本をどういう種類の国内産業に用いればよいか、そして、生産物が最大の価値をもちそうなのはどういう国内産業であるかを、個々人だれしも、自分自身の立場におうじて、どんな政治家や立法者よりも、はるかに的確に判断できることは明らかである。他人に向って、かれらの資本をどう使ったらよいかを指示しようとするような政治家がいるとすれば、かれは、およそ不必要な世話をみずから背負いこむばかりでなく、一個人はおろか、枢密院や議会にたいしてさえ安んじて委託はできないような権限を、また、われこそはそれを行使する適任者だと思っているような人物の手中にある場合にもっとも危険な権限を、愚かにも、そして僭越《せんえつ》にも、自分で引き受けることになるのである。

422

## 高率の関税や輸入禁止は、外国から安く買えるものを高い費用をかけて国内で生産させ、産業活動全体を不利にする

どんな種類の技術ないし製造業についても、国産品に国内市場の独占を許すことは、どういうふうに資本を用いるべきかを、ある程度まで私人に指図することであって、ほとんどあらゆる場合に無用な、あるいは有害な規制である。国産品が外国品と同様に安く国内市場に提供されるならば、規制は明らかに無用である。もし、そうできない場合にも、規制は一般に有害にちがいない。買うよりも自分で作るほうが高くつくものは、けっして自分で作ろうなどとはしないというのが、分別ある家長のやり方である。仕立屋は、自分の靴《くつ》を自分で作ろうとはしないで靴屋から買う。靴屋は、自分の服を自分で仕立てようとはしないで仕立屋に作らせる。農民は靴も服も自分で作ろうとはしないで、それぞれの職人に作らせる。かれらはみな、自分の労働のすべてを隣人よりも多少ともまさっている方面に用い、その生産物の一部をもって、またはそれと同じことだが、その価格をもって、自分たちが必要とする他の品物を買うほうが有利であることを知っている。

およそ私人が一家を治めるにあたって思慮分別あるやり方とされるものは、一大王国を

治めるうえにおいても、まず、愚かなことであるはずがない。もしある外国が、ある商品をわれわれ自身が作るよりも安く供給できるならば、われわれは、かれらに比べて多少とも勝っているような勤労の生産物の一部をもって、その商品を当の国から買うほうがよい。こうしたところで、国の全勤労活動は、勤労活動を行なわせる資本につねに比例しているものであるから、さきに述べた職人たちの場合と同様、減少することはないだろう。要は、どういう勤労活動をやれば最大の利益が得られるかを、自分で見つけだすように自由にしておくことである。したがって、自国で作るよりも外国から買うほうが安いような品物の生産に活動が向けられる場合には、それがもっとも有利な勤労活動の仕方でないことは確かである。勤労活動が、このように不利な商品を生産するよう仕向けられ、明らかに価値の大きい商品の生産からそらされている場合には、一国のすべての勤労の年々の生産物の価値は、大なり小なり減少させられることは疑いない。われわれの仮定によれば、この種の商品は、国内で作るよりも外国から買うほうが安い。だから、この商品は、事物自然の成り行きにまかされた場合には、これと同額の資本が別種の産業に向い、そこで生産する別種の商品のほんの一部をもって、つまり、それらの商品の価格のほんの一部をもって、買えるはずである。したがって、この国の勤労は、このようにして有利な事業からそらされて、不利な事業に向けられ、その年生産物の交換価値は、立法者の意図どおりに増加するどころか、かえって、こうした規制のために必然的に減少するにちがいない。

もっとも、こうした規制があるために、ある特定の製造業が、その規制がない場合より
423 も早く確立されることもあろうし、一定の時がたてば、国内でも、外国と同じか、あるいは、もっと安く製造できるかもしれない。けれども、このようにしてその社会の勤労活動が、自由に放任される場合よりも早く、ある特定の分野にうまく導かれるとしても、この種の規制によって、その社会の勤労活動の総量が、あるいは所得の総量が増加することには、かならずしもならないであろう。社会の勤労活動は、ただその社会の資本の増加に比例してのみ増大できるのであり、またその資本は、社会の所得のなかから、漸次貯《たくわ》えられる貯蓄分に比例してのみ増大できるのである。ところが、すべてこのような規制の直接の効果は、その社会の所得を減少させてしまう。そうだとすれば、社会の所得を減少させてしまうような規制を加えると、資本や勤労をばその自然の用途を見いだすよう自由に放任した場合に資本が自力で増殖する速度と比べて、いっそう速くそれが増殖できるなどということは、まずありえない。

もっとも、そうした規制がないために、ある社会ではこの種の製造業を確立させることができないということもあろうが、そうだとしても、その社会は、存立のいかなる時期においても、この製造業がない分だけ貧しいということにはなるまい。社会の存立するどの時期においても、社会のすべての資本とすべての労働とは、対象こそさまざまであろうが、いずれにしても、その時点でもっとも有利な方法で用いられているはずである。あらゆる

424 時点で、社会の所得は、資本がもたらしうる最大のもののはずであり、資本も所得も、ともども、可能なかぎり最大の速度で増加するであろう。

ある一国が、特定の商品の生産上、他の国よりもはるかに優れた自然の利点を有していて、これと競争するのは無駄だ、と全世界が認めているようなことも往々にしてある。たとえば、温室、温床、温壁を用いれば、スコットランドでも、ごく上質の葡萄ができるし、また、外国から葡萄酒を輸入する費用の三〇倍ほどもかければ、この葡萄から輸入品と同質のごく上等の葡萄酒もつくることができよう。だが、スコットランドでクラレット酒〔フランスのボルドーとくにジロンド地方産の赤葡萄酒〕やブルゴーニュ酒〔フランス、ブルゴーニュ地方産の葡萄酒〕の醸造を奨励するというだけのために、外国産の葡萄酒の輸入をすべて禁止するというような法律は、はたして合理的なものだろうか。自国で必要とされている商品を製造するために、これと同量の商品を外国から買うのに要するよりも三〇倍も多くの資本と労働をその製造にふり向けるということが明白に不条理ならば、この資本なり労働なりを、三〇分の一、いや三〇〇分の一でも余分に、この種の用途に向けることも、上例ほどにはっきりと目立ちはしないにしても、まさしく同種の不条理なのである。ある国が他国よりも優れている点が、自然的なものか、それとも後天的に獲得されたものなのかは、この点では無関係である。ある国がこれらの利点をもち、他国がこれを欠いているかぎりは、後者にとっては、自国で作るよりも前者から買うほうが、つねに有利であろう。ある職人が別の職業を営む隣人に勝っているとすれば、それは自分で習得した後天的な長所にすぎないのだが、それでも、この両者は、自分の本職でないものを作るよりも、たがいに相手から買うほうが有利だということを知っている。

## 商工業は独占によって利益を得、自由貿易によって打撃を受けるが、牧畜業や農業はこれと事情が異なる

国内市場のこうした独占によって、もっとも利益を得るのは、商人と製造業者である。外国の畜牛と塩漬肉の輸入禁止、および、国産穀物が適度の豊作のときには輸入禁止も同然の輸入穀物にたいする高率関税などは、同種の他の諸規制が商人や製造業者にとって有利なほどには、大ブリテンの牧畜業者や農業経営者にとって有利ではない。工業製品、それもとくに比較的精巧な種類のものは、穀物や畜牛よりも容易に一国から他国に輸送できる。だから、外国貿易は主として工業製品を運搬し取引するのである。工業製品の場合は、ほんのわずかでも有利な条件をもっていれば、外国人が、わが国内市場においてさえ、われわれの職人よりも安く売ることができる。だが、土地の原生産物の場合は、外国人がそうしようとするには、よほど有利な条件がなければ駄目である。もしも、外国の工業製品の自由輸入が許されるならば、国内製造業のうちのいくつかは、たぶん不振となり、そのあるものは、おそらく滅びてしまうだろうし、そして、それらの製造業に現在用いられている資本《ストック》と労働のかなりの部分は、なにか別の仕事をさがさざるをえないことになろう。

だが、土地の原生産物については、もっとも自由な輸入を許しても、自国の農業にたいして、このような影響を及ぼすことはありえないだろう。

たとえば、外国産の家畜の輸入をごく自由にしても、輸入されるものはわずかばかりで、大ブリテンの牧畜業がそのために影響されることは、まずないであろう。およそ、あらゆる商品のなかで、陸上輸送よりも海上輸送のほうが費用がかかるものは、おそらく生きた家畜だけだろう。陸上輸送の場合は、家畜は自分で歩いて市場へ行く。海上輸送の場合には、家畜だけではなく、飼料や水も、少なからぬ費用と手間をかけて運ばなければならない。もっとも、アイルランドと大ブリテンのあいだの海路は短いので、アイルランド産畜牛の輸入は比較的容易である。けれども、最近、期間を限って許されたアイルランド産畜牛の自由輸入が恒久化されたとしても、それが大ブリテンの牧畜業者の利害に大きな影響を与えることはあるまい。大ブリテンのうちアイルランド海に面する諸地方は、いずれも牧畜地帯である。アイルランド産の牛が、この地方で用いられるために輸入されるということはありえないのだし、この牛を適当な市場に届けるには、少なからぬ費用と手間をかけ、たいへんに広いこれらの地方を縦断して駆り立てなければならないのである。だが、肥えた牛は、それほど遠くまで駆り立てられまい。そのため、肥育用のやせ牛しか輸入で
425 きないわけなのだが、この輸入が飼育もしくは肥育地帯の利益を損うことはあるまい。そのわけは、肥育用のやせ牛を輸入すれば、その価格が下るので、肥育地帯にとってはむし

ろ有利となるのである。したがって、その輸入は家畜種付け業地帯の利益にだけ反することになるだろう。ところが、アイルランド牛の輸入が許されてから以後も、その輸入数がきわめて少ないことは、やせ牛が現在もなお引き続き高値で売られていることとあいまって、大ブリテンの家畜種付け業地帯でさえ、アイルランド牛の自由輸入によって、それほどの影響を受けてはいないらしいということを、事実によって示しているように思われる。もっとも、アイルランドの一般大衆は、牛の輸出にたいして、時に暴力を用いてまで反対しているという。しかし、もし輸出業者がこの貿易を続けることをたいへん有利だとみるならば、かれらは、法律がかれらを支持しているかぎり、この暴徒の反対を容易に鎮圧できたはずである。

しかもさらに、肥育地帯は、つねに高度に改良されているにちがいないが、種付け業地帯は、一般に未耕の原野である。肥育用のやせ牛の値段が高いことは、未耕地の価値を増すので、改良を妨げる奨励金のごときものになる。全国土が高度に改良された国にとっては、やせ牛を国内で繁殖させるよりも、それを輸入するほうが有利であろう。そこで、ホラント州は、現在、この方針をとっていると言われている。もっとも、スコットランド、ウェイルズおよびノーサムバーランドなどの山地は、それほど改良もできない地方であり、そのため、おのずから大ブリテンの家畜種付け業地帯たる運命にあるようだ。かくて、外国産畜牛の輸入を最大限に自由にしてみても、これら種付け業地帯が、王国の他の諸地方の人口増加と改良につけこんで、かれらの牛の価格を法外に高くし、国内のより良く改良され耕作されている地方すべてにたいして、実質的に一つの税をかけることになるような事態を阻止する効果以外には、なんの影響もないであろう。

　これと同様に、塩漬肉の輸入をおおいに自由にしてみても、大ブリテンの牧畜業者の利益には、生きた牛の自由輸入と同じく、ほとんど影響しないだろう。塩漬肉はたいへん嵩《かさ》ばる商品であるだけでなく、生肉と比べると品質は劣り、しかも労働と費用が余計にかかるので、値段の高い商品なのである。したがって、輸入の塩漬肉は、国産塩漬肉と競争はできても、生肉とは競争できないであろう。しかも、塩漬肉は、遠洋航海の船に食料として積み込む場合とか、その他類似の用途には用いられようが、人々の食物の少なからぬ部分を占めるようにはなり得ないであろう。その輸入が自由になって以来、アイルランドから輸入された塩漬肉の量がわずかであることは、わが牧畜業者がアイルランド塩漬肉の自由輸入を恐れる必要などまったくないことを、経験によって証明しているわけである。生肉の価格も、この輸入によって目立って影響をうけている、とは見受けられない。

　外国産穀物を自由輸入にしてさえ、大ブリテンの農業者の利害には、ほとんど影響しな
426 いであろう。穀物は、生肉よりもずっと嵩ばる商品である。小麦一封度《ポンド》が一ペニーするということは、肉一封度《ポンド》が四ペンスするというのにも相当する高値である。穀物がいちじるしく不足した時でさえ、輸入された外国産穀物の量がわずかであったことは、穀物のもっ

とも自由な輸入すらもなんら恐れる必要がないことを、わが農業者に確信させるに足るものであろう。穀物貿易に精通していて、これにかんする論説の筆者〔チャールズ・スミスのこと。本篇第五章訳注〔1〕参照〕によれば、年々輸入される平均量は、各種の穀類をあわせて、二万三七二八クォーターにすぎず、年々の消費量の五七一分の一を超えていない。しかし、穀物にたいする奨励金がなくて、耕作の実状に従って貿易が行なわれる場合に比べて、奨励金があると、豊年にはより多く輸出させ、したがってまた、凶年にはより多く輸入させることになる。奨励金があるために、ある年にたくさん収穫があっても、これが他の年の不作欠乏を補うことはなくなるのであり、平均輸出量が奨励金のために必然的に増加するから、同様に、耕作の現状においては、平均輸入量も増加せざるをえないのである。もしも奨励金がないならば、穀物の輸出は減るであろうから、輸入も現在よりは年々減少することは、まず確かだろう。その場合、穀物貿易商や大ブリテンと諸外国のあいだの穀物運送業者の仕事はいちじるしく減り、かれらは、おおいに損害を受けるであろう。しかし、農村の大地主《ジェントルメン》や農業者は、ほとんど損害を受けることはあるまい。したがって、私がみたところでは、奨励金の更新継続をもっとも強く望んでいるのは、農村の大地主や農業者よりも、むしろ穀物貿易商なのである。

　農村の大地主と農業者は、全国民のなかで、独占という卑劣な精神をもつことのもっとも少ない人々であって、このことは、かれらにとって、おおいに名誉だと言うべきである。

大製造所を営む企業家は、同種の他の作業場が、かれの製造所から二〇マイル以内に建とうものなら、顔色を変えて驚くことさえある。アッベヴィルで毛織物製造業を営むオランダ人企業家は、同市から三〇リーグ〔一リーグは約五キロ〕以内に同種の作業場を建ててはならないことを約定書で決めている。農業者や農村の大地主は、これと反対に、一般に自分の隣人の農地や所領の耕作改良を妨げるよりは、むしろこれを促進する気持をもっている。かれらは製造業者の大部分がもっている秘密のごときものは何もなく、一般に、むしろ隣人た
427 ちと連絡しあい、良いとわかった新方法は、どんなものでも、できるかぎり広めたいと思っている。大カトー〔2〕曰《いわ》く、誠実な営利はもっとも確実であって、嫉妬《しっと》を起させることがもっとも少なく、また同じ職業に従事する者は、たがいに悪意をもつことがもっとも少ない、と。農村の大地主や農業者は、国内の異なった諸地方に分散しているので、商人や製造業者のように容易には団結できない。ところが、商人や製造業者は、都市に集まっており、かれらのあいだに広く見られるあの排他的同業組合精神になれているので、おのずと、かれらがそれぞれ自分の都市の住民たちにたいして一般に有している排他的特権と同じものを、同国人のすべてにたいしても獲得しようと努めるのである。そうであるから、かれらこそが、国内市場の独占をかれらのために確保してくれるような、外国品の輸入にたいする諸規制のそもそもの発案者であったように思われる。大ブリテンの農村の大地主や農業者が、かれらの地位に自然と具わっている寛容さを忘れて、穀物や食肉を同国人に供給す

る排他的特権を要求するにいたったのは、たぶん、商人や製造業者をまねて、自分たちを圧迫しているのではないかと思われる人々と対等の位置に立とうとしたためであろう。思うにかれらは、自分たちがそれに倣《なら》った人々の利益に比べて、自分たちの利益が貿易の自由によって影響されることのいかに少ないか、という点を考察する労をとらなかったのである。

永久的な法律をもって、外国産の穀物と畜牛の輸入を禁止することは、じつは、その国の人口の増加と産業は、いついかなるときにも、自国の土地の原生産物が扶養しうる限度を超えてはならない、と定めるのと同じことである。

### 国内産業振興のために輸入制限が適切な場合は二つ。国防上の必要はその第一で、この点で航海条例はもっとも賢明である

けれども、国内産業の奨励のために、外国の産業に多少の負担を課すことが概して有利な場合が、二つあるように思われる。

その第一は、国土防衛上、ある特定の産業が必要な場合である。たとえば、大ブリテンの防衛は、その海員と船舶の数によるところが大である。それゆえ、航海条例[3]が、外国船にたいして、ある場合には絶対的禁止をもって、またある場合には重い負担を課すことによって、大ブリテンの海員と船舶に自国の貿易を独占させようと努力しているのは、当を得ている。航海条例のおもな規定は次のとおりである。

428 一、船主、船長および船員のうち、四分の三が大ブリテンの臣民でないかぎり、すべての船舶は、大ブリテン領植民地と貿易したり、あるいは、大ブリテンの沿岸貿易に従事することを禁じられ、違反すれば船舶と積荷は没収される。

二、さまざまの嵩《かさ》高の輸入物品については、上記の船舶か、もしくは、その財貨の生産国の船舶であって、かつ船主、船長および船員の四分の三がその国の出身者であるような船舶か、このいずれかによる場合に限って、大ブリテンに運び込めることとし、しかも、この後者の船舶によって輸入する場合には、輸入品は外人税〔貿易に際して外国人のみに課せられた特別の取引税〕の二倍が課せられる。これ以外の他国の船で輸入すれば、船および積荷を没収される。この航海条例が定められた当時、オランダ人は、現在でもあい変らずそうであるように、ヨーロッパの重要な運送業者であった。そこで、この条例の規制によって、かれらは大ブリテンへの運送業者たることから、つまりヨーロッパ各国からわが国に財貨を輸入する業務から、完全に締め出されてしまったのである。

三、さまざまの嵩高の輸入物品は、その原産国以外の国からは、大ブリテンの船舶によって輸入することさえ禁じられ、違反すれば船舶と積荷は没収される。この規則もまたおそらく、オランダ人を念頭においたものであろう。当時のホラントは、こんにちと同様、あらゆるヨーロッパ商品の大集散地だったが、この規制によって、大ブリテンの船はホラントでヨーロッパの他国産商品を積み込むことができなくなった。

四、大ブリテンの船が捕獲し、その船上で加工したもの以外の各種の塩漬魚、鯨の髭《ひげ》〔4〕、鯨骨、鯨油および鯨脂は、大ブリテンに輸入されると、二倍の外人税をかけられる。いまでもヨーロッパの主要な漁業国民たるオランダ人は、当時のヨーロッパにおいて、外国に魚を供給しようとした唯一の漁業国民であった。この規制によって、かれらが大ブリテンへ魚を供給するにあたり、きわめて重い負担が課せられたわけである。

航海条例が制定された当時、イングランドとホラントは、いまだ実際に戦争をしてはいなかったけれども、両者間にはきわめて激しい反感があった。この反感は、航海条例を初めて考えだした長期議会の治下に始まり、その後まもなく護国卿〔5〕およびチャールズ二世〔在位一六四九〜八五〕治世中における、オランダ人との一連の戦争〔一六五二〜七四〕となって爆発したのである。こうしたわけだから、この有名な条例のなかの一部の規定が、国民的反感に端を発したものだろうということは考えられるところだが、たとえそうであったとしても、この規制は、すべてもっとも思慮ぶかい知者によって指図されたもののごとくに賢明なものである。
429
あの時点における国民的反感は、もっとも思慮ぶかい知者が勧告するにちがいないこととまさに同一の目的を、つまり、イングランドの安全を危くする可能性のある唯一の海軍力たる、ホラントの海軍力の減殺をめざしていたのであった。

航海条例は、外国貿易にとっても、また、それから生じうる富裕の増進にとっても、好ましいものではない。一国民の諸外国民にたいする商業上の利害は、一商人が自分の取引相手にたいする商業上の利害と同じく、できるかぎり安く買い高く売ることにかかっている。もっとも完全な自由貿易によって、一国民が外国民すべてを励まし、自国が買う必要のある財貨をもってくるようにさせれば、そうした財貨をたぶん安く買えるだろうし、また同じ理由から、こうして、その国の市場に最大多数の買手がやってくれば、たぶん高く売れるようになるだろう。確かに、航海条例は大ブリテンの産業の生産物を輸出するためにやってくる外国船にたいしては、なんの負担も課してはいない。あらゆる輸入品はもちろん、輸出品についても課税するのをつねとしていた旧外人税さえも、その後のいくつかの条例によって、輸出品の大部分について撤廃されている。けれども、外国人は、もし禁止あるいは高率の税によって売りに来ることを妨げられてしまうと、買うほうについても、常時買いに来るというわけにはいかなくなる。なぜなら、積荷なしでやってくれば、かれらは自国から大ブリテンまでの運賃を損しなければならないから。それゆえ、売手の数を減らせば、買手の数も必然的に減らすことになり、こうして、もっと完全な自由貿易が行なわれている場合に比べて、われわれは外国品を高く買うだけではなく、自国品を安く売ることにもなるようである。しかし、国防は富裕よりもはるかに重要なことであるから、航海条例は、イングランドの全商業法規のなかで、おそらくもっとも賢明なものだと言えるだろう。

## 第二に、国産商品が課税されている場合は、同種外国商品にも課税するのが適当だが、外国商品全般に課税を広げる根拠はない

国内産業を奨励するために、外国産業になんらかの負担を課すことが概して有利な第二の場合は、国内産業の生産物にたいして、国内で若干の税がかけられているときである。この場合は、外国産業の類似生産物にたいして、等額の税をかけるのが合理的なように思われる。こうしても、国内産業に国内市場の独占を許すことにはならないだろうし、また国の資本《ストック》と労働を、自由に放任してある場合に比べて、大量に、特定の産業に集中させてしまうということもないだろう。それはただ、自然にそこへ向うはずのものが、税のために不自然な方向に転じるのを阻止し、内外産業間の競争を、課税後にも、それ以前とできるだけ同じ条件にしておくことになろう。大ブリテンでは、国内産業の生産物に税をかけ
430
るときには、国内で外国人に安売りされるだろうという、わが国の商人や製造業者たちのやかましい不平をおさえるために、同時に、同種のあらゆる外国品の輸入にたいしては、はるかに重い税をかけているのである。

　貿易の自由にたいするこの第二の制限は、ある人々によれば、場合によっては国内で課税されている国産商品と国内で競争しうるような外国商品に限らず、もっと拡大すべきだという。どこの国でも、生活必需品が課税されているような場合には、外国から輸入される類似の生活必需品だけでなく、国内産業の生産物と競合するあらゆる外国商品にたい

して税をかけるのがよい、とかれらは主張する。かれらの言うところによれば、こうした生活必需品への課税によって、生活資料は必然的に高価になり、そして、労働の価格は、つねに、かならず労働者の生活資料の価格とともに騰貴する。それゆえ、国内産業の生産物たるすべての商品は、それ自身に直接課税されなくとも、右のような税の結果、その商品を生産する労働が高価になるので、それにつれて、商品もまた高価になるのである。だから、このような税は、事実上、国内で生産されるあらゆる商品に直接かけられる税に相当するものなのである。そこで、国内産業を外国産業と同じ条件にするためには、あらゆる外国商品にたいして、それと競合する国産商品の価格が以上のように騰貴するのに見合って、若干の税をかけることが必要になる、とかれらは考える。

大ブリテンにおいて、石鹼《せっけん》、塩、鞣皮《なめしがわ》、蠟燭《ろうそく》などに課している税のような、生活必需品にたいする税が、必然的に労働の価格を騰貴させ、その結果、他のすべての商品の価格をも騰貴させるのかどうかについては、後ほど租税を論ずるところで考察しよう。けれども、さしあたり、かかる税がこのような結果をもたらし、しかも疑いなくこうなると仮定しても、労働の価格の騰貴によるあらゆる商品の価格の一般的騰貴は、ある商品に特殊の税が直接かけられたのでその商品の価格が騰貴したという場合と、次の二点で異なる。

第一に、こうした税によって、一商品の価格がどれほど高くなるかは、つねにきわめて正確にわかるけれども、労働の価格の一般的騰貴が、その労働が用いられる、あらゆる商

431

品の価格の一般的騰貴にどれほど影響するかは、あまり正確には知ることができまい。それゆえ、外国産の各種商品にたいする税を、あらゆる国産商品の価格のこの騰貴に、かなりの正確さをもって比例させることは不可能であろう。

第二に、生活必需品にたいする税は、人々の暮しに、やせた土地や不順な気候とほとんど同一の影響を与える。食料品はそのために高くなるが、これは、この食料品を産出するのに、土地や気候が悪いために余分の労働や費用がかかるのと同じである。土壌と気候による自然的な食糧不足の場合に、人々に向って、かれらの資本と労働をどのように用いるべきかを指図するのは馬鹿げたことだが、それと同じで、右のような課税に由来する人為的な不足の場合にも、人々に指図するのは馬鹿げたことである。自由に放任して、人々の勤労活動をかれらの情況にできるだけ適応させ、四囲の事情がいかに不利であっても、国内もしくは海外市場においてなんらかの利益のあるような仕事を見つけさせるほうが、いずれの場合にも、人々にとって明らかにもっとも有利なのである。かれらは、すでに過重な税をかけられているのだから、さらに新税を課しうるとか、また、かれらは、すでに生活必需品にすら高い価格を支払わされているのだから、その他の大部分の商品にも高い価格を負担させうるというのは、かれらを遇する方法としては明らかに不合理このうえもない。

このような税は、一定の高さに達すると、天の凛冽《りんれつ》地の不毛にも比すべき禍《わざわい》の因となるものであるが、しかも、この税がいちばん広く課せられているのは、もっとも富裕でもっとも勤勉な諸国においてなのである。他の国々では、これほどの無秩序には耐えられないであろう。体軀《たいく》のもっとも頑健な者のみが、健康によくない養生法で生活しても健康を保てるように、あらゆる産業において、最大の自然的ならびに後天的な利点を有する国民のみが、このような税をかけられても存続し繁栄しうるのである。ホラントは、ヨーロッパで、このような税がもっとも多い国であるが、この国は、特殊事情によって、このような税があるにもかかわらず繁栄をつづけているのであって、この税のおかげで繁栄しているなどと考えるのは、不合理もはなはだしい。

### 輸入制限をする場合に、慎重な考慮を要する問題の一つは相手国の報復である

国内産業の振興のために、外国産業に若干の負担を課すことが一般に有利な場合は二つあるが、しかし、同時に、ときとして慎重な考慮を要する場合も二つある。その一つは、特定の外国品の自由輸入をどこまで続けるのが適当かという場合であり、もう一つは、外国品の自由輸入が一時中断されていた後に、その輸入をどの程度まで、またはどういう方法で、再開すればよいかという場合である。

ある外国品の自由輸入をどこまで継続するのが適当か、ということが熟慮を要する問題になるのは、ある外国が、高率関税もしくは禁止の処置によって、わが国の製造品のうち、

432 あるものの輸入を制限する場合である。この場合には、復讐心《ふくしゅうしん》が当然に報復を命じ、われわれもわが国に輸入される当該国の製造品の一部あるいは全部にたいして、同様の税や禁止を課すべしということになる。そこで、どの国民も、こういう仕方で報復することになる。とくにフランス人は、国産品と競合するような外国品の輸入を制限することによって、自国の製造業を優遇しようとしている。コルベール氏[6]の政策の大半はこの点に眼目があったのであり、さしもの偉才のかれも、この場合には、つねに同胞にたいして独占を要求してやまぬ商人や製造業者たちの詭弁《きべん》に、すっかりだまされていたように思われる。かれのこの種の措置が、フランスにとっては利益になっていないというのが、こんにちではフランスにおけるもっとも聡明な人々の見解である。この大臣は、一六六七年の関税法によって、外国製造品の大多数にきわめて高い税をかけた。かれがオランダ人にたいしてこの軽減を拒否すると、オランダ人は一六七一年に、フランスの葡萄酒、ブランデー、その他の製造品の輸入を禁止した。一六七二年の戦争は、ひとつには、この商業上の争いから起ったように思われる。ナイメーヘンの講和によって、フランスはオランダ人のためにこれらの税のうち若干を軽減し、これにたいしてオランダ人はフランスの物産の輸入禁止を解き、一六七八年に、この紛争は落着した。フランス人とイングランド人が、同じような税と輸入禁止とで、たがいに相手の産業を圧迫しはじめたのは、これとほぼ同じころであった。この場合は、フランス人が先鞭《せんべん》をつけたように思われる。それ以来両国民のあいだに燃えつづけてきた敵対心は、こんにちにいたるまで、両国いずれの側においても、税や輸入禁止が緩和されるのを妨げている。また、一六九七年に、イングランド人はフランダースの製造品たる麻レースの輸入を禁止した。当時スペインの支配下にあった同国の政府は、報復としてイングランド産の毛織物の輸入を禁止した。一七〇〇年に、フランダースへのイングランド産毛織物の輸入を従来どおりにすることを条件として、イングランドへの麻レースの輸入禁止は解除された。

この種の報復は、こうした処置によって、苦情の種になっている高い税や輸入禁止を撤廃させる見込があるときには、よい政策かもしれない。大きな外国市場の回復は、一般に、ある種の財貨が一時的により高くなるという過渡的な不便を償ってあまりあるであろう。こうした報復が、このような結果を生ずる見込があるかどうかを判断することは、おそらく、つねに同一不変の一般原則によって審議を行なうべき立法者の学問に属するというよりは、むしろ、俗に政治家または政治屋とよばれて、ものごとが時々刻々変化するのにお
433 うじて考え方がくるくると変る、あの陰険老獪《いんけんろうかい》な動物の手腕に属することである。高い税や輸入禁止を撤廃させる可能性がない場合には、わが同胞の、ある階層に加えられた損害を償うために、この階層のみでなく、他のほとんどすべての階層にたいしてまでも、さらに新たな損害を与えるというのは、まずいやり方のように思われる。わが隣国が、われわれのある種の製造品の輸入を禁止するときには、われわれは一般に、かれらの同種の製造

品の輸入を禁止するばかりでなく、それだけではかれらに痛撃を与えることはできないから、さらにかれらの別種の製造品の輸入をも禁止する。こうすればむろん、わが国の職人のうち、ある特定の階層に奨励を与えることになり、かれらの競争者の一部を排除することによって、かれらは国内市場で価格を引き上げられるようになる。けれども、隣国の禁止政策によって損害をこうむったわが職人たちは、わが国が禁止政策をとったからといって、それによって利するところはないであろう。それとはまさに反対に、かれらをふくめてわが国民のほとんどすべての階層は、このために、ある特定の財貨にたいしてはいままでよりもずっと高価な支払を余儀なくされるだろう。それゆえ、すべてこの種の法律は、隣国の禁止政策によって損害を受けた当の特定職人階層の利益のためにではなく、別のある階層の利益のために、国全体にたいして実質的に税をかけることになるのである。

### その二は輸入制限解除の仕方で、一挙に行なっても支障はないが、徐々に行なうほうが混乱が少ない

外国品の自由な輸入がしばらくのあいだ中絶されたあと、どの程度まで、あるいは、どのようにして、これを再開するのがよいかということが熟慮を要する問題となるのは、特殊の製造業が、それと競合するすべての外国品にたいする高い税または輸入禁止の措置によって、おおいに拡張されて、非常に多数の者がこれに従事するようになった場合である。この場合に人道上必要なことは、自由貿易は徐々に、段階を追って、控えめに、かつ慎重

に再開されるべきだということである。もしも、この高い税や輸入禁止がにわかに撤廃さ
れるならば、国産品よりも安価な同種外国品が国内市場に殺到し、たちまちのうちに、幾
千の同胞から従来の仕事と生計の手段を奪ってしまうだろう。このことからひき起される
混乱は、明らかに重大である。だが、そうはいっても、それは次の二つの理由で、普通に
考えられるほどのものではあるまい。

第一に、奨励金なしでヨーロッパの諸国へ普通に輸出されている製造品はすべて、外国
品の輸入を最大限に自由にしても、ほとんど影響を受けないだろう。こうした製造品は、
海外で同種同品質の外国品と同じ価格で売らなければならないのだから、国内では、かな
らずやもっと安く売られているはずなのである。それゆえ、このような製造品は、外国品
の輸入を自由にしても、国内市場を確保しつづけるだろう。もっとも、気まぐれの上流人
士は、ときに、ただ外国品だという理由だけで、外国品よりも安価で良質な同種の国産品
434 を買わずに、輸入品を選ぶようなこともあるかもしれない。しかし、そういう馬鹿げたこ
とは、ことの性質上、そう広くゆきわたるものではないから、人々の職業全般にたいして、
目立つほどの影響を及ぼすことはなかろう。わが国の毛織物、鞣皮《なめしがわ》および金物の大部分
の分野では、なんらの奨励金もなしで、年々ヨーロッパ諸国に輸出をしており、しかも、
これらの部門こそは、最大多数の人間が従事している製造業なのである。自由貿易にする
と、もっとも損害をこうむるのは、おそらく絹織物製造業であり、ついで、これに比べて

ずっと少ない程度ではあろうが、麻織物製造業が損害を受けることになろう。

第二に、こうして自由貿易を再開することによって、多数の人々が、たちまち従来やってきた仕事や生計の手段を奪われてしまったとしても、それによって、かれらが仕事なり生計なりを完全に奪われてしまうということにはなるまい。たとえば、さきごろの戦争〔七年戦争。一七五六～六三〕が終結したとき、陸海軍の縮小によって、一〇万人以上の兵卒と水兵が、たちどころに職を失ってしまった。一〇万人というと、最大規模の製造業に従事している人員に匹敵する数である。かれらはもちろん多少の不便はしたけれども、しかし、これによって、仕事と生計をすべて奪われてしまったわけではない。水兵の大部分は、機会を見つけ次第、商船の乗組員にだんだんと転じたらしいし、あれこれするうちに、水兵も兵卒も国民大衆のなかに吸収されて、さまざまな職業に従事するようになった。一〇万人以上の、しかも全員が武器ばかり取り扱ってきており、そして、その多くは略奪や分捕りばかりやっていた人々の生活状態に、かくも大きな変化が生じたのに、そこからなんの大騒ぎも起らなかったし、目立つほどの混乱さえも起らなかった。浮浪者の数が、そのために目立って増加したということは、どこにもほとんどなかったし、また、労働の賃銀さえも、私が知っているかぎりでは、商船の船員を除けば、いずれの職業においても引き下げられはしなかった。けれども、兵卒が日々やることと製造業にたずさわる者が日々やることとを比べてみれば、その日々の慣習からして、兵卒が新しい職業に転ずるよりも、製造業にたずさわる者が新しい職業に転ずるほうが、ずっと容易だということがわかろう。かれらは、つねに自分の勤労のみで生計を立てることになれているが、兵卒は給料をもらって生計を立てることになれている。丹誠と勤勉は製造業にたずさわる者のつねであり、怠惰と放蕩《ほうとう》は兵卒のつねである。勤勉の方向を、ある一種の労働から別の労働に転ずることは、怠惰と放蕩をなんらかの労働に向けるよりも、はるかに容易であること必定である。しかも、すでに述べたごとく、各種製造業の大半には、性質がきわめて似た隣接業種があるので、
435 職人は容易に、かれの勤勉を、これら製造業のあるひとつから他へと転ずることができるのである。こうした職人の大部分は、さらに臨時に農業労働に従事することもある。これまで、特定の製造業にかれらを使っていた資本《ストック》は、依然として国内にとどまり、これまでとは異なった方法で、同数の人間を使うだろう。一国の資本の量に変りはないのだから、労働にたいする需要も同様に変りはなく、もしくは、ほとんど変りはなく、ただ労働が以前とは異なった場所で、異なった職業で、行なわれるだけのことである。兵卒や水兵は、もちろん、軍務から解除されれば、大ブリテンやアイルランドのどこへ行って、どんな職業につこうと、それは勝手である〔チャールズ二世第十二年条例第十六号などで認められた〕。この兵卒や水兵と同じように、陛下の全臣民に、かれらが好むどの職業でも自由に営むことができるという自然的自由を回復すべきである。つまり、各種の同業組合の排他的特権を打破し、徒弟条例〔第一篇第七章訳注〔2〕および第十章第二節参照〕を廃止すべきである。なぜなら、この両者は、いずれも、まがうことなく自

然的自由を侵害しているからである。これに加えて、定住法[7]を廃止し、貧しい職人が、ある職業あるいはある場所で失職したときに、告発されたり立ちのかされたりする心配もなく、別の職業なり別の場所なりで仕事をさがせるようにすべきである。こうすれば、社会も個人も、製造業者のある特定階層のときおりの失職に難渋することはあっても、それは、兵卒の除隊のために悩むのに比べて大差はないことになるだろう。もちろん、わが国の製造業者が、わが国にとって大きな功績のあることは確かである。しかし、かれらは、みずからの血をもって国を護る人々よりも功績があるというわけではないし、したがって、また、兵卒たち以上に思いやりをもって取り扱われるには値しない。

## 独占の廃絶はユートピアを求めるように至難のことであるから、少なくも新独占は容認すべきでない

もっとも、自由貿易が将来大ブリテンに完全に回復されることを期待するのは、この国にオシアナ[8]あるいはユートピア[9]が将来建設されるのを期待するような夢想に近い。社会一般の偏見だけでなく、それよりもいっそう克服しがたい多数の個人の私的利害が、とうてい抵抗できないくらいに強力に反対するからである。陸軍の将校たちは、兵員削減にたいしては熱心に一致結束して反対するものだが、製造業者たちは、よりいっそうの熱意と一致結束をもって、国内市場で競争者の数を増す恐れのあるいっさいの法律に反対している。兵員削減の提案者たちを暴力と不法行為をもって攻撃するために、将校たちが兵卒を

煽動《せんどう》するのと同じく、製造業者たちが、いっそうはげしく自分の職人たちを煽動して、製造業者たちがわれわれ国民にたいして獲得している独占権を多少とも削り取ろうと企てるような法規の提案者を、暴力と不法行為で攻撃させるような危険な状態になっている。こ
436 の独占は、製造業者のうちのある特定層を激増させたので、過大な常備軍のごとく、政府にとってあなどりがたいものとなり、立法府を威嚇《いかく》することもしばしばである。この独占を強化するためのあらゆる提案を支持する国会議員は、実業界を理解するという名声を得るだけでなく、その数と富のおかげでいまや非常に重きをなしている一階級の人々から、たいへんな人気と信用を得ることは確かである。だが、これとは逆に、もしある議員がかれらに反対するならば、そしてさらに、かれらを圧服しうるほどの権威をもっている場合には、かれが世間周知の誠実な人物であっても、また最高の身分のものであっても、社会にたいして最大の貢献をしているものでも、不名誉きわまる罵詈誹謗《ばりひぼう》を受け、人身攻撃を受けることになるのであり、ときには、怒り狂い、失望した独占主義者たちの無体《むたい》な暴力によって、身の危険さえも受けることになるのである。

大製造業の企業家は、国内市場がとつぜん外国人の競争にさらされて、そのために自分の事業を放棄せざるをえなくなれば、確かに大損害をこうむることになろう。かれの資本のうち、これまで原料の購入と労働者への支払にいつも用いられていた部分は、たぶん、たいした困難もなく別の用途を見いだすだろう。しかし、作業場や専門の用具に固定され

ている部分の資本は、処分すれば大きな損失をともなうにちがいない。したがって、かれの利害に公平な考慮を払うならば、この種の変更はけっして急激に行なうべきではなく、徐々に、漸新的に、しかも、よほど前から予告をした後に導入されるべきなのである。立法府が、局部的な利害からうるさく迫られて動くのではなく、いつも公益という広い観点からものごとを熟慮すべきであるとするならば、しからば、この種のいかなる新独占も設けないよう、そして、既存の独占をこれ以上拡大しないよう、とくに意を用いるべきである。このような規制はすべて、国家の基本制度に大なり小なり実質的な混乱を持ち込むものであって、後日これを救治しようとすれば、さらに別の混乱をひき起すことになろう。

外国品の輸入防止のためではなく、政府の収入をあげるために外国品の輸入に課税するのは、どの程度までなら適当か、ということについては、のちほど〔第五篇第二章第二節第四項〔2〕「関税は元来……」の小見出し以下〕租税を取り扱うときに考察しよう。輸入防止を目的にかけられる税はもちろん、輸入の減少を目的にかけられる税さえも、それが貿易の自由にとって有害であるのと同じく、関税収入にとっても有害であることは明らかなのである。

〔1〕〈led by an invisible hand〉スミスの意見によると、国内産業にその資本を投下するものは、これを外国貿易に投下するものよりも、いっそう多くの生産的労働者を雇用することになり、それだけ多くの年生産物を生産することになる。また、同じ国内産

業に同一量の資本を投下する場合でも、商業や工業に比して、それを農業に投下する場合のほうが、より多くの雇用労働者を扶養することになり、それだけ多くの年生産物を、すなわち富を、生産することになる。これは、そうしたほうが資本の管理上「安全」だからでもある。だがここで、スミスが「見えざる手」を導入し、「見えざる手に導かれて、自分では意図してもいなかった一目的を促進することになる」と述べている、この個人的な本能や打算と、生産の増大という社会的福祉とは、スミスの場合、たとえ「自由放任」や「自由競争」を媒介にしても、論理的には結びつき得ない。これをつなぐ役割として登場するものが「見えざる手」であり、「見えざる手に導かれて」個人的なものと社会的なものとが結合しうるのである。『国富論』に十数年先立つスミスの主著の一つ『道徳情操論』(*The Theory of Moral Sentiments*, 1759) のなかでも、同じ「見えざる手」はすでに現われている。ここでは、経済生活そのものについての人間の本能的な性向にもとづく行動が、社会的には何をもたらすか、ということが論じられている。たとえば、すべてが自由に放任されている場合には、富者がどんなに貪欲に振舞うとしても、生活必需品にかんするかぎり、結局は貧者と均等にしか消費し得ないものであることが強調されている。――「富者は全生産物のなかからもっとも高価で快適なるもののみを選ぶにすぎない。かれらの自然的欲望と貪欲さにもかかわらず、富者は貧者と等量しか消費せず、また、富者は自分の便宜のみを考慮しており、自分が雇用する数千人の者の勤労に期待する唯一の目的が、かれら富者自身のくだらぬ、あくことなき欲望にあるとはいっても、しかもかれら富者は、かれらのすべての改善努力の結果たる生産物はこれを貧者とともに分かつことになるのである。かれらは、見えざる手に導かれて、土地がその居住者のあいだに均等に分割されていたならばなされていたであろうと思われるような、生活必需品の均等な配分を行なうようになるのである」。十数年をへだてているスミスのこの二つの書物『道徳情操論』と『国富論』とのあいだには、奇妙な一致がみられる。それは、個人の貪欲さや営利心は、それらが自由に発揮できる状態におかれている場合には、結局、社会全体の分配を適正で合理的なものにする、というスミスの信念である。いずれの場合にも、個人の貪欲さや営利心は、それが放任されているなら、結局は社会的福祉の配分を均等にする、という信念にほかならなかった。たとえ現実は「私悪」が公共の福祉にむすびつかないようなことがあっても、それは一時的な現象であり、結局、消費財の分配は次第に均等化されるであろう、というのがスミスの信念であった。スミス的な理神論からすれば、現在あるところの事物の秩序から逆に万能の神の存在を類推することが強調されていたのだから、個人の利己的本能──「自愛心」や「利己心」──は、資本投下の仕方についても、個人の消費生活の態様についても、結局、個人的な本能におわることなく、社会公共の福祉にむすびつかなければならないはずのものだったのである。言うまでもなく、「見えざる手」は経済学上の概念ではないが、私的なものと社会公共の福祉とをむすびつける論理が、経済理論としてはまだ完結していなかった事態のもとにおいて、スミスがこれを「見えざる手」の神の機能として描き出そうとしていた点は十分理解しなければならない。要するに「見えざる手」は、経済理論の整序性を補完するための切り札だったと言える。

〔2〕Marcus Porcius Cato（B. C. 234-149）ローマの政治家で、ローマのヘレニズム化に反対し、中小土地所有者とローマ農業の維持を主張し、またカルタゴ制圧を唱えた。スミスはカトーの著書『農業論』から引用している。

〔3〕navigation acts　広義には一三八一年の条例から一八四九年の条例まで、貿易にかかわる一群の条例をいうが、通例はイングランド重商主義政策の主柱ともいうべき二条例、すなわち一六五一年にクロムウェルが発布した条例と、一六六〇年にチャールズ二世のもとで一六五一年の条例を補訂した「海運および航海振興条例」を指す。スミスが本文で論じているのは一六六〇年の条例である。本条例の主たる目的は、スミスも指摘しているように、㈠商業上最大の強敵たるオランダを念頭に、貿易から外国船舶を排除し、また仲継貿易商の手を経た商品輸入を禁止することによって、オランダに痛打を与え、イングランドの貿易、海運、造船を有利に導き、それらの助成を通して海軍力の強化をも図る、㈡アメリカ植民地貿易をイングランドが独占する、の二つであった。

本章および後段第七章の論述にみられるように、この航海条例についてのスミスの認識と評価は、プラスとマイナスを交互に展開している。すなわち、貿易から外国を排除してイングランドの商人や海運業者に独占を与えたことは、イングランドのこれらの業種に繁栄をもたらしはしたが、その反面、独占による商品価格の騰貴をもたらし、市場を狭め、資本を不利な分野に誘導するなどという国民にとっての不利益をも招いている、とスミスは判断し、その意味では航海条例は、独占を維持する重商主義政策の一主柱として批判されている。だが、これと同時に、航海条例が、商業上の法規だとはいえ、十七世紀中葉のヨーロッパの政治情勢のなかで、強敵オランダへの対抗策として案出され、オランダ海軍力を減殺してイングランドのそれを強化するという国防上の政策であったという側面からは、「国防は富裕よりもはるかに重要」だから、本条例は立法時点において「全商業法規のなかで、おそらくもっとも賢明なもの」だという、積極的なスミスの評価が現われるのである。

〔4〕セミクジラ、ナガスクジラ、ホッキョククジラ、イワシクジラ等をふくむヒゲクジラ亜目に属する鯨の髭、あるいは、ひげ板 baleen である。ヒゲクジラ類の口蓋《こうがい》には、三角板状で角質のひげ板が列を成して生え下っており、各ヒゲ板の内側は先がほぐれてほうきかブラシのようになっている。口蓋の片側列のみで、ひげ板の数が四〇〇に達する種類もある。大型魚を肉食するハクジラ類と異なり、プランクトン食性のヒゲクジラ類は、いったん大量の海水とともにオキアミ、小魚等を口中に吸い込み、このひげをいわばふるい、あるいはストレイナーに用い、舌を使って海水のみをはき出すのである。

鯨のひれ whale fin という用語は、いわゆる「ひれ」ではなく、この髭、あるいは、ひげ板の商品名に他ならない。商品とするには、ひげ板を切り落とし、縁毛を除いて洗い、これを半日煮て柔らかにする。あとは用途に応じて細長く、あるいは糸状に截《せっ》断《だん》するのである。もっとも良質なのはグリーンランド近海でとれるホッキョククジラのもので、しなやかなうえに、ひげ板の長さは時に三・五メートルにも達する。ナガスクジラのものは、固く短いため下級品として扱われた。近世初頭からのスミスの時代ころまでに、早くもヨーロッパは鯨から照明用灯油、石鹼《せっけん》、グリース等の原料としての鯨油、竜涎香《りゅうぜんこう》など種々の製品をつくっていたが、問題の「ひれ」は、そのなかでも主要な品目のひとつで、鯨からとれる多様な商品中、これのみが重商主義のステイプル商品として指定されているほどである。また、かなり高価なもので、十九世紀初めころ、アメリカで一封度《ポンド》五ドルしたといわれる。

それでは、軽くてしなやかで、しかも丈夫なこのひれを何に使ったかというと、その最大の用途は婦人のお洒落《しゃれ》であった。つまり、ひとつにはコルセット、ひとつにはクリノリンとよばれる釣鐘のようなあのフープ・スカートのタガになったのである。

〔5〕Protector　市民革命の後、政権を握ったオリヴァー・クロムウェル（一五九九～一六五八）が共和制の元首として一六五三年から名乗った称号で、正式には Lord Protector. かれの没後は息子リチャード（一六二六～一七一二）がその地位を継承した。しかし、リチャードは、独裁的元首としての力を欠いて一六五九年には身を引き、

一六六〇年からはチャールズ二世の王政が名実ともに復活した。なお、一六四九年にチャールズ一世がクロムウェルの手で処刑されてから一六六〇年までは、いわゆる共和制の時代であるが、この間、チャールズ一世の長子チャールズ二世は一六四九年にエディンバラで王位を宣言し、さらに、スコットランド国王として一六五一年に同地で戴冠式を挙げており、イングランド、スコットランドの両王国とも、形式上は王制が継続した。

〔6〕Jean Baptiste Colbert（1619–83）フランス絶対王政期の政治家。ルイ十四世のもとで財務総監（一六六五〜八三）を務めた。イングランドに対抗してフランスの国力増強をはかり、富＝貨幣をフランスにもたらすために商工業を強力に保護奨励する一連の重商主義政策をおし進め、その主義と政策は、かれの名を冠してコルベールティスムとして知られている。政策の骨子は、製造品の輸入制限と国内の製造業の振興のほか、独占的営業権を与えた特権マニュファクチャーの設立、輸出奨励金の設置、海軍と商船隊の充実、植民地獲得、穀物の輸出制限による穀物低価格政策などによって、強力な輸出向け産業を育成するというものであった。

この政策は、フランスの商工業を急速に強化したという点で少なからぬ効果を発揮したが、その反面、商工業者に与えたさまざまの独占や特権は、国民の資本の自由な発展を阻害することにもなった。コルベールは、封建地代を財政的基盤とする絶対王政の権力によって、商工業、それも結局は都市に集中する特権的大企業中心の産業政策を進めたのだが、そのための経費は、とどのつまりは農民の負担に帰し、しかも商工業のために低穀価政策がとられたので、そのことも農民に不利益を押しつけた。ために農村の疲弊ははなはだしく、急速に荒廃に向った。こうした事情が、やがて、ボアギュベール、ヴォーバン、そしてケネーらによるコルベールティスム批判と、国家繁栄の基盤は農業生産にあり、とする重農主義の命題を導き出すことになるのである。重農主義にかんしては第四篇第九章を参照せよ。

なお、クロムウェル以降のイングランド議会が進めた重商主義政策とコルベールのそれとは、ともに外国からの競争を制限して自国産業の保護と貿易の伸張を図るという点で現象形態は類似しており、そうした政策要求の経済主体と基盤は異なっているが、スミスは、現象形態の共通性に着目して、コルベールを批判している。

〔7〕law of settlements　一六六二年の「王国貧民の救済を促進する条例」が最初の定住法で、その後さまざまの追加や修正が加えられつつ、救貧法体系の一主柱をなした条例。本条例は、教区を単位とした従来の救貧制度が、農民層分解の進行そのほかの事情による人口移動のために崩壊してしまうことを防ぐ目的で、国民すべてについて、原則として出生教区を「定住」地として、その教区に登録し、「定住」者のみにその教区で救済を受ける資格を認めることを定めた。その資格は、場合によっては、その教区内で徒弟を務めあげることとか、その教区内で一定の救貧税を課税されている家屋に住んでいることなどが、要件とされることもあった。この結果、「定住」地から移動

することは、万一失業の場合に移動先で救済を受けられなくなるなど、いちじるしい不利益を覚悟しなければならず、国民大衆にとってさまざまの不都合が生じた。しかしとくに、大ブリテン全体の産業構造や産業立地が大きく変化し始めた十八世紀にはいると、定住法は労働力移動と職業移動の双方を阻害するものとして、経済の自由な発展にたいする足かせとなった。スミスが問題にしているのは、この点である。

〔8〕ジェイムズ・ハリントン（James Harrington 1611–77）の著作『オシアナ共和国』*The Commonwealth of Oceana*, 1656 に述べられている理想郷。

〔9〕トマス・モア（Thomas More, 1478–1535）がその著『ユートピア』*Utopia*, 1516 で描いた理想郷。

437

# 第三章　貿易差額が自国に不利と思われる諸国から輸入されるほとんどあらゆる種類の財貨にたいする特別の制限について

## 第一節　重商主義の原理からみても、これらの制限は不合理である〔1〕

ある国との貿易が輸入超過で貿易収支が赤字になる恐れがあると、その国からの輸入が制限される

重商主義が金銀の量をふやそうとする第二の策は、貿易差額が自国に不利と思われる特定の諸国からの、ほとんどあらゆる種類の財貨の輸入に、特別の制限を加えることである。〔2〕この観点からして、大ブリテンでは、シレジア産の寒冷紗《かんれいしゃ》は、一定の税を払えば国内消費のために輸入できるのに、フランス産の薄地亜麻布と寒冷紗は、ロンドン港に輸入して再輸出のために同港で倉庫に保管されるものを除いては、その輸入は禁止されている。

フランスの葡萄酒《ぶどうしゅ》には、ポルトガルその他どこの国のものよりも高い税がかけられている。
一六九二年の輸入税法〔ウィリアム＝メアリ第四年条例第五号〕によって、フランス産のすべての商品にたいして、
その価格つまり価値の二五パーセントの税がかけられたが、その他の諸国民の産物につい
ては、その大部分は、はるかに軽い税がかけられたにすぎず、税率が五パーセントを超え
ることはめったになかった。ただし、フランス産葡萄酒、ブランデー、塩および酢は、こ
の税法からは除かれていたが、それは、これらの産物は別の法律か、あるいは一六九二年
法の特別条項によって、別種の重税をかけられていたからである。ところが、一六九二年
法の最初の税では、フランス産の商品の輸入を十分に減少させることができないと思われ
たので、一六九六年に、ブランデーを除くフランス産のすべての商品にたいし、さらに二
五パーセントの税が追加課税され、これに加えて、フランス産葡萄酒には一トンにつき二
438 五ポンド、酢には一トンにつき一五ポンドの新税をかけた。関税率表に列記されている全
品目、ないし、その大部分にかけられている各種の臨時税《サブシディ》〔3〕、すなわち税率五パーセントの
関税のどれをとってみても、フランス産の商品はただの一つといえども免れていなかった。
もし、三分の一臨時税と三分の二臨時税とで完全な一個の臨時税をなすものと考えれば、
臨時税は五種あったことになるが、そうだとすれば、目下の戦争〔アメリカ独立戦争〕の開始前には、
フランスで栽培、産出または製造された財貨の大部分に賦課された税は、最低七五パーセ
ントだったとみてよい。ところで、こんな税は、大部分の商品については、輸入禁止に等

しい。フランス人はまたフランス人で、わが国の生産物を、これに劣らず苛酷《かこく》に取り扱ってきたと思う。もっとも、私は、フランス人がわれわれの生産物に加えた虐待の一つ一つについては、それほどよくは知らない。こうした、たがいに制限しあうことの結果は、大ブリテン、フランス両国民間のほとんどいっさいの公正な取引を終熄させてしまったので、大ブリテン産の商品をフランスに輸入するにしても、フランス産の商品を大ブリテンに輸入するにしても、いまや密輸業者がその主たる輸入商になってしまった。前章で私が検討した原理は、私利と独占精神に由来するものであったが、本章で検討しようと思う諸原理は、そもそも国民的偏見と憎悪から起るものなのである。したがってそれは、十分に予想されるように、前章で扱った原理よりもいっそう不合理なものである。それは、重商主義の原理からみてさえ、不合理なのである。

**貿易収支は総合的に考えるべきで、二国間だけの収支から輸入を制限するのは不合理である**

まず第一に、たとえば、フランスとイングランドのあいだに自由貿易が行なわれる場合には、貿易収支はフランスに有利になることが確かだとしても、こうした貿易が、かならずしもイングランドの不利だとはかぎらないし、また、その全貿易の総帳尻が、それによっていっそう不利になるとはかぎらない。もし、フランスの葡萄酒がポルトガルの葡萄酒よりも良質安価であり、フランスの亜麻布がドイツの亜麻布よりも質がよく、安くもある

ならば、大ブリテンにとっては、必要な葡萄酒も外国産亜麻布も、ポルトガルやドイツか
ら買うより、フランスから買うほうが有利だろう。そのために、フランスからの年々の輸
439 入品の価値が大幅に増大したとしても、年々の輸入品の価値総計は、ポルトガルおよびド
イツの物産に比べて同質のフランスの物産が安価であるのにおうじて、それだけ減少する
ことになるだろう。輸入されたフランスの物産が全部大ブリテンで消費されると仮定して
さえ、このようになる。

だが第二に、輸入されたフランスの物産のかなりの部分は、他国に再輸出されようし、外国で販売されて利潤をあげ、おそらくは、輸入された全フランス物産の買入原価に等しいくらいの価値の物産を持ち帰ることが可能だろう。東インド貿易については、東インドの物産の大部分は金銀で購入されるものであるが、その一部を他国に再輸出すれば、全東インド物産の買入原価以上の金銀を、この貿易を行なった国に持ち帰る、としばしば言われているが、このことは対フランス貿易についても、まず当てはまるだろう。現在、オランダ人の貿易のもっとも重要な部門の一つは、フランスの物産をヨーロッパの他の国に運ぶことである。大ブリテンで愛飲されるフランス産葡萄酒の一部分さえも、ホラントおよびゼーラントから密輸入されたものなのである。もしも、フランスとイングランドのあいだに自由貿易が行なわれるならば、あるいは、フランスの物産が他のヨーロッパ諸国民と同じ税を払うだけで輸入でき、再輸出に際しては税を払い戻すとするなら、イングランド

も、ホラントがたいへん儲《もう》けている貿易に、多少とも食い込むことができるだろう。

第三に、これで最後だが、ある二国間のいずれの側にいわゆる貿易差額が残るかを、つまり両国のうち、どちらがより多くの価値を輸出するかを、決定できる確実な基準となるものはなにもない。特定の商人たちの私利私益によって鼓吹《こすい》されるのをつねとする国民的偏見と敵意が、この点にかんするあらゆる問題について、通常、われわれの判断を導く原理なのである。もっとも、こうした場合に、これまでしばしば拠り所とされてきた二つの基準がある。それは税関の帳簿と為替相場である。けれども、現在では一般に認められているところだが、税関の帳簿は、大多数の財貨について課税されるときの評価が不正確なために、きわめて不確実な基準だと思う。為替相場も、おそらくこれと大差はない。

―為替相場はかならずしも二国間の貿易バランスを反映せず、その正確な算定方法もないので、輸入制限の確実な根拠にならない―

二つの場所、たとえばロンドンとパリのあいだの為替相場が平価ならば、それは、ロンドンからパリに支払うべき債務が、パリからロンドンに支払うべき債務によって相殺されているしるしだと言われている。これと反対に、パリあての為替手形にたいして、ロンドンで打歩《プレミアム》が支払われるときには、それはロンドンからパリに支払われるべき債務が、パリ
440
からロンドンに支払われる債務によって相殺されないで、この差額が現金でロンドンからパリに送られねばならないしるしだと言われ、この貨幣を現送する危険、手数および費用

にたいして、打歩が請求され、また与えられもしているのである。けれども、この両市間の債権債務の平常の状態は、両市相互間の取引の通常の推移によって必然的に決まってくるものだ、と言われている。すなわち両市のいずれの一方も、相手に輸出するよりも多額に相手方から輸入するということをしなければ、両者の債権債務はたがいに相殺できよう。だがもし、いずれか一方の都市が、相手の都市に輸出する以上の価値を相手から輸入するとすれば、この輸出よりも輸入を多くしたほうの都市は、必然的に、輸入よりも輸出を多くしたほうの都市にたいして、より大きな債務を負うようになる。そこで、それぞれの貸借は相殺されないので、借りが貸しを上回っているほうから、他の一方に現金を送らなければならなくなる。したがって、通常の為替相場は、二つの場所のあいだの債権債務の通常の状態についての指標であるから、同様に、両地の輸出入の平常の推移についての指標ともなるはずである。なぜなら、輸出入は必然的に両地間の債権債務の通常の状態を定めるからである、という。

[4] けれども、たとえ、通常の為替相場を、どこか二地間の債権債務の通常の状態についての十分な指標であると認めるとしても、そのことから直ちに、債権債務の通常の状態が有利な場所のほうが貿易帳尻も有利である、ということにはなるまい。二地間の債権債務の通常の状態は、かならずしも、その両地間の取引の通常の推移だけで完全に決まってしまうものではなく、両地のいずれか一方が、他の多くの場所と行なう取引の通常の推移によ

ってもしばしば影響されるものなのである。たとえば、イングランドの商人は、ハムブルク、ダンツィヒ、リガなどから仕入れる財貨にたいして、普通、ホラントあての為替手形で支払うものとすれば、イングランドとホラントのあいだの債権債務の通常の状態は、これら両国間の取引の通常の推移のみで完全に決まってしまうものではなく、イングランドと他の諸国との取引の通常の推移によっても影響されるのである。イングランドからホラントにたいする年々の輸出が、同地からイングランドへの輸入の年々の価値をはるかに超えているとしても、したがって、いわゆる貿易差額がイングランドにとってきわめて有利であるとしても、なおかつ、イングランドは毎年ホラントに貨幣を現送しなければならないかもしれない。

〔5〕しかも、従来の為替平価の算定方法によったのでは、平常の為替相場というものは、それが有利と思われる国、あるいは有利と推定される国では債権債務の平常の状態も有利だ、
441 ということとの十分な指標になってはいない。換言すれば、実際の為替相場は、しばしば計算上の相場といちじるしく異なっているかもしれず、また事実異なっているのであるから、計算上の相場から実際に相場にかんして正確な結論を引き出せない場合も多い。

イングランド造幣局の法定純分標準に合った一定オンスの純銀を含有する貨幣のある額をイングランドで支払い、それにたいして、フランスで支払われるべきある金額の為替手形を受け取り、その金額のフランス貨幣が、フランス造幣局の法定純分標準に従うと、支

払ったイングランド貨幣と同量の純銀を含有している場合には、為替相場はイングランドとフランスのあいだで平価だ、と言われる。もし、この為替手形にこれ以上を支払う場合には、打歩《プレミアム》を出すものと考えられ、為替相場はイングランドに不利でフランスに有利だ、と言われる。もし、われわれが支払うのが少ないときには、われわれは打歩を得ており、為替相場はフランスに不利でイングランドに有利だ、と言われる。

けれども、まず第一に、各国の流通貨幣の価値は、かならずしも、それぞれの国の造幣局の法定純分標準によって判断できるものとはかぎらない。国により程度の差はあるが、磨滅したり、縁《ふち》を削り取られたり、その他の原因で、貨幣の価値は法定純分標準以下に低下している。だが、各国それぞれの流通鋳貨の価値は、他国のそれと比較すると、その鋳貨が当然に含有すべき純銀の量にではなくて、現実に含有する純銀の量に比例しているのである。ウィリアム王治下の銀貨改鋳〔一六九六年〕以前には、イングランドとホラントのあいだの為替相場を、両国の造幣局の法定純分標準に従った通常の方法で計算すると、イングランドは二五パーセント不利であった。ところが、ラウンズ氏によれば、イングランドの流通鋳貨の価値は、当時、法定純分標準による価値を二五パーセント以上も下回っていた〔第一篇第十一章「過去四世紀間における銀の価値の変動にかんする余論」第三期「一六三七年から……」の小見出し参照〕。それゆえ、計算上の為替相場はイングランドにはなはだ不利であったにもかかわらず、この当時でさえ、実際の相場はイングランドに有利だったようである。つまり、イングランドで、ある量の純銀を現実に支払えば、ホ

ランドでそれよりも多量の純銀を支払ってもらえる為替手形が買えるのであって、打歩《プレミアム》を
出したと思われた者が、じつは打歩を得ていたのである。さきごろのイングランドの金貨
改鋳〔一七七四年。第一篇第五章「その後、定められた……」の小見出し参照〕の以前には、フランスの鋳貨はイングランドの鋳貨に
比べて磨滅の度がずっと少なく、おそらく二、三パーセントは法定純分標準に近かった。
それゆえ、フランスにたいする計算上の為替相場が、イングランドにとって二、三パーセ
442 ント以内の不利にとどまる場合には、実際の相場はイングランドに有利だったであろう。
金貨の改鋳以来、為替相場はつねにイングランドに有利に、フランスに不利になっている。

　第二に、国によって、貨幣鋳造費は政府負担になっている場合もあるが、また、地金を
造幣局に納める各個人がこれを負担し、政府は鋳造から多少の収入をあげさえする場合も
ある。イングランドでは鋳造費は政府負担であり、重量一封度《ポンド》の法定純分標準の銀を造幣
局に納めれば、これと同じ法定純分標準の銀一封度《ポンド》を含有する銀貨六二シリングを返して
もらえる。だが、フランスでは、貨幣鋳造税八パーセントが差し引かれ、これは鋳造費を
まかなうだけでなくて、政府に少額の収入をもたらしている。イングランドでは鋳造費を
とらないから、流通鋳貨は、それが現に含有する地金の価値よりも、はるかに高くなると
いうことはありえない。これにたいして、フランスでは鋳造の費用をとるが、このいわば
鋳造細工代は、ちょうど、地金を細工するとできあがった金・銀器の価値が増すのと同じ
で、鋳貨の価値を増すことになる。それゆえ、純銀一定量を含有するフランス貨幣のある

額は、純銀同量を含有するイングランド貨幣のある額に比べて、より大きい価値をもち、またこれを買うには、より多くの銀地金なり、より多くの他の商品なりを必要とするにちがいない。そこで、たとえ、この両国の流通鋳貨が、それぞれの造幣局の法定純分標準に同じ程度に接近しているとしても、イングランドの貨幣のある額は、同オンスの純銀を含有するフランス貨幣のある額を買うことはできないだろうし、したがってまた、フランス貨幣でその金額を受け取るフランスあて為替手形を買うこともできないだろう。もし、このような為替手形にたいして、フランスの貨幣鋳造費を償うに足るだけの貨幣しか支払われないとすれば、計算上の為替相場はフランスにかなり有利であっても、実際の相場は両国間で平価であろうし、両国の債権債務は相殺しあうだろう。もしも支払がこれよりも少ないならば、たとえ計算上の相場がフランスに有利であっても、実際の相場はイングランドに有利になるだろう。

最後に、第三に、外国為替は、ある場所、たとえばアムステルダム、ハムブルク、ヴェニスなどでは、いわゆる銀行貨幣〔本節「余論」「通貨価値の……」の小見出し以下参照〕で支払われるが、その他の場所、たとえばロンドン、リスボン、アントワープ、レグホン〔イタリー北西部の都市。イタリー名リヴォルノ〕などでは、その国の一般の通貨で支払われる。銀行貨幣といわれるものは、名目上は、同額の一般の通貨よりもつねに価値が大きい。たとえば、アムステルダム銀行の銀行貨幣での一〇〇〇グルデンは、アムステルダムの通貨の一〇〇〇グルデンよりも価値が大きい。この差額は

443
銀行の打歩《プレミアム》と言われ、アムステルダムでは、通常およそ五パーセントである。二国の流通貨幣がそれぞれの造幣局の法定純分標準に同程度に接近しており、一国は外国為替をこの一般の通貨で支払うが、他国は銀行貨幣で支払うものとすれば、実際の為替相場が流通貨幣で支払う国に有利であっても、計算上の為替相場は銀行貨幣で支払う国に有利になるだろう、ということは明らかである。それは、実際の相場は悪貨で支払う国に有利であっても、計算上の相場は、良貨で、つまり、その法定純分標準により近い成分の貨幣で、支払う国に有利になりうるのと同じ理由によるのである。さきごろの金貨改鋳以前には、計算上の為替相場は、アムステルダム、ハムブルク、ヴェニス、その他いわゆる銀行貨幣で支払うすべての場所に比べて、一般にロンドンに不利であった。けれども、そうだからといって、実際の相場もロンドンに不利だったというわけではない。金貨改鋳このかた、これらの場所にたいしてさえ、計算上の相場はロンドンに有利になっている。計算上の相場は、リスボン、アントワープ、レグホン、その他、フランスを除けば、一般の通貨で支払うヨーロッパのたいていの場所にたいして、普通は、確かにロンドンに有利となっているし、また、実際の相場もロンドンに有利だったとしても不思議ではない。

〔1〕本章の節区分は第二版から付されたもので、初版では節の区分も表題もない。ただし「預金銀行にかんする余論」だけはその初めと終りが明示されて、他から区別され

ている。

〔2〕「この観点からして」以下同パラグラフ末尾から三行目「国民的偏見と憎悪から起るものなのである」までは、『増補と訂正』および第三版以降で改められたもので、第二版までは以下のように書かれていた。「この観点から、大ブリテンでは、フランス産の葡萄酒にはポルトガル産の葡萄酒よりも高い税がかけられている。ドイツの亜麻布は一定の税を払えば輸入できるが、フランスの亜麻布はまったく禁止されている。私がこれまで検討してきた諸原理は、私利と独占精神に由来するものだったが、これから私が検討しようとしている諸原理は、国民的偏見と憎悪から起るものである」

〔3〕subsidy　イギリス議会が国王に特別に認めた歳費のために、課税対象を限定して課した特別税。第五篇第二章第二節第四項〔2〕「関税は元来……」の小見出しを参照。

〔4〕「けれども」から「貨幣を現送しなければならないかもしれない」までの段落は第二版から加えられた。しかし、これとほぼ同義の段落が、初版では「預金銀行にかんする余論の終り」に続く所論に収められていた。本章第二節訳注〔1〕参照。

〔5〕初版では「しかも」以下この段落の終り「正確な結論を引き出せない場合も多い」の代りに、次のように述べられている。「しかし、ある部分については、おそらく、はなはだ疑わしいところのあるこの学説を仮に確実なものだと想定してみても、為替の平価がこれまで計算されてきたようなやり方で算出されるのでは、その平価から導き出される結論は、すべて不確実なものとなってしまうのである」

## 預金銀行にかんする余論、とくにアムステルダム預金銀行について〔1〕

――通貨価値の不確定による貿易上の不便を防ぐため、預金銀行制度が案出された。アムステルダム預金銀行は、その一つである――

フランスやイングランドのような大国の通貨は、一般に、ほとんど自国の鋳貨から成り立っている。そこで、もし、この通貨が、磨滅したり、縁《ふち》を削り取られたり、またはその他の原因で、その法定価値以下に減価するようなことになれば、その時には、国は鋳貨の改鋳によって、自国の通貨を有効に元の状態に回復できる。けれども、ジェノアやハムブルクのごとき小国の通貨は、自国の鋳貨だけで成り立っていることはほとんどなく、その住民が絶えず往き来しているすべての隣国の鋳貨が大量に混っているにちがいない。それゆえ、このような国は、自国の鋳貨を改鋳しても、かならずしも、その通貨を正しい価値に戻すことはできないであろう。もし外国為替がこの通貨をもって支払われるならば、その性質上きわめて不確定なこの通貨による一定額の価値もまた不確定なものであるから、為替相場は、つねに、かかる国にとってはきわめて不利になるにちがいない。なぜなら、この国の通貨は、諸外国のどこにおいても、当然にその実際の価値よりも低くさえ評価されがちだからである。

こうした小国は、貿易の利害に注目し始めると、この不利な為替相場が商人に与えたに444ちがいない不便を改善するために、ある一定価値の外国為替にたいしては、一般の通貨で支払わずに、国の信用にもとづいてその保護のもとに設立された特定銀行宛の支払指図書によるか、もしくは、その銀行の帳簿上の振替によって支払われるべきことを、しばしば法制化したのであり、また、この銀行は、つねに国の法定純分標準に正確に合致した良質真正な貨幣で支払うよう義務づけられていた。ヴェニス、ジェノア、アムステルダム、ハムブルクおよびニュールンベルクの諸銀行はすべて、元来このねらいから設立されたもののようである。もっとも、これらの一部は、後になって別の目的に役だたせられたかもしれないが。こうした銀行の貨幣は、その国の一般の通貨よりも良質だったので、必然的に若干の打歩《プレミアム》を有した。この打歩は、通貨が国の法定純分標準よりもどのくらい価値が低いと考えられたか、その程度に従って多少の差があった。たとえば、ハムブルク銀行の打歩は通常約一四パーセントと言われているが、これは、国が定めた法定純分標準を満たす良貨と、すべての近隣諸国から同国に流れ込む、縁を削り取られ、磨滅し、減価した通貨とのあいだの推定差額なのである。

一六〇九年以前には、アムステルダムの手広い貿易がヨーロッパのあらゆる地域から持ち込んできた大量の、削り取られて磨滅した外国鋳貨は、アムステルダムにおける通貨の価値を引き下げ、造幣局から出たばかりの新良貨に比べて、その差は約九パーセントにも達した。こうした状態のもとではつねに起ることだが、新良貨は市場に出るや否や、たちどころに鎔解《ようかい》されるか、他国へ持ち去られるかしてしまった。商人は、通貨は大量にあるものの、かれらの為替手形を支払うのに十分な量の良貨を、いつでも入手できるとはかぎらなかった。そこで、かれらの為替手形の価値は、さまざまの防止規定が設けられたにもかかわらず、はなはだ不安定になったのである。

これらの不便を補うために、一六〇九年に市当局の保証のもとに一銀行が設立された。
この銀行は、外国の鋳貨も自国の磨滅減量した鋳貨もともに、同国の法定標準良貨を基準
にした実質価値で受け入れ、そこから鋳造費および管理上必要な経費を支弁するに足る費
用だけを控除することにした。このわずかの控除の後に残る価値にたいし、同銀行は帳簿
上で一つの信用を与えた。この信用は銀行貨幣《バンク・マネー》とよばれ、造幣局の法定純分標準に厳密に
従って貨幣を代表したので、真の価値はつねに同一不変であり、流通している貨幣よりも
実質的には大きな価値を有した。この銀行設立と同時に、アムステルダム宛に振り出され
たか、もしくは同地で裏書きされた、六〇〇グルデン以上の価値の為替手形はすべて、銀
行貨幣で支払うべきことも、法によって定められた。この措置が、直ちに為替手形の価値
445 についてのすべての不安を一掃したのである。だが、この規制の結果、どの商人も、かれ
の外国為替手形を支払うために同銀行に勘定を持たねばならなくなり、この事情は当然に、

銀行貨幣にたいして、ある一定の需要を生ぜしめた。

**預金銀行が預金者に貸し付ける銀行貨幣は、法定純分標準を満たして一定価値を保ち、その他の点でも、通貨より有利である**

銀行貨幣は、その性質上、通貨に優っており、かつ、これにたいする需要が必然的に付加する追加価値を有するほか、さらに二、三の長所をもっている。すなわち、銀行貨幣は、火災、盗難、その他の事故の危険がなく安全である。また、アムステルダム市が銀行貨幣を保証している。銀行貨幣は計算の手数をかけずに、また、ある地から他へ現送する危険もなしに、ただ帳簿上の振替によって、支払ができる。これらもろもろの利点があるので、銀行貨幣は当初から打歩《アジオ》〔つまりプレミアム〕がついていたようだ。そして、最初に同銀行に預けられた貨幣はすべて、そのまま預けおかれているものと一般に信じられている。なぜなら、市場でならば打歩《プレミアム》付で売ることもできる〔同銀行の〕債務の支払を〔同銀行に〕請求しようと思う者などいないからである。同銀行に支払を請求すれば、銀行信用の所有者は、この打歩《プレミアム》を失うであろう。造幣局から出たばかりの新一シリング貨が、市場においては、わが磨滅した普通の一シリング貨よりも多くの財貨を買うことができないように、真正の良貨も、同銀行の金庫から引き出されて一私人の金庫に入れられれば、その国の一般の通貨といっしょに混ってしまうので、そうなると、もはや簡単には真正良貨と一般通貨とは区別できなくなり、真正良貨も一般の通貨より大きな価値はもち得ないことになるだろう。

新貨が銀行の金庫にとどまっているかぎり、その貨幣が一般通貨より良質であることはよく知られており、また確認されてもいた。しかし、これが一私人の金庫に入ってしまえば、その優越性は、おそらく価値の差に相当する以上の手数をかけなければ、はっきりと確かめることはできないであろう。しかも、銀行の金庫から引き出せば、銀行貨幣が有する他のいっさいの利点、すなわち、それが安全に保証されていること、容易かつ安全に移転可能であること、外国為替の支払に用いられうること、などの利点を失ってしまう。これらに加えて、のちに説明するところでわかるように、保管にたいして、あらかじめ料金を支払っておかなければ、銀行の金庫から引き出すことはできなかったのである。

　鋳貨からなるこの預金、すなわち、同銀行が鋳貨で払い戻す義務のあるこの預金が、同銀行の最初の資本、つまり、いわゆる銀行貨幣によって代表されるものの全価値を構成していた。現在では、この預金は同銀行の資本のごく小部分を構成しているにすぎない、と考えられている。地金取引を容易にするために、同銀行は、このところ多年にわたって、金・銀地金の預金にたいして、帳簿上で信用を与えることを実行してきたのである。この信用は、一般にこれら地金の造幣局買入価格よりも約五パーセントがた下回っていた。同銀行は、これと同時に、預り証または受取証書とよばれるものを交付し、預金者またはこの証書持参人に、預入れ後六ヶ月以内ならばいつでも、地金を引き出す権利を認めた。た
446 だしこの場合、預金した時にその帳簿上で与えられた信用と同額の銀行貨幣を同銀行に払

い戻し、かつ、保管料として、銀の地金を預けた場合には四分の一パーセント、金の地金を預けた場合には二分の一パーセントの保管料を支払わねばならない。だが同時に、もし、この保管料の支払を怠り、かつ預けた地金の引出し期限が切れた場合には、地金は、その受入れ価格で、または振替帳簿上与えられた信用の価格で、同銀行のものとなるべき旨が、この証書には明記されていた。こうして、預金の保管にたいして支払われるものは、一種の倉敷料とみなしてよかろう。そして、なぜこの倉敷料が銀よりも金についてこれほどに高いのかにかんしては、さまざまの理由があげられている。すなわち、金の品位は銀の品位より確かめにくい、と言われてもいる。詐欺は高価な金属のほうが行なわれやすく、より大きな損失を招く、とも言われている。さらに、銀は本位貨幣を造る金属であるから、国家が金地金よりも銀地金の預金を奨励しようとしている、とも言われている。

地金の預金は、その価格が通常よりもいくぶんか安い時にもっとも多く行なわれ、価格がたまたま騰貴するような時に再び引き出される。ホラントでは、地金の市価は一般に造幣局の買上価格よりも高い。これは、さきの金貨改鋳前のイングランドでそうだったのと同じ理由からである。この差額は、一マーク、[2]すなわち純分一一、雑分一からなる銀八オンス当り、普通は約六ないし一六スタイヴェル〔オランダの旧通貨単位。一スタイヴェルは二〇分の一グルデン〕だと言われている。銀行価格、すなわち同銀行がかかる銀の預金（メキシコ・ドルのように、その品位がよく知られ、確認されている外国鋳貨で預金する場合）にたいして与える信用は、一マー

447 クにつき二二グルデンである。造幣局の買入価格は約二三グルデンであり、市場価格は二三グルデン六スタイヴェルないし二三グルデン一六スタイヴェル、つまり造幣局買入価格の二ないし三パーセント高である。[1] 金地金の銀行価格、造幣局買入価格および市場価格のあいだの比率は、ほぼこれと同じである。受取証書を持っている者は、一般に、地金の造幣局買入価格と市場価格との差額をとって、自分の受取証書を売ることができる。したがって、受取証書は、ほとんどいつでも何がしかの価値をもっている。そのため、だれにしても、六ヶ月の期限が来る前に地金を引き出さずにいるか、もしくは、さらに六ヶ月有効な新受取証書をもらうために四分の一あるいは二分の一パーセント支払うのを怠るかして、自分の受取証書が期限切れ失効になるのを放置しておくようなことは、めったにしない。つまり、銀行が最初にかれの地金預金を受け入れたときの価格で、その地金が銀行のものになってしまうがままにまかせるというようなことは、めったにない。もっとも、そうしたことは、きわめて稀《まれ》にだが時には起り、しかも高価な金の保管にたいして払われる倉敷料が、安価な銀のそれよりも高いので、銀よりも金の場合にたびたび起る、と言われている。

**預金銀行は、それぞれの打歩で銀行貨幣を売買し、受取証書の仕組を利用した投機を防ごうとした**

地金を預金して銀行信用と受取証書の両方をもらった人は、自分の為替手形にたいして、支払満期日には銀行信用をもって支払い、受取証書のほうは、地金価格が騰貴しそうか下落しそうかの判断に従って、売却するか持ち続けるかする。受取証書と銀行信用が、長い間いっしょになっていることは、めったにないし、また、いっしょになっている必要もない。受取証書を所有していて、地金を引き出したい者は、いつでも通常価格で潤沢に銀行信用つまり銀行貨幣を買うことができるし、また、銀行貨幣をもっていて地金を引き出したい者は、同じく、いつでも豊富に受取証書を買うことができるのである。

銀行信用の所有者と受取証書の所持人とは、同銀行にたいする二種類の債権者である。受取証書の所持人は、地金が受け入れられた価格と同額の銀行貨幣を同銀行に返さなければ、受取証書が発行された、その地金を引き出すことはできない。そこで、もし、かれが自分の銀行貨幣を持っていないならば、かれは、持っている人から銀行貨幣を買わなければならない。他方、銀行貨幣の所有者は、自分が欲しいだけの量の受取証書を同銀行に提出しなければ、地金を引き出すことができない。そこで、もし受取証書を持っていないならば、かれは、持っている人からそれを買わなければならないわけである。受取証書の所持人は、銀行貨幣を買うとき、造幣局の買入価格が銀行価格よりも五パーセント高い地金の一定分量を引き出す力を買うことになるのである。それゆえ、かれが銀行貨幣にたいして普通支払う五パーセントの打歩は、根拠のない価値にたいしてではなく、真の価値にたいして支払われるものである。また銀行貨幣の所有者は、受取証書を買うとき、市場価格が造幣局の買入価格よりも普通二ないし三パーセント高い地金の一定量を引き出す力を買っているわけである。それゆえ、かれが受取証書にたいして支払う価格も、同じく、真の価値にたいして支払われるものである。こうして、受取証書の価格と銀行貨幣の価格、この両者をいっしょにすると、地金の全価値すなわち全価格になるのである。

国内に流通する鋳貨の預金にたいしても、同銀行は、銀行信用はもちろん、受取証書をも与える。だが、この受取証書は、しばしば価値がなく、市場で価格がないことがある。たとえば、通貨としては各三グルデン三スタイヴェルに通用するダカトゥーン〔十六世紀末からオランダで造られた銀貨〕にたいして、同銀行は三グルデン、つまり流通価値の五パーセント減の信用しか与えない。また同様に、同銀行は、保管にたいして四分の一パーセント支払えば、預金したダカトゥーンの端数だけ、預金後六ヶ月以内ならば、いつでも引き出す権利を持参人に認める受取証書を出した。この受取証書は、しばしば市場で価格のないこともあろう。銀行貨幣三グルデンは、一般に、市場では三グルデン三スタイヴェルで、つまり、もしこのダカトゥーンが銀行から引き出されたならば有するはずの価値で、売られているのであり、しかも、このダカトゥーンを引き出すには、四分の一パーセントの保管料を支払わねばならず、それは、受取証書所持人にとっては、まったくの損失であろう。けれども、同銀行の打歩がいつか三パーセントに下りでもすれば、受取証書も市場で多少の価格がつき、一パーセント四分の三で売れるかもしれない。だが、同銀行の打歩は、目下のところ、一般におよそ五パーセントであるから、受取証書はしばしば期限切れ無効に、つまり、いわゆる銀行の手に落ちるにまかせてしまうのである。ダカット金貨の預金にたいして与えられる受取証書は、もっと頻繁《ひんぱん》に同銀行の手に落ちる。それはなぜかというと、同金貨を引き出すには、ずっと高い倉敷料、つまり二分の一パーセントをその保管料として支払わねばならないからである。鋳貨にせよ地金にせよ、預金が放置されて同銀行の手に落ちる場合には、同銀行は五パーセント儲《もう》けるが、この五パーセントは、こうした預金の永久保管にたいする倉敷料と考えられよう。

受取証書が期限切れとなっている銀行貨幣の金額は、かなり大きいにちがいない。そこには、同銀行の最初の資本も全部ふくまれているにちがいない。この最初の資本は、すでに述べたさまざまの理由によって、その受取証書を更新したり、または預金を引き出したりすると、いずれにしても損をするので、だれも更新や引出しをしようとしないから、最初に預けられた時以来、同銀行にとどまっているのだと、一般に推測されているのである。しかし、その金額がどれほど大きかろうと、銀行貨幣総額にたいするその比率は、きわめて小さいものとみられている。アムステルダム銀行は、ここ多年にわたってヨーロッパの一大地金倉庫であるが、この地金については、受取証書を満期失効させること、つまり、いわゆる銀行の手に落ちるにまかさせてしまうことは、ごく稀である。銀行貨幣の大部分、
449 すなわち同銀行の帳簿上の信用の大部分は、地金商がたえず出し入れしている預金によっ

て、過去多年のあいだに創造されてきたものと推測される。

預け証または受取証書によらなければ、同銀行にたいして預金の引出し請求はできない。その受取証書が期限切れ無効となっている比較的少額の銀行貨幣は、受取証書がまだ有効な巨額の銀行貨幣と混ぜられ、いっしょにされてしまっている。そのため、受取証書のない銀行貨幣はかなりの額であるかもしれないが、銀行貨幣のうち、どんな時にも受取証書によって引出しを請求されることがない特別の額ないし部分といったものはないわけである。銀行は同一物で二人の人にたいして債務者になるはずがなく、そして受取証書を持たない銀行貨幣の所有者は、受取証書を買うまでは同銀行に支払を請求できないのである。平常の静穏な時には、かれは市場価格で受取証書を手に入れるのになんの困難もなく、その市場価格は、受取証書で同銀行から引き出せる鋳貨または地金を、かれが売却する場合に売りうる価格と、一般に一致するものである。

社会全体が災厄にあい難渋している時は、話は別であろう。たとえば、一六七二年のフランス人侵入の場合などがそれである。このような時には、銀行貨幣の所有者はすべて、金・銀貨を自分の手許に保管しておこうとして、それを銀行からあらそって引き出そうとするので、受取証書にたいする需要が、その価格を法外に騰貴させるかもしれない。そうなると、受取証書の所持者は途方もない期待を起し、受取証書が引換えに発行された預金にもとづく信用たる銀行貨幣の二、三パーセントでは満足せず、その半分をも要求するかもしれない。同銀行の基本的仕組を知った敵は、金銀が持ち去られるのを防ぐために、受取証書の買占めをさえやるかもしれない。こうした非常の際には、同銀行は、受取証書の所持者にだけ支払を行なうという、通常の規則を破るだろうと思われる。つまり、受取証書の所持者で銀行貨幣を持っていない者は、かれらの受取証書が交付された元の預金の価値の二、三パーセント以内に限って受け取れるということにした。また、銀行はこの場合、受取証書を入手できなかった銀行貨幣の所有者にたいしては、同銀行の帳簿上で信用を与えているその限度いっぱいまで、貨幣にしても地金にしても躊躇《ちゅうちょ》なく支払うだろう、と言われている。ただし同時に、銀行貨幣を持っていない受取証書所持者にたいしては、同銀行は二、三パーセントしか支払わないのである。それは、こうした事情のもとでは、せいぜい二、三パーセントが、これら受取証書所持者に支払ってもよいと考えられる価値だからである。

　通常の平穏な時にさえ、受取証書の所持者にとっては、銀行貨幣を（したがって、平時にはかれらの受取証書によって同銀行から引き出すことが可能な地金を）安く買うために、もしくは、かれらが持っている受取証書を、銀行貨幣で地金を引き出そうと思っている人に高く売りつけるために、打歩を引き下げるほうが有利なのである。というのは、受取証
450 書の価格は一般に、銀行貨幣の市場価格と受取証書が発行された鋳貨または地金の市場価
格との差額に等しいからである。これと反対に、銀行貨幣の所有者にとっては、かれらが

持っている銀行貨幣を高く売却するためにも、あるいは受取証書を安く買うためにも、打歩を引き上げるほうが有利である。このような正反対の利害が時としてひき起す証券投機の術策を防ぐために、同銀行は近年、五パーセントの打歩で通貨と引換えに銀行貨幣を常時売り、また、四パーセントの打歩でこれを買い取ることを決定した。この決定の結果、打歩は五パーセント以上に上ることも四パーセント以下に下ることもできなくなり、銀行貨幣の市場価格と流通貨幣の市場価格とのあいだの比率は、いつもそれらの実質価値のあいだの比率にきわめて近い状態に保たれている。この決定がなされるまでは、銀行貨幣の市場価格は、相反する利害のいずれが、たまたま市場に影響するかに従って、時には九パーセントもの打歩がつくほど高くなり、また時には平価になるほど下るのがつねであった。

## アムステルダム銀行は預かった地金や鋳貨を貸し出さず、各種手数料と銀行貨幣の売買で巨利を得ている

アムステルダム銀行は、同銀行に預けられた預金自身については、その一部分たりともけっして貸し出さないで、同銀行の帳簿上で信用を与えている一グルデンごとに、貨幣または地金でその価値を同銀行倉庫に保有している、と公言している。同銀行が引換えに発行した受取証書が有効で、いつでも支払請求におうずる義務があり、しかも実際、たえず同銀行から流出し還流してくるすべての貨幣または地金を、その金庫に保有していることは疑う余地がない。けれども同銀行の資本のうちで、それと引換えに出された受取証書が

とうの昔に期限切れになっていて、通常の平穏な時にはその支払を請求できず、事実上、永久に、つまりオランダ連邦が存続するかぎり、まず同銀行にとどまっていると思われる部分についても、同銀行が同じように貨幣または地金を金庫に保有しているのかどうかは、不確かに思われるかもしれない。だが、アムステルダムでは、銀行貨幣として流通しているすべてのグルデンにたいして、同銀行の財産中にこれに対応する金または銀のグルデンがあるということは、このうえなく広くゆきわたっている確信である。市当局は、かならずそうであることの保証人になっている。同銀行は市政を執《と》る四人の市長職《バーゴマスター》の監督下にあり、この市長たちは毎年更迭される。新任の市長たちは、同銀行の財産を検査し、それを台帳と照合し、誓約のうえでその台帳を受け取り、そして、これと同一の厳粛な儀式をもって後任者に引き渡す。しかも、あの真面目《まじめ》で敬神的な国では、誓約は今もなお守られているのである。この種の交替だけでも、公言を憚《はばか》るすべての不正行為を防ぐ十分な保障であるように思われる。これまで、党派の争いからアムステルダム市政には何度も変革が起きたが、そのさなかにさえ、優勢を得た党が、その前任者を同銀行の管理上信頼がおけないといって非難したことは一度もない。非難される党の評判と運命にたいして、これ以上
451 に甚大な影響を与える非難はないであろうから、もしもこうした非難に根拠ありとするなら、おそらく公表されていたはずだと考えてよかろう。一六七二年にフランス国王がユトレヒトに進攻してきた時〔ルイ十四世のオランダ侵略。一六七二〜七八年〕には、アムステルダム銀行は即座に支払を

行なったので、同銀行が約束を遵守する誠実さについて、まったく疑念を残さなかった。その時、同銀行の倉庫から持ち出された貨幣片のうちには、同銀行が設立されて間もなく市役所に起った火災で焼け焦げたものとみられるものもあった。それゆえ、これらの貨幣片は、あの時以来、同銀行の金庫にあったものにちがいない。

同銀行の財産の高がどのくらいかということは、久しく物好きな人々の想像の的になってきた問題の一つである。これについては、臆測《おくそく》のほかはなにも言えない。同銀行と取引している人は約二〇〇〇人いると一般に考えられており、そこで、かれらがそれぞれ大ブリテンの通貨にして一五〇〇ポンドの価値を各自の勘定にもっているものとすれば（これは過大な見積りだと思うが）、銀行貨幣の総量、したがって同銀行にある財産の総量は、およそ三〇〇万ポンド、すなわち、大ブリテンの通貨一ポンドを一一グルデンとすれば、三三〇〇万グルデンに達するであろう。これは巨額であり、広大な貨幣流通を行なうのに十分足りるものである。しかし、この額でもはるかに及ばないほど、同銀行の財産について法外な考えを懐《いだ》いている人もある。

アムステルダム市は、同銀行から巨額の収入を得ている。上述した倉敷料ともいうべきもののほかに、だれでも同銀行に勘定を開くにあたっては一〇グルデンの手数料を支払う。そして新取引一件につき三グルデン三スタイヴェルを、振替一件につき二スタイヴェルを支払う。もしも振替が三〇〇グルデン以下の場合は、手数料は六スタイヴェルだが、これ

452

は小額取引が増加するのを抑えるためである。年二回自分の勘定を精算することを怠った者は、二五グルデンの罰金をとられる。自分の勘定残高以上の振替を指図する者は、超過高の三パーセントを支払わなければならず、しかも、かれの振替指図書は決済を取り消されてしまう。同銀行はさらに、受取証書が期限切れとなったために、たまたま同銀行の手に落ちて、有利に売却できる時機が来るまで保管されているような、外国鋳貨もしくは地金の売却によって、巨利を収めているとも思われている。同銀行はまた、銀行貨幣を五パーセントの打歩で売り、四パーセントの打歩で買って、儲けている。これら各種の利得は、役員の俸給を支払い、経費をまかなうのに必要な額をはるかに超えるものである。受取証書を発行した地金の保管料だけで、一五万ないし二〇万グルデンの純年収に達すると考えられている。けれども、この銀行制度の本来の目的は、収入ではなくて、公共の利便をはかることであった。その目的は、商人を不利な為替相場の不便から救おうとすることであった。銀行制度から生じてくる収入は予想していなかったところであり、偶然のものとみなしていい。それはそうとして、そろそろ私は、この長い余論を打ち切って本論に戻らなければならない。いわゆる銀行貨幣で支払う国々と普通の通貨で支払う国々とのあいだの為替相場が、なぜ一般に、かならず前者に有利で後者に不利となるのか、その理由を説明しようと努めるうちに、私は知らず識らず余論に筆を費やしてしまったのである。要するに、前者は、実質価値がつねに同一で、それぞれの国の造幣局の法定純分標準に厳密に一致するような種類の貨幣で支払っており、後者は、その実質価値がたえず変動していて、しかも、ほとんどつねに、多少ともその国の造幣局の法定純分標準以下にあるような種類の貨幣で支払うからなのである。〔3〕

(1) つぎに掲げるのは、アムステルダム銀行が現在（一七七五年九月）、諸種の地金と鋳貨を受け入れる価格である。

| 銀 | 一マークについての銀行価格 |
|---|---|
| メキシコ・ドル<br>フランス・クラウン<br>イングランド銀貨 | ……二二グルデン |
| メキシコ・ドル新鋳貨 | ……二一グルデン一〇スタイヴェル |
| ダカトゥーン貨 | ……三グルデン |
| リクス・ドル | ……二グルデン八スタイヴェル |

純銀一二分の一一を含有する棒銀は一マークにつき二一グルデン。この比率で純分四分の一のものまでつづき、これにたいしては五グルデンを与える。

純棒銀は一マークあたり二三グルデン。

金　　一マークについての銀行価格

ポルトガル鋳貨
ギニー貨
新ルイ・ドール貨　……三一〇グルデン
旧ルイ・ドール貨　……三〇〇グルデン
新ダカット貨　……一ダカットにつき　四グルデン一九スタイヴェル八ペニング

棒金または地金塊は、右の外国金貨と比較して、品位に比例して受け取られる。純棒金にたいしては、同銀行は一マークにつき三四〇グルデンを与える。けれども、一般的に言って、品位の知られた鋳貨にたいしては、鎔解試金の手続きをふまないと品位を確定できない棒金や棒銀にたいしてよりも、若干多く与えられる。

〔1〕この「余論」にかんして、スミスは『国富論』第四版にいたって、新たに「はしがき」を付し、つぎのように述べている。「私はここに、アムステルダムのヘンリー・ホープ氏から受けた恩義にたいして、謝意を表したい。氏のおかげで、私は、あの興味ある、かつ、はなはだ重要な問題、すなわち、アムステルダム銀行にかんする、もっとも明確で、しかも偏見のない知識を得ることができた。同銀行について書かれたものには、今日までのところ、満足ゆくものはおろか、わかりやすいと思われるものさえ、ないのである。氏の名はヨーロッパに広く知られており、氏から情報を提供され

たことは、なんぴともおおいに名誉とするところである。私もまた、この謝辞を呈することに誇りを感ずるものであって、拙著のこの新版に、かかる『序』を付す喜びを禁じえない」。ホープ（一七三六〜一八一一）はアムステルダム在住の銀行家。

〔2〕mark　マーク（フランスではマール）はヨーロッパ大陸における旧重量単位で、主として金銀について用いられた。一マークは約八オンスだが、転じて純銀一マークの価値をもつ銀貨の単位ともなった。

〔3〕初版ではこのあとに次の文がある。「しかし、たとえ計算上の為替相場が一般にかならず前者に有利であるとしても、実質的な為替相場は後者に有利となっていることも多かろう。

預金銀行にかんする余論の終り」

「預金銀行にかんする余論の終り」は、行を改めて章の表題と同じくイタリックで書かれている。なお、キャナンは、初版においては第二節の表題の代りに「預金銀行にかんする余論の終り」と書かれていたと述べているが、これはキャナンの思い違いで、「余論の終り」という文言は「余論」にかかわるものであり、第二節にかかわるものではない。

## 第二節　その他の原理からみても、これら特別の制限は不合理である

**貿易の自由は双方の当事者に利益をもたらすものであり、貿易差額説は不合理である**

453 本章の前の部分では、[1]貿易差額が不利だと思われる諸国からの商品の輸入に特別の制限を加えることは、重商主義の原理からみてさえ、いかに不必要であるかを示そうと努めた。ともかく、この貿易差額説ほど不合理なものはありえないが、しかも、この説を基礎に、輸入制限のみならず、その他、貿易上のあらゆる規制が行なわれているのである。二つの場所が相互に交易する場合、この学説は、もし貿易収支が釣り合っていれば、両地いずれも損得なしだと考え、もしもいくらかでも一方に傾けば、正確な均衡から傾斜する度合に比例して、双方の一方は損をし、他方は得をするものと決めてかかっている。しかし、この仮定はいずれも誤りである。奨励金や独占によってむりやりに行なわれる貿易は、のちほど明らかにするように、自国を有利にしようとして、これらの制度を設けたその当該国にとってかえって不利益となろうし、また事実、通例は不利益なのである。これにたいして、強制も束縛もなく、自然に、かつ規則的に、二つの場所のあいだに営まれる貿易は、

両地にとって、かならずしもいつも均等に有利だとはいかなくとも、つねに有益なのである。

利益または利得とは、金銀の量の増加という意味ではなく、その国の土地および労働の年々の生産物の交換価値の増大、あるいは、その住民の年々の所得の増大、という意味である。

## 輸入は国産品で支払うのがもっとも有利だが、再輸出品や金銀で支払ってもよい

もし貿易の収支が均衡しており、二つの場所のあいだの貿易が、もっぱらそれぞれの自国産品のみを交換するものならば、この両地は、たいていの場合、双方ともに得をするというだけでなく、双方同じに、ないしは、ほとんど同じに得をする。この場合、両者それぞれ相手方の余剰生産物の一部にたいして市場を提供しあう。そして、たがいに余剰生産物を市場に出すために、相手方が栽培したり製造したりするのに用い、それによって一定数の住民のあいだに所得と生活資料とを配分してきた、相手方の資本を回収させるだろう。だから、両地それぞれの住民のある部分は、かれらの所得と生活資料を他の一方から間接に得ることになろう。そのうえ、交換される諸商品は、価値が等しいと考えられるから、この貿易に用いられる双方の資本も、たいていの場合、等額ないしほとんど等額であろう。さらに、両資本は、ともに両国の国産品の生産に用いられるのだから、この資本の配分に

よって両国それぞれの住民にもたらされる所得と生活資料も、等しいか、または、ほとんど等しいであろう。このように、相互に提供しあう所得と生活資料は、両者の取引の大きさに比例して、大きくも小さくもなろう。たとえば、この取引高が、それぞれの側で、年々一〇万ポンドあるいは一〇〇万ポンドになるとすれば、両者それぞれは、相手方の住民に、前の場合は一〇万ポンド、後の場合なら一〇〇万ポンドの年所得を与えるわけである。

454

それでは、もし、両国の貿易が、一方は他方に国産品のみを輸出するのに、他方は、これにたいする見返り品がすべて外国品ばかりであるとすればどうなるかと言えば、この場合にも、商品にたいして商品で支払うのであるから、貿易収支は均衡すると考えられるだろう。だが、この場合には、両国はともに得をするとはいえ、両者が均等に得をすることはないのであって、国産品のみを輸出する国の住民が、この貿易から最大の所得を得るであろう。たとえば、もしイングランドがフランスからフランス国産品以外は輸入せず、そして、フランスで需要のあるようなイングランド国産品がないので、多量の外国品——煙草《タバコ》や東インドの物産を考えればよい——を年々送って、フランスからの輸入品にたいして支払うとすれば、この貿易は、両国住民に若干の所得を与えるだろうが、その場合、イングランドの住民よりもフランスの住民に、より多くの所得を与えることになろう。この貿易に用いられるフランスの全資本は、フランスの住民のあいだに年々配分されるだろう。

だが、イングランドの資本については、外国品を購入するための国産品の生産に用いられた部分の資本だけが、その住民のあいだに年々配分されることになろう。イングランドの資本の大部分は、これまでヴァージニアやインドやシナで用いられていて、これら遠国の住民に所得と生活資料を与えてきたような、そういう資本を回収させることになろう。それゆえ、もし、両国の資本が等しいか、または、ほとんど等しいならば、イングランドの資本の用い方がイングランドの住民の所得を増加させるよりも、フランスの資本のこの用い方のほうが、はるかに多くフランス住民の所得を増加させるだろう。この場合、フランスはイングランドと消費品の直接貿易を行なっているわけであり、これにたいして、イングランドはフランスと消費品の迂回《うかい》貿易を行なうわけである。消費品の直接貿易に用いられる資本と迂回貿易に用いられる資本とが、異なった結果を生ずることについては、すでに十分説明したところである。

任意の二国間で、双方ともに国産品だけを交換するという貿易、あるいは、一方は国産品のみを、他方は外国品ばかりを交換するというような貿易は、おそらく存在しないだろう。ほとんどすべての国は、一部分は国産品、一部分は外国品をもって、たがいに他国と交換しあっている。けれども、国産品が輸出貨物の最大の割合を占め、外国品の占める割合が最小である国が、いつの場合でも、もっとも利得することになろう。

かりにイングランドが、フランスから年々輸入される商品にたいして、煙草と東インド

455 の物産ではなく、金銀をもって支払うとすれば、この場合には、商品が商品をもって支払われずに、金銀で支払われるのであるから、貿易収支は均衡しないと思われるかもしれない。けれども、この貿易も、前の場合と同じように、両国の住民になにがしかの所得を与えるのであり、ただ、イングランドの住民よりもフランスの住民に、より多くの所得を与えるであろう。だが、この貿易がイングランドの住民に若干の所得を与えることも確かである。つまり、この金銀を買い取ったイングランドの物産を生産するのに用いられていた資本、すなわち、イングランドのある住民のあいだに配分され、かれらに所得を与えていた資本は、この貿易によって回収され、ひきつづいて生産を行なうことができるわけなのである。イングランドの資本が、全体として、この金銀の輸出によって減少するものでないことは、他の財貨をこの金銀と等しい価値だけ輸出した場合と同じである。それどころか、たいていの場合、イングランドの資本は増殖するであろう。およそ、外国に輸出される財貨は、その需要が国内よりも外国においてのほうが多いと考えられ、したがって、これにたいする見返り品は、輸出される商品よりも自国内において大きい価値をもつものと期待される商品に限られる。イングランドで一〇万ポンドの価値しかない煙草が、フランスに輸出されて、そこでイングランドでは一一万ポンドの価値がある葡萄酒《ぶどうしゅ》を購入するとすれば、この交換は、イングランドの資本を一万ポンドだけ増殖させるわけである。同様に、イングランドの金一〇万ポンドが、イングランドでは一一万ポンドの価値があるフランスの葡萄酒を購入すれば、この交換もまた同じく、イングランドの資本を一万ポンドだけ増殖させるわけである。酒蔵に一一万ポンドの価値のある葡萄酒を蔵している商人が、倉庫に一〇万ポンドの煙草しか持っていない商人よりも富者であることは明らかだが、これと同じことで、この一一万ポンドの葡萄酒を貯蔵する商人は、金庫に一〇万ポンドの金しか持っていない者よりも富んでいるのである。かれは、他の二人のいずれよりも多くの勤労を動員し、多数の人々に所得、生活資料、仕事を与えることができる。だが、一国の資本は、その国の全住民の資本の総額に等しく、その国で年々維持されうる労働の量は、住民の資本の総量が雇用しうる労働の量に等しい。それゆえ、この国の資本ならびに国内で年々雇用されうる労働の量は、この交換によって、一般に増大するにちがいない。なるほど、イングランドにとっては、ヴァージニア産の煙草で、あるいはブラジルやペルー産の金銀で、フランス産葡萄酒を買うよりも、わが国産の金物や広幅織物でこの葡萄酒を買うほうが、いっそう有利であろう。消費品の直接貿易は、迂回貿易よりもつねに利益が多いものなのである。しかし、金銀をもって行なわれる消費品の迂回貿易が、他の財貨によ
456 る同様に迂回的な貿易と比べて、とくに利益が少ないとは思われない。鉱山のない国が、金銀をこうして年々輸出しても、金銀が尽きてしまうということにはならない。あたかも、それは、煙草を栽培しない国が、煙草を年々輸出しても、その国に煙草がなくなってしまうようなことにはならないのと同様である。煙草を買うのに必要な手段を持っている国は、

けっして長いあいだ煙草の欠乏に苦しむことはない。それと同様に、金銀を購入するための必要な手段をもっている国は、長いあいだ金銀の欠乏に苦しむようなことはけっしてないであろう。

**最良の商品をもっとも安く自由に買えることが国民大衆の利益である。特定国との取引を優遇する政策は、これに反する**

職人が居酒屋から酒を買うのは損な取引であり、製造業国が葡萄酒生産国と自然に営む貿易も、これと同じ性質のものだと言われている。私の考えでは、居酒屋との取引は、かならずしも損な取引ではないと思う。おそらくこの取引は、その性質上、他の取引よりも多少濫用されやすいということはあるが、その点を別とすれば、他のどの取引に比べても同じような利益がある。醸造業という職業はもちろん、酒類の小売商という職業も、他のあらゆる職業と同じく、社会的に必要な分業上の職業なのである。職人にとっては、自分で酒をつくるよりも、必要なだけを造り酒屋から買うほうが一般に有利だろうし、もし貧しい職人ならば、造り酒屋から大量に買うよりも、小売商から少しずつ買うほうが一般に好都合であろう。もっとも、かれがもし大食家ならば肉屋から、また仲間のあいだでおしゃれを気取るなら呉服屋から、買いすぎることがあるように、酒についても、造り酒屋なり小売商なりから買いすぎることもあろう。けれども、それにもかかわらず、これらすべ

ての職業がまったく自由であるということは、たとえこの自由がどの職業においても濫用
され、また、一部の職業では、他よりもいっそう濫用の度がひどいおそれがあるとしても、
なおかつ、勤労大衆にとって利益なのである。しかも、個々人はしばしば過度の飲酒によ
って身代をつぶすようなこともあるが、一国民全体がそういうことをするおそれは、まっ
たくないように思われる。どこの国にも、自分の懐《ふところ》具合を超えて酒に金を使う人は少な
くないが、しかし分に過ぎない範囲でしか酒を飲まない人のほうが、つねに多数である。
また、経験によれば、葡萄酒が安いことは、酒びたりの原因ではなくて、むしろ節酒の原
因であるように思われることは注目に値する。葡萄酒生産国の住民は、一般に、ヨーロッ
パでもっとも節酒し、まじめに働く人々であり、この点は、スペイン人、イタリー人、フ
ランス南部諸州の住民を見れば明らかである。常用のもので度を過ごす失敗をやらかす者
は、めったにいない。ここでは、弱いビールのような安酒をがぶ飲みし、気前のいいとこ
ろを見せたり、付き合いよくしようとする者はいない。これにたいして、極寒または酷暑
のため葡萄を産せず、したがって葡萄酒が高価で珍品である諸国では、北方の諸国民や熱
457 帯地方の住民、たとえばギニア海岸の黒人などのあいだに見られるように、酒びたりは、
どこにでもある悪習なのである。ところで、私がしばしば耳にしているところでは、フラ
ンスのある連隊が、葡萄酒が多少とも高価な北部フランスのある州から、たいへん安い南
部に来て駐屯すると、兵士たちは、初めのうちは、良質の葡萄酒が安いのと珍しいのとで

暴飲するけれども、数ヶ月も滞在していると、兵士の大部分は、その土地の者と同様に節酒し、まじめになってしまうそうである。外国産葡萄酒にたいする税と、麦芽、ビールおよびエールにたいする消費税が、かりにいっきょに撤廃されるとすれば、右と同様にして、大ブリテンで、中流および下層の人々のあいだに、かなり広範な一時的乱酒をひき起すだろうが、しかし、やがて永久的な、しかもほとんど普遍的な節酒がひろまるであろう。現にこんにち、上流の人々や、どんな高価な酒でもたやすく買える人々には、酒びたりの悪習はない。エールを飲んで泥酔した紳士などというものは、わが国ではほとんどお目にかからないではないか。しかも、大ブリテンで葡萄酒貿易に加える制限は、言ってみるなら、人々が居酒屋に行くのを阻止することを主眼としているなどとは思えない。むしろ、その企図するところは、かれらが、最上の、しかももっとも安い酒の買える場所に行くのを阻止することのように思われる。その証拠には、この制限は、ポルトガルの葡萄酒貿易を優遇し、フランスの葡萄酒貿易を妨害するものだからである。もっとも、ポルトガル人は、わが製造品にとって、フランス人よりも上客だから、フランス人よりも優先して取り扱われるべきだ、と言われている。また、ポルトガル人はわれわれを贔屓《ひいき》にしてくれるから、われわれもかれらを贔屓にすべきだ、と主張されてもいる。卑屈な小商人の使う泥棒根性の術策が、かくして、一大帝国の国政についての政治上の主義方針となっている、と言うべきであろう。私が小商人の術策という意味は、もっとも卑屈な小商人にかぎって、自分の得意先だけを贔屓に仕事をするからである。大商人は、この種の些細《ささい》な利害に頓着《とんじゃく》することなく、いつも、品物がもっとも安くもっとも良い場所で商品を仕入れるものなのである。

## 相手の得は自分の損だ、と考える貿易差額説によって外国貿易を制限しようとするのは、独占商人の詭弁である

けれども、右のような主義方針によって、諸国民は、自国の利益とはすべての隣国を貧乏にしてしまうことだ、と教えられてきた。各国民は、自国と貿易するすべての相手国の繁栄を嫉妬《しっと》の目をもって見、かれらが利得すれば自分たちが損をするのだとみなすよう、仕向けられている。商業は、個々人のあいだにおけると同様、諸国民のあいだにおいても、その性質上、そもそも和合と親善の紐帯《ちゅうたい》たるべきものなのだが、その商業が、かえって不和反目の最大の源泉になっているのである。今世紀および前世紀には、国王や大臣の気まぐれな野心も少なくなかったが、それでも、商人や製造業者の見当違いの嫉妬に比べれば、ヨーロッパの平和にとって致命的ではなかった。人類の支配者の暴力と不正は古来の
458 悪弊であって、これにたいしては、人事の性質上、救治のしようもないのではないかと思う。けれども、人類の支配者でもなければ、また支配者たるべきでもない商人や製造業者の卑劣な貪欲《どんよく》心、独占根性は、おそらく矯正はできないとしても、他人の静穏を攪乱《かくらん》させないようにするのは、きわめて容易なことだろう。

そもそも、この貿易差額説を考えだしかつ普及させたのが独占精神であったことは、疑う余地がない。そして、この説を最初に説いた人々は、この説を聞かされて信じこんだ人々のように愚かではなかった。どこの国でも、国民大衆にとっては、かれらが必要とする物をもっとも安く売る人々から買うのがつねに有利であり、また、そうであるべきだ。この命題はきわめて明白であるから、わざわざ証明をすることなど馬鹿らしいくらいである。もし商人や製造業者が自分たちの利害をからめた詭弁《きべん》を持ち出して人々の良識を混乱させるようなことがなければ、そもそも、この命題が問題にされることもなかっただろう。この点については、かれらの利害は国民大衆の利害と正面から対立している。同業組合の組合員にとっては、自分たちの専門職について、他の人々が組合員以外の者に仕事を頼むのを阻止することが、自分たちの利益を守ることになる。それと同じように、各国の商人と製造業者にとっては、その国内市場の独占を確保しておくことが、かれらの利益なのである。このために、大ブリテンその他たいていのヨーロッパ諸国においては、外国商人によって輸入されるほとんどすべての財貨にたいして、特別の重税がかけられているのである。また、わが国の製品と競合するあらゆる外国製品にたいして高率の税および輸入禁止の処置がとられるのも、このためである。さらにまた、貿易収支が不利になると思われる諸国、つまり、その国にたいして国民的反感がもっとも激烈に焚《た》きつけられているような国々からの、ほとんどあらゆる財貨の輸入にたいする特別の制限も、これに由来している。

### 隣国が富裕だと貿易には有利だから、対仏貿易は英仏双方に有利なはずだが、両国の反目がこれを妨げている

しかしながら、隣国が富んでいるということは、戦争や政略のうえからは恐るべきものだとしても、貿易上は確かに有利なことである。双方が敵対状態のときには、敵国の富は、かれらがわが国に優越する陸海軍を維持することを可能ならしめるが、しかし、平和時に通商を行なうときにあっては、その富は、隣国がわれわれとより大きな価値を交換することを可能ならしめ、かれらがわが国の産業の直接の生産物を買うなり、あるいは、われわれがわが国の生産物と交換に輸入した他国の財貨を、かれらがさらに買い取るなりして、わが国により良い市場を提供させるにちがいない。富者はたいがい、近隣の働く人々にとって、貧者よりも良い顧客であるが、富んでいる国民もこれと同様である。もちろん、自分自身が製造業者である富者は、かれと同じ商売をするすべての人々にとっては、はなはだ危険な隣人である。しかし、圧倒的多数を占める別の商売の隣人たちすべては、富者が金を使えば良い市場ができるわけだから、これによって利益を受けるのである。そればかりか、かれらは、富者が同業の貧しい職人よりも安く売るので、得をすることさえある。

459 これと同じことで、富んでいる国の製造業者は、隣国の製造業者にとって、はなはだ危険な競争者であることは疑いない。しかしながら、まさにこの競争が、その国民大衆にとっては利益となるのであって、このような富んでいる国民が、さまざまな方面に所得を支出

して良い市場を提供するのだから、それによっても、国民大衆は非常な利益を受けるわけである。財産を築こうとする個人は、けっしてその国の辺鄙《へんぴ》な貧村へ引退しようなどとは考えず、首都あるいはどこか大商業都市に進出しようと考える。かれらは、富の流通が少ないところでは手にはいる富も少ないということを知っており、大きな富が動いているところでは、そのいくぶんかを獲得できるだろうと思っている。こうして、一人、一〇人あるいは二〇人の個人の良識を導く原則、それと同一の原則が、一〇〇万人、一〇〇〇万人あるいは二〇〇〇万人の判断を規定するにちがいなく、全国民をして、隣国の富は自国が富を獲得するための有望な原因ないし機縁だと考えさせることになろう。外国貿易によって自国を富ませようとする国民は、その隣国がすべて、富裕で勤勉な、そして商業活動を活発に行なう国民であるときに、その目的をもっともよく達成できるものである。自国の四囲が流浪の未開人や貧しい野蛮人ばかりの国は、明らかに、自国の土地の耕作と自国内の商業によってのみ富が獲得できたのであって、外国貿易によって富が得られたのではなかった。古代エジプト人や近世シナ人がその巨富を得たのは、こうした自国の土地の耕作と国内商業によるものだったと思われる。古代エジプト人は外国貿易を無視したと言われており、また、近世のシナ人が、外国貿易を極度に蔑視《べっし》し、これに法律上しかるべき保護をほとんど与えようとしなかったことは、人の知るところである。外国貿易についての近代の主義方針は、わが隣国のすべてを貧困化することを目的にしているから、企図する結果が実現できるとするならば、そのかぎりにおいて、外国貿易そのものをも無意義かつ卑しむべきものにしてしまう傾向があるわけである。

〔2〕イングランドとフランスのあいだの貿易が、その両国において、かくもさまざまに阻害や制限を加えられているのは、こうした貿易上の主義方針の結果なのである。けれども、もし万一にも、この両国が商人的嫉妬や国民的憎悪を抜きにして、その真の利益を考えるならば、大ブリテンにとっての対フランス貿易は、他のいずれの国との貿易よりも有利だろうし、同じ理由から、フランスにとっても大ブリテンとの貿易がもっとも有利であろう。フランスは、大ブリテンにとってもっとも近い隣国である。イングランド南海岸とフランス北海岸および北西海岸との貿易においては、内陸取引と同様に、年に四、五ないし六回の資金回転が期待できるだろう。それゆえ、この貿易に用いられる資本は、両国いずれに 460 おいても、それと同額の資本が両国間の取引以外の他の大部分の貿易において達成するところに比べて、その四、五ないし六倍もの量の労働を動員し、四、五ないし六倍の人々に仕事と生活資料をもたらすことができよう。フランスと大ブリテンの諸地方のうちで相互にもっとも離れた地方のあいだですら、少なくとも年に一回の資金の回転は期待できるし、しかもこの取引でさえ、わが国ヨーロッパ貿易の他の諸部門の大多数と比べて、同程度の利益があると思われる。この貿易は、わが北アメリカ植民地とのご自慢の貿易よりも、少なくとも三倍は有利であろう。というのは、北アメリカ植民地との貿易では、三年以内に

資金が回収されることは珍しく、四、五年たっても回収されないことがしばしばなのである。これに加えて、フランスの人口は二四〇〇万と想定される。だが、わが北アメリカ植民地の人口は三〇〇万以上とは思われない。しかも、フランスは北アメリカよりもはるかに富んだ国である。もっとも、フランスでは、北アメリカよりも富の分配が不公平なので、貧富の差は北アメリカよりもひどいことは事実であるが。それゆえフランスは、わが北アメリカ植民地がかつて提供した市場よりも、少なくとも八倍は広い市場を提供し、資金の回転がはるかに速いことを考えあわせると、二四倍も有利な市場を提供することができるわけである。フランスにとって、大ブリテン貿易は、まさにこれと同じく有利にちがいない。そして、大ブリテンの富、人口および両国の距離が近いということに比例して、フランスが自国植民地と行なう貿易に比べて、対大ブリテン貿易が勝っていることは、イングランドにとって、フランス貿易が北アメリカ植民地貿易に勝っているのと同じである。両国民の知恵者が抑制するほうがいいと考えている貿易と、もっとも力を入れて優遇している植民地貿易との得失の差は、このように大きいのである。

だが、この両国間の公開自由な通商を、両国にとって、このように有利ならしめるはずの事情そのものが、実はこの貿易の主たる障害になっているのである。両国が境を接しているために、両国は必然的に敵となり、そのため、たがいの富と力とは、たがいにいよいよ恐るべきものになっている。そして、両国親善の利益を増すはずのものが、ひたすらに

461

強暴な国民的敵意を煽《あお》るのに役だつのみなのである。両国は、ともに富み、勤勉な国民であり、しかも、それぞれの商人や製造業者は、たがいに相手の商人や製造業者の優れた手腕と機敏な活動による競争を、極度に恐れている。国民的敵意という暴力によって、商人的嫉妬は刺激され、両者たがいに相手を激昂《げきこう》させ、また、みずから烈火のごとくいきりたってしまう。そこで両国の貿易商は、利害打算にからんだ誤りを熱狂的に確信してしまい、相手方と無制限な貿易を行なえばかならず起るにちがいない不利な貿易収支の結果、各自の破滅がかならずくる、と公言するにいたっている。

ヨーロッパの商業国はいずれも、この重商主義の自称博士たちから、貿易収支が不利であることを理由に、破滅が近づきつつある、としばしば予言されてきた。けれども、かれら自称博士がこの点について不安を煽ったにもかかわらず、また、ほとんどすべての貿易国が、貿易収支を自国に有利に隣国に不利にと、むだな努力をしたにもかかわらず、ヨーロッパのいずれかの国民が、その貿易収支が不利であるために多少とも貧乏になった、というようなことはなかったと思われる。まさにそれとは反対に、いずれの都市も国も、その港をすべての国に開放する度合に比例して、重商主義の原理がわれわれに警告したのとは反対に、われわれは自由貿易によって破滅するどころか、かえってそれによって富んだのである。もちろん、ヨーロッパには、ある点で自由港の名に値する都市が多少はある。しかし、この名に値する国はひとつもない。ホラントは、おそらく、まだほど遠いとはいっても、もっともこの性質に近いものであろう。そして、ホラントが、その富のすべてのみならず、必要な生活資料の大部分をも外国貿易から得ていることは、人の知るところである。

### 一国の盛衰にとっては、貿易の均衡よりも、生産と消費の均衡のほうが重要である

ところで、均衡というと、すでに説明したように〔第二篇第三章〕、貿易の均衡とは別の均衡がある。これは、貿易の均衡とはきわめて異なり、それがたまたま順であるか、また逆であるかにおうじて、必然的に各国民の繁栄または衰退をひき起すのである。それは、年々の生産と消費の均衡である。すでに述べたように、年々の生産物の交換価値が、年々の消費物の交換価値を超過するならば、その社会の資本は、かならずやこの超過分に比例して、年々増加するにちがいない。この場合、その社会は所得の範囲内で生活しており、その所得から年々貯蓄される分は自然にその社会の資本につけ加えられ、その結果、年々の生産物をさらに増加するように用いられるのである。逆に、もし年々の生産物の交換価値が年々の消費に及ばないなら、社会の資本は、この不足の度合に比例して、かならずや年々減少するにちがいない。この場合は、その社会の支出は所得を超過し、したがって必然的にその資本に食い込むことになる。それゆえ、社会の資本は必然的に減少せざるをえず、そして、これとともに、社会の勤労活動の年々の生産物の交換価値もまた、必然的に減少

することになるのである。

　この生産と消費の均衡は、いわゆる貿易の均衡とはまったく別のものである。それは、外国貿易がなく、全世界から完全に隔離されているような国民の場合にも存在するだろう。また、この均衡は、富、人口、改良が漸増しつつあろうが漸減しつつあろうが、この地球上どこにでも存在するものだろう。

　いわゆる貿易差額が、一国民にとって一般的に逆であっても、生産と消費の均衡は、そ
462
の国民にとって恒常的に順でありうる。一国民は、おそらく、半世紀にもわたって、輸出する以上の価値を輸入するかもしれない。この全期間を通じて、その国に流入する金銀は、すべてただちに輸出されてしまうかもしれない。その国に流通している鋳貨は、各種の紙幣がそれにとって代るので、漸減することもありうるし、その国民が取引する主要諸国民に負う債務も、徐々に増加することもありうるだろう。にもかかわらず、その国民の真の富、その土地と労働の年々の生産物の交換価値は、この同じ期間に、はるかに大きな割合で増加しているかもしれないのである。現在の動乱(1)が勃発《ぼっぱつ》する前のわが北アメリカ植民地の〔生産と消費の均衡〕状態と、この植民地が大ブリテンと行なっていた貿易の〔均衡〕状態をみれば、私が右に述べたことが、けっして不可能な想定ではないことは明らかであろう。

（1）この一句は一七七五年に書かれた。〔この原注は第三版から付されたもので、初版には、「現在の動乱」present disturbance の代りに、「さきごろの動乱」late disturbance となっている。スミスは、北アメリカの独立運動が、かれの執筆中にすでに終ったと考えたか、または、校正のできあがるとき、あるいは、出版されるときまでに終ると考えたものと推察できる。「現在の動乱」となったのは第二版からである〕

〔1〕初版では「本章の前の部分では」の代りに、次の文がある。「たとえ、ある二つの場所のあいだの計算上の為替相場が、あらゆる点で現実の為替相場と同一であっても、このことから、通常の為替相場が有利な場所では、いわゆる貿易差額も有利だ、ということには、かならずしもならないだろう。もっとも、通常の為替相場は、この場合、この二地間の債権債務の通常の状態について、かなりの指標となりうるし、二国のうち、いずれが他国にいつも貨幣を送り出さなければならなかったかを示すこともできる。しかし、ある二国間の債権債務の通常の状態は、かならずしも両地間の取引の通常の推移だけで完全に決まってしまうものではなく、両国が、それぞれ多くの諸国と行なう取引の推移によっても影響されるものである。たとえば、イングランドの商人は、ハムブルク、ダンツィヒ、リガなどから仕入れる財貨にたいして、普通ホラント宛の為替手形で支払うものとすれば、イングランドとホラントとのあいだの債権債務の通常の状態は、これら両国間の取引の通常の推移のみで完全に決まってしまうものではなく、イングランドと他の諸国との取引の通常の推移によっても影響されるだろ

う。この場合、イングランドは、たとえホラント向けの年々の輸出が、ホラントからの年々の輸入の価値を上回り、いわゆる貿易差額がイングランドにとってきわめて有利であっても、なおかつ、ホラントへ年々貨幣を送り出さなければなるまい」

〔2〕この段落と次の段落は『増補と訂正』および第三版以降で加えられた。

1

# 第四章　戻税《もどしぜい》について

## 重商主義の輸出振興策のなかでもっとも合理的なものは戻税である

商人と製造業者は、国内市場を独占しただけでは満足せず、自分の商品を外国にもできるだけ多く売ろうと思っている。かれらの祖国は、外国では司法権をもっていないので、外国でかれらのために独占を獲得してやることは、ほとんど不可能である。そのため商工業者は、一般に、輸出にたいしてある種の奨励を請願することで、満足せざるをえなかった。

これらの奨励のなかで、かの戻税《ドロウバックス》とよばれるものは、もっとも合理的だと思われる。だが、輸出に際して、国内産業に課せられている内国消費税やその他あらゆる内国税の全部または一部を商人に払い戻してやっても、いっさいの課税がない場合に輸出される量と比べて、いっそう多量の財貨の輸出をひき起すということは、けっしてありえない。このような奨励は、その国の資本が、ある特定の事業におのずから向う量を超えて、それ以上に大きな資本をそこへ振り向けさせるというような傾向はなく、ただ、その資本のうちの一部が、税のために、他の事業に転向してしまうのを防ぐ傾向があるだけである。これらの奨励は、その社会の各種の職業すべてのあいだにおのずとでき上っている均衡を乱す効果はなく、かえって、税によってこの均衡が崩されるのを防ぐ傾向がある。奨励は、その
2 社会における労働の自然な分業および配分を打ちこわす効果はなく、むしろそれを維持する傾向があり、この労働の自然な分業および配分を保つことは、たいていの場合は利益のあるものである。

輸入外国品を再輸出する場合の戻税についても、同じことが言える。大ブリテンでは、一般に輸入税の大部分を払い戻している。[1]今日いわゆる旧臨時税《オールド・サブシディ》[2]を課した議会の条例〔チャールズ二世第十二年条例第四号〕の付則第二号によって、イングランド人たると外国人たるとを問わず、すべての商人は、輸出に際して、この税の半額を還付してもらうことになった。ただしそれは、イングランド商人なら一二ヶ月以内に、外国商人なら九ヶ月以内に、再輸出を行なう場合に限られた。葡萄酒《ぶどうしゅ》、種なし小粒干葡萄および絹布だけは、この規則の適用を受けなかったが、それは他のもっと有利な特典をもっていたからである。この議会の条例によって課された税は、その当時、外国品の輸入に課した唯一の税だった。この戻税およびその他すべての戻税を請求できる期間は、後に（ジョージ一世第七年条例第二十一号第十条により）三年に延長された。

旧臨時税以後に課された税のうち、その大部分は、輸出に際して全額が還付されている。しかし、この通則は、きわめて多数の例外を設けざるをえなかったので、その結果、戻税の説明原理は、それが最初に制定された時と比べて、はるかに複雑なものとなっている。

輸入が国内消費に必要な量を大幅に超過すると予想されるある種の外国品は、輸出すると、旧臨時税のうち、普通は留保される半額についても留保されずに、税の全額が還付される。わが北アメリカ植民地の叛乱《はんらん》がおきる以前には、われわれはメリーランドとヴァージニアの煙草《タバコ》を独占していた。われわれは約九万六〇〇〇 樽《ホッグズヘッド》〔約三〇〇～六五〇リットル入りの大樽〕を輸入したが、国内消費量は一万四〇〇〇樽を超えるとは思われなかった。そこで、その残りを売りさばくために必要な大々的輸出を促進するため、三年以内に輸出することを条件に税金の全額が還付されたのである。

われわれは今もなお、完全というわけではないがほぼそれに近い状態で、わが西インド諸島の砂糖の独占権を握っている。そこで、砂糖を一年以内に輸出すれば、輸入の際に課[3]された税金全額が還付される。また、三年以内に輸出すれば、現在なお大部分の財貨について輸出の際に留保されている旧臨時税の半額を除き、他のすべての税が還付される。もっとも、砂糖の輸入は国内消費の必要量をかなり超過しているが、その超過は、煙草の場合の超過量に比べれば取るに足らないものである。

わが国の製造業者の嫉妬《しっと》の対象に特になるようなある種の財貨は、国内消費のために輸入されることが禁じられている。しかし、それらは、一定の税を支払えば、輸出を目的に輸入し、倉庫に保管しておくことはできる。だが、こうした財貨の再輸出に際しては、税金はまったく還付されない。わが製造業者は、この限られた輸入でさえ奨励されることを欲せず、これら財貨の一部が倉庫から盗み出されて、かれら自身の製品と競争するのではないかと恐れているようである。こうした規制のもとでのみ、われわれは絹布やフランス産薄地亜麻布、寒冷紗《かんれいしゃ》、さらにまた手描き模様や捺染《なっせん》、着色もしくは染色された綿布などを輸入できるのである。

われわれは、フランスの財貨の運送業者になることさえ好まないのであって、われわれの仲立ちによってわが敵と認める者を儲《もう》けさせるよりは、むしろわれわれ自身が儲けを放棄する途《みち》を選んでいる。そこで、あらゆるフランス製品の再輸出に際しては、旧臨時税のうち、半額だけでなく、さらに二五パーセントも留保されるのである。

旧臨時税の付則第四号によって、あらゆる葡萄酒の輸出に際して許された戻税は、その当時、この輸入に際して払われた税の二分の一をはるかに上回る額に達しており、葡萄酒の仲継《なかつぎ》貿易にたいしては通常の奨励以上のものを与えることが、立法府の当時の目的であったように思われる。旧臨時税と同時に課されたり、またはその後に課された、他の諸税のうちのいくつかもまた、すなわち、いわゆる付加税、新臨時税、三分の一臨時税、三分の二臨時税、一六九二年輸入税、葡萄酒に課した造幣税〔貨幣鋳造の費用にあてるため特定財貨の輸入に課した税〕もまた、輸出に際して全額払い戻されることが認められた。けれども、付加税と一六九二年輸入税を別として、これらの税はすべて輸入に際して現金で納めなければならないので、その巨額の税額にたいする利子の負担も多くかかることになり、そこで、こうした品物によって
4 有利な仲継貿易を期待するのは無理であった。こうしたわけで、葡萄酒輸入税とよばれる税の一部のみが輸出に際して還付されたものの、フランス産葡萄酒にたいする一トンあたり二五ポンドの税や、一七四五、一七六三、一七七八年に課された税は、その一部さえ還付が認められなかった。従来のすべての関税に追加して、一七七九年および一七八一年に課された二種の五パーセントの輸入税は、葡萄酒以外のすべての財貨の輸出に際して全額還付されることが認められていたので、同じく葡萄酒についても還付が認められた。とくに葡萄酒に課された最後の税、すなわち一七八〇年の税は、全額払戻しを認められている。もっとも、かくも多数の重税が留保されているなかにあっては、このわずかの恩典くらいでは、ただ一トンの葡萄酒の輸出をすら促しえないことは、万々疑いない。これらの規則は、アメリカの大ブリテン領植民地を除いて、合法的な輸出の行なわれているすべての場所に適用されている。

貿易奨励法とよばれるチャールズ二世第十五年条例第七号は、大ブリテンにたいして、ヨーロッパで産出または製造されたすべての商品を植民地に独占供給する権利を与え、したがって葡萄酒もこれに含まれている。わが北アメリカや西インドの諸植民地のごとく、

海岸線がはなはだ長く、わが権威はつねに微々たるもので、しかも住民は自分自身の船で自分の非列挙商品〔航海条例などで、アメリカ植民地から本国以外への輸出を禁じた、いわゆる列挙商品以外の物産。第四篇第七章、第二節「条例で定められ……」の小見出し参照〕を、最初はヨーロッパ全地域へ、そして後になってはフィニステール岬〔スペイン最西端の岬。第四篇第一章地図参照〕以南のヨーロッパ各地へ、運ぶことを許された国では、この独占がおおいに尊重され守られたなどとは、どうもありそうにない。しかも住民たちは、いつも、かれらの商品を送ることを認められていた国々から、なんらかの商品を持ち帰る方法を見つけたらしい。けれども、かれらがヨーロッパの葡萄酒をその原産地から輸入することはやや困難だったようであり、さらにまた、大ブリテンからこれを思うように輸入することもできなかった。というのは、大ブリテンでは、葡萄酒は各種の重税を課されており、その税の大部分は輸出に際して還付されなかったからである。マデーラ産葡萄酒〔マデーラはアフリカ北西岸沖のポルトガル領群島〕は、ヨーロッパ産品ではないので、アメリカと西インドに直接輸入できた。この両地域は、すべての非列挙商品について、マデーラ島と自由貿易を行なったのである。こうした事情が、たぶん、マデーラ産葡萄酒にたいする嗜好《しこう》を広めたのだと思う。すなわち、一七五五年に始まった戦争[3]の初めに、わが国の士官たちは、われわれの植民地のいたるところでマデーラ産葡萄酒が飲用されているのを発見したのだが、この士官たちが、それまでこの葡萄酒があまり愛好されていなかった母国に、その嗜好を持ち帰ってきたのである。この戦争が終結して、一七六三年（ジョージ三世第四年条例第十五号第十二条によって）、あらゆる葡萄酒の植民地向け輸出にたいして、三ポンド一〇シリングの税を除いて、それ以外のすべての税を払い戻すことが認められたのだが、フランス産の葡萄酒だけは例外であった。国民的偏見があるので、フランス産葡萄酒の取引や消費にたいしては、いかなる種類の奨励をも認めなかったわけなのである。この恩典を授与した時と、わが北アメリカ植民地の叛乱とのあいだの期間は、おそらく、あまりにも短くて、これら諸国の慣習になんらかの大きな変化をもたらすにはいたらなかったのであろう。

この条例は、フランス産の葡萄酒を除く全葡萄酒にたいする戻税を認め、こうして他国よりも植民地をはるかに優遇したのだが、他の諸財貨の大部分については、植民地をそれほど有利には扱わなかった。大部分の財貨を他国に輸出するに際しては、旧臨時税の半額が還付された。けれども、この法律は、葡萄酒、白綿布およびモスリンを除いて、ヨーロッパまたは東インドで産出もしくは製造されたいかなる財貨についても、それを植民地に輸出する場合に、旧臨時税の一部分たりとも還付してはならないと定めたのである。

## 戻税は、資本や労働の配分を乱さず、むしろ消費税や関税による配分の攪乱を自然状態にもどす作用がある

戻税は、そもそも仲継貿易を奨励するために認められたものであったろう。仲継貿易は、船の回漕料を外国人が現金で支払うことがしばしばあるので、金銀をわが国に持ち込むのに、とくに適していると考えられた。しかし仲継貿易は、特別に奨励するには値しないこ

とは明らかだとしても、また、この制度の動機が、おそらく、まったく愚劣なものだとしても、その制度自体は十分合理的だと思われる。以上のごとき戻税は、一国の資本のうち、輸入に全然課税しない場合に、ひとりでに仲継貿易業に向う資本の量と比べて、より多量の資本をこの仕事に押し込むことはできない。この制度は、各種の税のために一国の資本が仲継貿易業からまったく排除されてしまうのを防ぐだけのものである。仲継貿易業は、優先的取扱を受けるには値しないとはいえ、排除されるべきものではなく、他のすべての事業と同じく、自由に放任しておかれるべきなのである。仲継貿易は、その国の農業なり製造業なり、または国内商業なり消費向け外国貿易なり、そのいずれにも用途をみつけることのできない資本にとって、一つのやむをえざる行き場所なのである。

6

関税収入は、この戻税のために減少するどころか、税の留保部分だけ増加する。もしも税の全額が留保されたならば、この税が支払われた外国商品は市場を失って、めったに輸出されなくなり、したがってまた輸入もされなくなったであろう。したがって、その一部が留保される当の関税もまた、もともと支払われることはなかったであろう。

これらの理由は、戻税を正当なものとするのに十分と思われる。またこれらの理由は、国内産業の産物にせよ外国品にせよ、それに課した全税額を輸出に際してつねに還付するとしても、やはり戻税を正当化するであろう。この場合、内国消費税の収入はなるほど少々減少しようし、関税の収入はさらに大幅な減収となるだろう。しかし、これらの諸税によっていつも多少とも攪乱《かくらん》されている産業の自然な均衡、労働の自然な分業と配分は、このような調整によって多少とも回復されて、その自然状態に近づくであろう。

けれども、これらの理由は、純外国に、しかも植民地以外の独立国に、財貨を輸出する場合にのみ戻税を正当化しうるものであり、わが商人や製造業者が独占を享受している国々に輸出する場合の戻税を正当化するものではなかろう。たとえば、ヨーロッパの物産をわが北アメリカ植民地へ輸出するに際しては、戻税があるので、それがない場合の輸出よりも大量の輸出をひき起すとはかぎらない。かりに税の全額が留保されたとしても、わが商人と製造業者は北アメリカ植民地で独占権を享受しているので、おそらく、同地にたいしては変らぬ量の財貨が送られることも多いだろう。したがって、戻税は、貿易の状態を変えることもなく、また、なんらその拡張をもたらすこともなく、ただ内国消費税収入と関税収入にたいして、単に損失だけをもたらすことも多々あるであろう。わが植民地の産業にたいする適当な奨励として、かかる戻税はどこまで正当と認められるのか、あるいは、植民地以外の全同胞が支払っている租税を、植民地にたいしては免除することが、母国にとってどこまで有利なのか、これらの問題は、後に植民地について論じる場合に明らかになるはずである〔第四篇第七章をみよ〕。

けれども、戻税が有用なのは、輸出のために戻税を与えられた財貨が、ほんとうにどこか外国へ輸出される場合のみであるということは、つねに注意しておくべきである。輸出とみせかけてひそかにわが国に再輸入される場合などは、話は別である。二、三の戻税、とくに煙草にたいする戻税は、しきりとこの方法で悪用されており、政府の歳入にとっても、公正な貿易商にとっても、等しく有害な詐欺的行為を数多く発生させていることは、周知のところである。

〔1〕以下次の小見出しまでの九パラグラフは、『増補と訂正』および第三版以降で加えられた。初版と第二版には、この代りに次のような短い文がある。「いわゆる旧臨時税として課された税金も、そのうち半額は、イングランド領植民地に輸出される財貨を除いて、一率に払い戻されている。また、最近の臨時税や輸入税として課された税金については、全額還付のことも少なくないし、たいていの場合は一部還付されている」

〔2〕臨時税のうち、ポンド税に起源を有する最古の五パーセント関税を、その後の臨時税と区別して旧臨時税とよんだ。

〔3〕七年戦争の前哨《ぜんしょう》戦が、一七五五年六月に、北アメリカにおける英仏の衝突として始まり、翌年からヨーロッパでいわゆる七年戦争が本格的に開始された。

7

# 第五章　奨励金について

輸出をふやして貿易差額を増大させるために、輸出奨励金を与えよ、という主張がある

輸出奨励金は、大ブリテンでは、国内産業の特定部門の生産物について、絶えず請願され、ときとして授与されているものもある。この奨励金によって、わが国の商人と製造業者は、外国市場において、競争相手と同じ値段で、あるいはもっと安く、自分たちの商品を売ることができるだろう、と主張されている。そしてその結果、より多くの商品が輸出され、したがって、貿易収支はそれだけわが国に有利になるだろう、と言われている。われわれは、国内市場において、わが国の職人に独占を与えているが、外国市場で、これと同じように、独占を与えることはできない。われわれは、同胞にわが国の職人の製品を買うように強制してはいるが、外国人にも同様にこれを強制するというわけにはいかない。そこで次善の策として、外国人がわが商品を買ってくれれば、それにたいしてわれわれも相応のことをしてやるのがいい、と考えられている。こうしたやり方で、重商主義は、貿

易差額によって国全体を富ませ、われわれすべての懐中に貨幣をつめ込もうとしているのである。

## 奨励金は外国品と競争できない部門に与えよ、と言われているが、その結果は利益の少ない産業に資本を向わせる

奨励金は、それなしではやってゆけないような貿易部門にのみ与えられるべきだ、とい
うことは人の認めるところである。商人が、商品をととのえて市場に出すのに用いた全資
本を、資本にたいする普通の利潤をふくめて回収しうる価格で、自分の商品を販売できる
なら、そのような部門はすべて、奨励金などなしでやってゆける。そういう部門は、奨励
金なしでやっている他のすべての部門と明らかに同じ条件に立っているのだから、他部門
以上のものを要求することはできないわけである。商人が、普通の利潤をふくめて資本を
回収することができない価格で自分の商品を売らねばならないような貿易、または商品を
市場へ出すのにじっさいに要した費用よりも少ない価格で売らなければならないような貿
易、こうした貿易だけが奨励金を必要としている。奨励金は、この損失を埋めあわせるた
めに与えられるものであり、そして、費用のほうが売上げよりも多いと思われるような貿
8 易、取引ごとに投下資本の一部に食い込んでしまい、もし他のすべての貿易がこれに似た
ことになれば、やがて国内には一銭の資本も残らなくなってしまうような、不利な性質の
貿易を、奨励して継続させ、また、おそらくは新たに始めさせるために与えられるものな

のである。

ところで、奨励金のおかげで営まれる貿易は、二国間で、相当の長期間にわたって、そのうちの一方がいつも規則的に損をしているような貿易、つまり、財貨を市場へ出すのにじっさいに要した費用よりも安い価格で売っているような貿易だ、ということは注意すべきである。だが、商人にたいして、奨励金なしだとかれの商品の価格上こうむる損失を、もしも奨励金が償うのでなければ、商人は自分の利害を考えて、やがて、かれの資本《ストック》を別の方法で用いるように、つまり商品の価格が、普通の利潤をともなって、この商品を市場に出すのに用いられた資本が回収できるような取引をさがしだすように、せざるをえないだろう。したがって、奨励金の効果は、重商主義の他のすべての方策の効果と同じで、一国の貿易を、それが自然に向っていく方面に比べてはるかに利益の少ない方面に、強《し》いて向わせることにしかならないのである。

## 穀物輸出奨励金は重商主義者の主張ほど国民に有利ではなく、むしろ穀物価格を高めた

独創的かつ博識をもって知られる、穀物貿易にかんする論説[1]の著者は、穀物の輸出奨励金が創設されて以来、輸出穀物価額が、十分控えめに評価しても、きわめて高く評価した輸入穀物価額をはるかに超過し、その超過額はこの期間に支払われた全奨励金よりもずっと多いことを、はっきりと述べている。この著者は、真の重商主義の原理にもとづいて、

この事実こそは、かかる強制的な穀物貿易が、当の国民にとって有益であることの明らかな証拠だと考えている。輸出の価値が輸入の価値を超過し、その超過額は、穀物を輸出するために国家が負担した特別の費用の全額よりも、はるかに大きな金額だから、というのである。だが、この特別の費用、すなわち奨励金は、穀物輸出がじっさいに負担をかける費用のほんの一部分にすぎないということを、この著者は考慮していない。この穀物をつくるために農業者が用いた資本も、同様に計算に入れなければならない。外国市場で売るとき、穀物価格が、奨励金のみでなく、この元本を、投下資本《ストック》にたいする普通の利潤をふくめて回収できなければ、社会はその差額だけ損をするわけであり、国民の資本《ストック》はそれだけ減少するのである。だが、奨励金を与える必要があると考えられているそもそもの理由は、外国で売られる場合の穀物価格が、右に述べた元本の回収に不十分だと推定されたことにある。

　穀物の平均価格は、奨励金の設定以来、かなり低落していると言われている。穀物の平
均価格は、前世紀末ころからやや低下しはじめ、今世紀にはいってからの六四年間、一貫
9 して低下しつづけていることは、すでに私が明らかにしようとつとめたところである。し
かし、このことは、私が信ずるように事実であるとすれば、奨励金があったにもかかわら
ず起ったものにちがいなく、かりそめにも奨励金の結果起ったものではあるまい。〔2〕現に、
このことはイングランドではもちろん、フランスでも起ったのだが、フランスでは奨励金

がなかっただけでなく、一七六四年までは、穀物輸出は一般に禁止されていたのである。それゆえ、穀物の平均価格がこのようにしだいに低落したことは、たぶん、奨励金規定にも、輸出禁止規定にも、究極の原因が帰せられるものではなく、銀の真の価値が漸次的かつ知らず識《し》らずのうちに上昇していたことに起因するのであって、この銀の真の価値の上昇は、本書の第一篇で明示しようと努めたところなのだが〔第一篇第十一章「過去四世紀間における銀の価値の変動にかんする余論」第三期参照〕、今世紀をつうじて、ヨーロッパの市場一般に発生したことなのである。奨励金が穀物の価格を低下させる効果があるなどということは、どう考えてもおかしい。

すでに述べたように、奨励金は、豊年には、異常な輸出をひき起し、国内市場における穀物の価格を、ほんらいならば自然に低落するはずの水準よりも、かならず高くつり上げるものである。また、そうすることが、この制度の公然たる目的であった。不作の年には奨励金はしばしば中止されるけれども、豊年に大量の輸出をさせてしまうから、ある年に豊作であっても、その余剰で他の年の不作を緩和することは多かれ少なかれ妨げられることが多い。それゆえ、豊作の年にも不作の年にも、奨励金は必然的に、国内市場における穀物の貨幣価格を、奨励金がない場合よりもいくぶんか高くする傾向がある。

農耕の現状においては、奨励金が必然的にかかる傾向をもたざるをえないのだということとは、道理のわかる人ならば、だれも抗論しないだろうと思う。しかし、多くの人々は、奨励金は次の二つの方法[3]によって農耕を振興する傾向があると考えている。すなわち第一に、奨励金は、農業者の穀物にたいして、より大きな外国市場を開くことによって、この商品にたいする需要を増大させ、したがって生産を増大させる傾向がある、とかれらは想像している。第二に、奨励金がない場合に農耕の実情から期待できる価格よりも、もっと高い価格を農業者に保障してやることによって、奨励金は農耕を振興する傾向がある、とかれらは勝手に考えている。この二重の振興は、長年のあいだには穀物の生産を大いに増大させ、その結果、その時の農耕状態のもとで、奨励金が穀物価格を騰貴させうる程度よりも、もっと大きな程度で、国内市場における穀物価格を低下させるにちがいない、とかれらは想像している。

[4]私はこうした想像にたいして、次のように答えたい。奨励金によって外国市場がどれほど拡大されたとしても、それは、その拡張の年ごとに、つまるところ、すべては国内市場の犠牲において拡大されるのであって、奨励金があるから輸出され、奨励金がなければ輸出されないことになるような穀物はすべて、ほんらいならば国内市場にとどまって消費量を増加させ、さらに、この商品の価格を低落させるはずである。他のあらゆる輸出奨励金と同じく、穀物の輸出奨励金も、国民に二種の税を課すものであることは銘記されなければならない。すなわち、㈠奨励金を与えるために国民が出さなければならない税、㈡国内市場におけるこの商品の価格騰貴に由来するものであり、国民の全部が穀物の購買者であるために、全国民によってこの特殊な商品にたいして支払われる税、この二つである。そ

れゆえ、この特殊な商品にあっては、二種の税のうち第二の税のほうがずっと重いのであ
る。試みに、年々平均して小麦一クォーターの輸出にたいして五シリングの奨励金を与え
るとすれば、国内市場におけるその価格は、一ブッシェルについてわずか六ペンス、つま
り一クォーターについて四シリングだけ、奨励金がない場合に農作の実情から定まるはず
の価格よりも高くなるものと仮定しよう。このきわめて控えめの仮定によっても、多数の
国民は、輸出される小麦一クォーターごとに五シリングの奨励金を支払うための税を負担
するほかに、さらに、かれら自身が消費する小麦一クォーターごとに、もう四シリングの
税を支払わなければならない。ところで、穀物貿易についての諸論説を著わした事情通の
著者〔チャールズ・スミスのこと〕に従えば、国内消費量にたいする輸出穀物量の平均比率は三一対一く
らいで、それより多いことはない。それゆえ、多数の国民は、第一の税を支払うために五
シリングを負担するごとに、かれらは同時に、第二の税の支払のために六ポンド四シリン
グを出さなければならないのである。生活上第一の必需品にたいするこのような重税は、
労働貧民が消費する生活資料の量をその分だけ減少させてしまうか、あるいは、生活資料
の貨幣価格の騰貴に比例して、かれらの貨幣賃銀をある程度増加させるか、このいずれか
をひき起さざるをえない。重税が前者の仕方で作用するかぎりでは、労働貧民が子供を教
11 育し育てあげる能力を低下させ、したがってそれだけ、国の人口増加を抑制する傾向を帯
びるにちがいない。後者の仕方で作用するかぎりでは、貧民を雇う者の雇用能力を低下さ

せ、こうした事態が起らなければかれらが雇いえただけの数を雇いえなくさせてしまい、したがって、それだけ、その国の産業を抑制する傾向をもつにちがいない。こんなわけだから、奨励金によってひき起される異常な穀物輸出は、輸出が行なわれるその年ごとに、一方で外国市場と外国の消費を拡大するが、他方でちょうどそれと同じだけ国内市場を縮小し、国内消費を減少させるというだけでなく、その国の人口と産業を抑制する結果、とどのつまりは、国内市場の漸次的な拡張を妨害抑制することになり、そして、これによって、長期的には、穀物市場全体を拡大し消費量を増大させるどころか、むしろ、それを縮小させてしまう傾向がある。

## 穀物輸出奨励金は、穀物の名目上の価格を引き上げることによって銀の真の価値を低落させたにすぎない

けれども穀物の貨幣価格のこうした騰貴は、農業者にとっては、この商品をそれだけ有利なものにするから、必然的にその生産を振興するにちがいないと考えられている。

この考えにたいして、私は次のように答えよう。もし奨励金が穀物の真の価格を騰貴させる結果をもたらすものなら、まことにそのとおりだろう。つまり、奨励金がある結果、農業者が、従来と同量の穀物をもって、これまでよりも多数の労働者を養うことができれば、しかも近隣において他の労働者が普通に養われているのと同じように、十分にか、まあまあという程度にか、不十分にか、いずれにしても他の労働者と同じように養うことが

できれば、右の考えのとおりかもしれない。だが、奨励金はもちろん、その他いかなる人為的制度といえども、このような効果をけっしてあげられないということは明白である。奨励金によって、価格が少なからぬ影響を受けるとすれば、それは穀物の真の価格ではなくて、名目上の価格のほうである。この制度が国民全体に課する税は、それを支払う者にとっては、きわめて重いものであるけれども、受け取る者にとっては、まことにわずかの利益にしかならないのである。

奨励金がもたらす真の結果は、穀物の真の価値を高めるというよりも、銀の真の価値を低下させることにある。言いかえれば、これまでと同量の銀では、いままでよりも少量の穀物としか交換できないだけでなく、穀物の貨幣価格は他のあらゆる国産品の貨幣価格を定めるから、そうした国産品についても、従来より少量のものとしか交換できなくなってしまう。

## 穀物の名目上の価格の上昇は、他のいっさいの価格を高めるが、これによって利益を得る者はいない

穀物の貨幣価格は労働の貨幣価格を定める。この労働の貨幣価格は、つねに、労働者が自分と自分の家族を養うに足るだけの穀物を買える程度でなければならないものであり、この生活の程度が十分であるか、まあまあの程度か、不十分なものかは、その社会が進歩向上的状態にあるか、停滞的か、衰微に向っているかという事情如何《いかん》によって決まり、そ

れを基準として雇主は労働者を遇さなければならなくなる。

また、穀物の貨幣価格は、土地から生ずる他のいっさいの原生産物の貨幣価格を規定す
12 る。これらのものの貨幣価格は、進歩改良のどんな時期にあっても、穀物の貨幣価格と、ある比率をかならず保つものである。もっとも、時期によって、この比率は変るけれども。たとえば、穀物の貨幣価格は、牧草、乾草、食肉、馬、馬の飼育、したがって陸上輸送〔当時の主たる輸送手段は馬と馬車〕、つまりその国の国内流通の大部分の貨幣価格を規定する、というぐあいである。

こうして、穀物の貨幣価格は、土地から生ずる他のいっさいの原生産物の貨幣価格を規定することによって、ほとんどすべての製造品の原料の貨幣価格を定めるものである。また、それは労働の貨幣価格を定めるから、それによって、製造工業における技能と勤労の貨幣価格をも定めることになる。そして、原料と労働の両者の価格を規定することによって、完成品の貨幣価格を定めるわけである。このようなわけだから、労働の貨幣価格、ならびに、土地または労働が生産したすべての物の貨幣価格は、穀物の貨幣価格に比例して、必然的に上昇したり下落したりせざるをえない。

それゆえ、奨励金の結果として、農業者は、穀物をそれまでの一ブッシェルにつき三シリング六ペンスでなく、四シリングで売ることができ、地主にたいしては、生産物の貨幣価格のこの騰貴に比例した貨幣地代を支払うことができるとしても、しかしなお、もしこ

の穀物価格の騰貴の結果、四シリングでは、従来三シリング六ペンスで手に入れられただけの国産品しか買えないとすれば、農業者のおかれた状態も地主のおかれた状態も、この変化によって、たいして良好にはなるまい。農業者が従来よりもよく耕作できるようになるわけではないし、地主が前よりもはるかによい生活ができるわけでもなかろう。外国品[5]を買う場合には、この穀物価格の騰貴は、多少の利益をもたらすかもしれない。だが、国産品を買う場合には、なんの利益をも与えることはできないのである。しかも、農業者が消費するもののほとんどすべてはもちろん、地主の消費さえその大部分は国産品なのである。

### 銀の真の価値の低下が一国のみで生じると、その国の産業は阻害される

鉱山の産出力が増大すれば銀の価値は低下するが、このことは、産業界の大部分をつうじて均等に、またはほぼ均等に作用するから、どの特定の国にとっても、ほとんど問題ではない。この結果生ずるあらゆる貨幣価格の騰貴は、貨幣を受け取る人々を前よりも実質的に富ませることもないが、しかし、実質的に貧乏にすることもない。もっとも、ひとそろいの銀食器が、いままでよりも実質的に安くなることはあろうが、銀以外のあらゆる物の真の価値は、これまでと正確に同一のままである。

けれども、ある特定の国の特殊事情ないし政治上の制度の結果として、その国のみに生

13 じる銀の価値の低下は、なんぴとをも実質的に富ませるどころでなく、万人を実質的に以前よりも貧しくする傾向があるという、きわめて重大な問題をふくんでいる。この場合、その国のみに特有の、あらゆる商品の貨幣価格の上昇は、その国内で営まれるあらゆる種類の産業を多かれ少なかれ阻害する。つまり、この貨幣価格の上昇は、他国民が、自国の職人よりもっと安価に、ほとんどあらゆる財貨の供給を可能にする傾向がある。これは、単に国外市場においてのみならず、国内市場においてさえ、そうである。

### 金銀の輸出を制限しているスペインとポルトガルはその好例である

スペインとポルトガルの両国が、ヨーロッパの他のすべての国に金銀を配分しているのは、鉱山所有者としての特殊な地位にあるからである。それゆえ金銀は、ヨーロッパのどの地方よりも、スペインとポルトガルでは当然に多少は安くてよいはずである。けれども、この差は運賃と保険料の額よりも大きいはずがないし、しかも、この金属は価値が大きいわりには嵩《かさ》が小さいので、その運賃はたいした問題ではなく、保険料も同価値の他の財貨と同一である。したがって、スペインとポルトガルは、特殊な地位にあるために金銀が安いという不利益を、もしもその政治上の制度によっていっそうひどくするようなことさえしなければ、かれらのこの特殊な地位のために損をすることはほとんどあるまい。

ところが、スペインは金銀の輸出に課税し、ポルトガルはその輸出を禁止しているので、そのために金銀の輸出には密輸の費用が加わってしまい、他国における金銀の価値を、両国よりもこの全費用の分だけ騰貴させている。ダムを築いて水流をせき止めても、ダムが満水になると、あふれる水は、ダムがぜんぜんないのと同じようにダムを越えて流れざるをえない。これと同じことで、スペインとポルトガルが金銀の輸出を禁止しても、この両国が用いうる以上に、つまり、両国の土地と労働の年々の生産物にとって、鋳貨、金・銀器、鍍金《ときん》、その他の装飾品として必要である以上に、多量の金銀を国内におさえておくことはできない。それだけの量が充足されてしまえば、ダムは満水になり、それ以後に流入する水はすべて、あふれて流出することになる。したがって、スペインとポルトガルから年々輸出される金銀の量は、あらゆる点を考え合わせてみると、これらの制限があるにもかかわらず、年々の全輸入額にほとんど等しいのである。けれども、ダムの外側よりも内側のほうが水はつねに深いように、これらの制限がスペインとポルトガルにとどめておく
14 金銀の量は、両国の土地と労働の年々の生産物の量にたいする金銀の比率の点からみると、他国でみられる比率よりも大きいにちがいない。ダムがますます高くなり、じょうぶになるにつれて、ダム内外の水深の差もまた、ますます大きくなる。同様に、税が高くなり、輸出禁止を維持するための罰金が高くなり、この法律の施行を監視する警察が警戒を強め厳しくするにつれて、スペインとポルトガルの土地ならびに労働の年々の生産物にたいする金銀の比率と、他国におけるこの比率とのあいだの差異は、ますます大きくなるにちが

いない。また事実、この差は非常に大きいと言われている。そしてまた、この両国においては、他の国々では絢爛《けんらん》たる金・銀器を蔵しているほどの家には当然備えられているような家財がなにひとつなさそうな家々にも、しばしば、りっぱな金・銀器がたくさんあるのを見いだす、と言われている。金銀が安いこと、あるいは同じことだが、貴金属のこの過剰の必然的結果としてすべての商品が高いことは、スペインおよびポルトガル両国の農業ならびに製造業を阻害し、多くの種類の原生産物とほとんどあらゆる種類の工業製品について、両国民自身が国内で栽培または製造したものを金銀と交換する場合よりも、もっと少量の金銀と交換に、他国民がそれを両国に供給できるようにするのである。税と輸出禁止は二様に作用する。それは、スペインおよびポルトガルにおける貴金属の価値をはなはだしく引き下げるばかりでなく、こうした措置がなければ、他の諸国に流出してゆくはずの金銀の一定量を、その国内に引きとどめておくから、他の諸国における金銀の価値を、この両国の税と輸出禁止がない場合に定まる水準よりも、いくぶん高めに保つことになり、それによって、他の諸国の対スペインおよびポルトガル貿易に二重の利益を与えることになる。水門を開けば、ただちにダムの内側の水は減じ、外側の水は増加して、やがてダムの内外は同水位になるだろう。同じことで、税と輸出禁止を解けば、スペインとポルトガルの両国では、金銀の量は相当に減少するであろうが、それに見合って、他国では、金銀はいくぶんか増加するだろう。そして、金銀の価値は、すなわち、土地と労働の年々の生産物の量にたいする金銀の量の比率は、やがて、すべての国で同一またはほぼ同一の水準に落ち着くだろう。金銀の輸出によって、スペインおよびポルトガルの両国が損失を受けるとしても、まったく名目的ないし観念上のものにすぎまい。かれらの財貨ならびに土地と労働の年々の生産物の名目上の価値は下落し、以前よりも少量の銀をもって表示または代表されることになろう。だがそうなっても、その真の価値は、これまでと変りなく、従来と同量の労働を養い、支配し、就業させるに足るであろう。かれらの財貨の名目上の価値は下落するだろうから、かれらの金銀のうち、国内に残存した分の真の価値は騰貴するだろうし、またそうなれば、かつては多量の金銀を必要としたような商業や流通と同一の目的を果すには、以前よりも少量の金銀で十分であろう。国外に出てゆく金銀は、ただむだに出てゆくはずはなく、出てゆく金銀と等しい価値のなんらかの種類の財貨を持ち帰るであろう。これらの財貨もまた、その全部がまったくの奢侈《しゃし》と濫費のためのもので、消費するばかりでなにひとつ作り出さない有閑者が消費してしまう、というものでもあるまい。金銀が異常に輸出されても、働かない有閑者の真の富や所得は増加しないから、かれらの消費もまた、この輸出によって、おおいに増加するということはありえない。金銀と引換えに輸入される財貨は、たぶんその大部分が、あるいは少なくともその一部分は確実に、原料や道具や食料品などであって、これは、消費したものの価値全額を、利潤をふくめて、再生産する勤勉な人々を就業させ養うために用いられるのである。その会社の遊休資本《ストック》の一部分は、こうして活動資本《ストック》に転化され、それまで使用されていたよりも、はるかに大量の労働を活動させ始めるであろう。かれらの土地および労働の年々の生産物は、ただちに増加し始め、数年にして、おそらくは非常に増大するだろう。それは、かれらの勤労が、現在苦しんでいる抑制的な重荷のひとつから解放されるからにほかならない。

### 穀物輸出奨励金は穀物の名目上の価格を高め製造業を不利にした。利益を得たのは穀物商だけである

穀物輸出にたいする奨励金は、必然的に、スペインおよびポルトガルのこの馬鹿げた政策とまったく同じように作用する。この奨励金は、農作の実情が豊凶いずれであるかにかかわりなく、奨励金がない場合に定まるべき穀物価格に比べて、国内市場では穀物の価格をいくぶん高くし、国外市場ではいくぶん安くする。穀物の平均貨幣価格は、多かれ少なかれ、他のあらゆる商品の平均貨幣価格を規定するものであるから、奨励金は、銀の価値を、国内市場においてはかなり低落させ、国外市場においては若干高める傾向がある。奨励金は、外国人、とくにオランダ人が、この奨励金のない場合よりもずっと安くイングランド産の穀物を食べられるようにするだけでなく、ときとしては、わが国民よりも安く食べられるようにするのである。これは、権威ある典籍、すなわちサー・マシュウ・デッカーの著書[6]が保証しているところである。また奨励金は、わが職人が、それがない場合よりも多量の銀と引換えでなければ製品を供給できないようにし、しかも、オランダ人がかれ

らの製品を、わが職人よりも少量の銀と交換に供給できるようにする。つまり、奨励金は、それがない場合に比べて、あらゆる市場で、わが製造品をいくぶんか高価にし、オランダ人の製造品をいくぶんか安くする傾向があり、したがって、オランダ人の勤労活動を、われわれのそれに比べて二重に有利にすることになるのである。

奨励金は、国内市場において、国産穀物の真の価格をではなくて、むしろ、その名目上の価格を騰貴させるものであるから、つまり、ある一定量の穀物が扶養しまた雇用しうる労働の量を増加するのではなくて、その穀物と交換される銀の量を増加するだけのことな
16
のであるから、このような奨励金は、わが農業者にも、あるいは農村の大地主にも、なんら見るべき貢献をすることなく、ただわが国の製造業を阻害するだけである。もっとも、奨励金は、それがない場合に比べれば、かれら農業者や農村の大地主たちのポケットに、いくぶんかは余計に貨幣を入れてやることになるので、奨励金というものは、かれらにとってたいした利益をもたらすものではない、とかれらの大部分を説得することは、おそらくそれほど容易なことではなかろう。だが、もしかれらのポケットに入るこの貨幣の価値が減少するならば、つまり、その貨幣をもって買える労働の量、食料品の量、その他あらゆる種類の国産品の量が減少するならば、かれらが得る利益は、単に名目的かつ観念上のものであって、なんら実質をともなわないものであろう。

奨励金でほんとうに利益を得たのは、あるいは利益を得ることができたのは、わが全国

民のうち、おそらくほんの一握りの人々である。それは穀物商人、つまり穀物の輸出・輸入業者であった。奨励金のおかげで、豊作の年には、奨励金がない場合よりも必然的に多量に輸出することになり、その結果、ある年の豊作をもって他の年の不作を緩和するということを妨げたので、不作の年には、奨励金がない場合に必要とされる輸入量よりも、はるかに多量に輸入させることになる。そこで奨励金は、豊作の年にも不作の年にも、穀物商人の仕事を増加させたのだが、さらに、不作の年には、単に穀物商人が、より多くの穀物を輸入できるようにしただけでなく、より高く売れるようにもした。したがって、奨励金がなくて、ある年の豊作をもって他の年の不作を緩和することが多少とも妨げられるということがない場合に比べて、穀物商が、より大きな利潤をもって穀物を売ることを可能にしたわけである。それゆえ、私がみるところでは、この一群の人々こそが、奨励金の存続あるいは更新をもっとも熱心に望んだ人々なのである。

――穀物の真の価値は、名目上の価格の変動に無関係だから、奨励金で後者を高めても、農業の富や雇用がふえることはない――

わが農村の大地主《ジェントルメン》が、外国産穀物の輸入にたいして、平年作の年には輸入禁止にも等しい高率の税をかけ、また奨励金を設けているのは、製造業者の行動をまねしたのだと思う。かれらは、輸入税の制度によって国内市場の独占を確保し、奨励金の制度によって、国内市場がかれらの商品で在荷過剰になるのを防止しようと努力した。この両制度によって、かれらは、わが製造業者たちが、これと同じような制度で、さまざまな種類の工業製品の真の価値を高めたのとまったく同じやり方で、穀物の真の価値を高めようと努力したのである。だが、この場合、かれらはたぶん、穀物とその他のほとんどあらゆる種類の財貨とのあいだには、そもそも、大きな、しかも本質的な差異があることに気づかなかったので[17]ある。国内市場の独占によるか、それとも輸出奨励金によるかして、わが国産の毛織物または亜麻布製造業者が、独占も奨励金もない場合に比べて、いくぶん高い値で製品を売れるようにすれば、これらの品物の名目上の価格だけでなく、真の価格も騰貴させることになる。つまり、この財貨を、独占も奨励金もない場合に比べて、より多量の労働および生活資料と等価にし、これらの製造業者の利潤、富、所得を、単に名目的にだけでなく、実質的にも増大させ、かくてかれらがよりよい生活ができ、あるいは、この特定の製造業において、より多くの労働を使うことが、できるようにする。これは要するに、この製造業をじっさいに人為的に振興しようとすることにほかならず、自然に放任しておく場合に比べて、この国の勤労をより多量にこの製造業に向わしめるわけである。だが、同様の制度によって、穀物の名目上の価格、つまり、貨幣価格を引き上げても、穀物の真の価値を高めることにはならない。また、わが国の農業者や農村の大地主の富なり所得なりを実質的に増加させるわけではない。さらにまた、穀物栽培を振興するものでもない。なぜなら、かれらは、穀物をつくるのに、より多数の労働者を維持して働かせるというわけにはいかないのだから。そもそも事物の本性上、穀物には、単にその貨幣価格を変えただけでは変更されえない真の価値が刻印されているのであるから、どんな輸出奨励金といえども、またどんな国内市場の独占といえども、この真の価値を高めることはできないし、またもっとも自由な競争が行なわれても、この価値を低めることはできない。世界をつうじて一般に、穀物の真の価値は、この穀物が養うことのできる労働の量に等しく、また特定の場所においては、この価値は、その場所で労働が十分にか、まあまあの程度にか、不十分にか、ともかく普通のやり方で、その穀物で養うことができる労働の量に等しいのである。毛織物や亜麻布は、他のすべての商品の真の価値を究極的に測定し決定する規制的商品ではないのにたいして、穀物は、そうした規制的商品なのである。他のあらゆる商品の真の価値は、その平均の貨幣価格が穀物の平均貨幣価格にたいして保つ比率によって、究極的に決定される。穀物の真の価値は、いつの時代にも往々起る穀物の平均貨幣価格の変動とともに変化するものではなく、この変動とともに変化するのは銀の真の価値なのである。

**要するに穀物の輸出奨励金は、資本の一部を不利な産業部門に向わせただけでなく、土地の改良をも遅滞させた**

およそ国産品にたいする輸出奨励金は、第一に、重商主義のあらゆる方策にたいして向けられる一般的批判を受けねばならない。すなわち、国の産業の一部を、自由に放任しておく場合よりも利益の少ない方面に、強《し》いて向わせるものだという批判を受けるのが当然である。第二に、この産業を利益の少ない方面に強いて向わせるだけでなく、じっさいに損な方面に強いて向わせるという、特殊な批判を受けねばならない。なぜなら、奨励金な
18 しでは行なえないような貿易は、かならず損になる貿易に決まりきっているからである。穀物の輸出奨励金はさらに、生産を振興するつもりの当の特定商品たる穀物について、その生産をいかなる点でも助長できない、という批判をも受けねばならない。それゆえ、わが農村の大地主《ジェントルメン》が奨励金の創設を要求したとき、かれらは、わが商人や製造業者をまねて行動したのだが、しかし、商人や製造業者はいつも自分たちの利害を完全に理解したうえで行動を起すのに、農村の大地主たちは、そうした理解もなしに行動したことになるのである。つまり、かれらは国家の収入にきわめて大きな費用を負担させ、国民全体に、はなはだ重い税をかけた。だがしかし、かれらは自分自身の商品たる穀物の真の価値を、目につくほどには増大させなかった。そればかりか、銀の真の価値をいくぶんか低下させたので、国の産業全般をある程度阻害し、しかも、この国内産業全般に必然的に依存しているかれら自身の土地の改良を、増進するのではなくて、むしろ、それを多かれ少なかれ遅滞させたのである。

### 国富は生産よりも輸出から生じるという重商主義の偏見から、生産奨励金より輸出奨励金のほうが重視されてきた

およそ商品の生産を振興するには、輸出の奨励金よりも生産にたいする奨励金のほうが、

直接的効果が多いのではないか、と考える人もいるだろう。しかも、それは、奨励金を与えるために、民衆に上述第一の税〔本章「穀物輸出奨励金……」の小見出し参照〕一種だけをかけることであり、国内市場における商品の価格を騰貴させず、むしろ低落させることになるし、これによって、民衆に別種の税をかけずにすむのみならず、むしろ、最初の税に出した分を、少なくともその一部分は償うことができる、こう考える人もいるだろう。けれども、生産奨励金が交付されたことは、ごくまれであった。重商主義によって固められた偏見は、われわれに、国富は生産によるよりも輸出からいっそう直接に生ずるものだ、と信じこませている。そこで、輸出は、生産よりもいっそう直接に国に貨幣をもたらす手段として優遇されているのである。生産奨励金は、輸出奨励金よりも詐欺《さぎ》にかかりやすいことが経験上知られている、とも言われている。これがどこまでほんとうか、私は知らない。だがまた、輸出奨励金が多くの詐欺的目的に濫用されていることは、だれでも知っている。ところで、これらいっさいの方策の大発明者たる商人や製造業者たちにとっては、国内市場がかれらの商品[19]で在荷過剰になるとすれば、それは不利益なのだが、生産奨励金はこうした事態をときにひき起すかもしれない。これにたいして、輸出奨励金は、かれらが国内市場の過剰分を外国に送り、国内市場に残る分の価格を維持できるようにするので、国内市場の在荷過剰を有効に防止する。こうしたわけで、重商主義の全方策のなかで、この輸出奨励金は、商人や製造業者がもっとも好むところなのである。ある種の事業の経営者たちが、自分らだけのあいだで協定し、かれらが取り扱っている商品のある一定割合を輸出すれば、それにたいして自前で奨励金を与えようと決めていることを、私は知っている。この方策は大成功で、生産が激増したにもかかわらず、国内市場でのかれらの取扱い商品価格を二倍以上にも騰貴させたのである。もしも、穀物にたいする奨励金のおかげで穀物の貨幣価格が安くなっているのだとすれば、穀物奨励金だけは、不思議にも、他の奨励金とはまったく異なった作用をしていたことになる。

**現行の鰊漁業奨励金は不合理なもので、生産奨励どころか在来の鰊漁業の絶滅と魚価の昂騰を招いた**

けれども、生産奨励金に類するものが、ある特殊の場合に与えられてきている。塩漬用鰊漁業《ホワイト・ヘリング》と捕鯨業にたいして与えられたトン数奨励金は〔7〕、おそらく、多少ともこの性質をもつものだとみてよかろう。トン数奨励金は、それがない場合よりも、国内市場で商品を直接に安くする傾向があると考えられよう。しかし、その他の点では、トン数奨励金の効果は、輸出奨励金のそれと同じだということは認めねばなるまい。トン数奨励金の力によって、国の資本の一部は、商品価格が資本《ストック》の普通の利潤をともなって生産費を償うことができないような財貨を、市場に提供するために用いられるのである。

しかし、これらの漁業にたいするトン数奨励金は、国民の富裕には貢献しないけれども、国の海員と船舶の数を増加することによって、国防に寄与するということが、おそらく考えられるだろう。奨励金という方法によれば、大常備海軍とも言えるものを常備陸軍と同じ仕方で維持するのに比べて、それよりもはるかに少ない経費で、海員や船舶の数を増すことも、時には可能だと主張されるかもしれない。
〔8〕しかしながら、以上のような有利な主張があるとはいっても、以下の点を考えてみると、
20
少なくともこれら奨励金のうちの一つを与えるにあたって、立法府はまんまと騙《だま》されていたということを信じたくなる。

まず第一に、鯟漁帆船《バス》〔9〕奨励金は多すぎるように思われる。

一七七一年冬期漁の初めから一七八一年冬期漁の終りにいたるまで、漁帆船鯟漁にたいするトン数奨励金は一トンにつき三〇シリングであった。この一一年間にスコットランドの漁帆船鯟漁によって獲《と》った鯟《にしん》は、総樽数三七万八三四七箇に達した。釣上げて船上で塩漬にされた鯟はシー・スティックスという。これをいわゆる市販用鯟にするには、さらに塩を加えて漬け直す必要がある。そしてこの場合は、通例シー・スティックス三樽が市販用鯟二樽になると計算されている。それゆえ、この一一年間に獲った市販用鯟の樽数は、この計算によれば二五万二二三一樽と三分の一にしかならないであろう。他方、一一年間に支払われたトン数奨励金は一五万五四六三ポンド一一シリングに達しており、言いかえればシー・スティックス一樽につき八シリング二ペンス四分の一、市販用鯟一樽につき一二シリング三ペンス四分の三になったのである。

これらの鰊を漬ける塩は、時にはスコットランド産のものを用い、時には外国産の塩を用いた。このいずれも、塩漬魚製造業者にたいしてはいっさいの内国消費税を免除して引き渡された。スコットランド塩にたいする内国消費税は、現在一ブッシェルあたり一シリング六ペンスであり、外国塩は一〇シリングである。一樽の鰊には外国塩およそ一ブッシェル四分の一が要《い》ると推定されている。スコットランド塩の場合は、平均して二ブッシェル要ると推定されている。もし鰊が輸出向けとして申告されれば、この税は全然払わなくてよい。また、国内消費向けとして申告されれば、その鰊が外国塩で漬けられてもスコットランド塩で漬けられても、一樽につきわずか一シリングだけ払えばよい。これは、少な目に見積って一樽の鰊を塩漬にするのに必要な量と思われる塩一ブッシェルにたいして課されている、スコットランドの昔からの税であった。スコットランドでは、外国産の塩は、魚を塩漬にする以外の目的にはほとんど用いられていない。ところが、一七七一年四月五日から一七八二年四月五日までに輸入された外国塩の量は、一ブッシェルあたり重量八四封度《ポンド》のもので九三万六九七四ブッシェルに達した。他方、製塩所から塩漬魚製造業者に渡されたスコットランド産の塩の量は、一ブッシェルあたり重量五六封度《ポンド》のもので、一六万八二二六ブッシェルを超えなかった。それゆえ、漁業で用いられるのが主として外国塩で[21]あることは明らかであろう。さらに、輸出鰊一樽について二シリング八ペンスの奨励金があり、漁帆船が獲った鰊の三分の二以上は輸出される。以上のことを綜合してみると、この一年の間に漁帆船が獲った鰊は、スコットランド塩で塩漬にして輸出された場合、一樽について一七シリング一一ペンス四分の三の出費を政府にかけており、国内消費に供せられた場合には一四シリング三ペンス四分の三の出費をかけ、外国塩で塩漬にして輸出した場合には、一樽につき政府に一ポンド七シリング五ペンス四分の三の出費をかけ、これが国内消費に充《あ》てられた場合には、一ポンド三シリング九ペンス四分の三の出費をかけた、ということが読者にもわかるであろう。上等な市販用鰊一樽の価格は一七、八シリングから二四、五シリングのあいだで、平均およそ一ギニーである。(1)

第二に、塩漬用鰊漁にたいする奨励金はトン数奨励金であって、それは船の積載量に比例し、漁獲についての精励とか成功といったものに比例しているのではない、ということである。そこで、魚を獲るためではなくて、奨励金をもらうだけの目的で船を仕立てることが、ごく普通に行なわれているのではないかと思う。一七五九年には奨励金はトンあたり五〇シリングだったが、この年、スコットランドの全漁帆船漁で、わずかに四樽のシー・スティックスを持ち込んだにすぎない。この年、シー・スティックス一樽は、政府に、奨励金だけでも一一三ポンド一五シリングを費やさせ、市販用鰊一樽は、一五九ポンド七シリング六ペンスを費やさせたのである。

第三に、塩漬用鰊漁で、このトン数奨励金が与えられてきた漁撈《ぎょろう》方法（漁帆船または積載量二〇ないし八〇トンのデッキ付の船による）は、ホラントのやり方をまねたものだが、この方法は、ホラントの場合ほどにはスコットランドの地理的条件にうまく合わないように思われる。ホラントは、鰊がおもに集まる場所として知られる海域から遠く離れている。したがって、遠洋航海に十分なだけの水や食糧を運ぶことのできるデッキ付の船でなければ、鰊漁はできないのである。ところがヘブリディーズ、すなわちスコットランド西部諸島、シェットランド諸島〔本訳書I冒頭の地図を参照〕、およびスコットランド北部ならびに北西部海岸のように、その近くで鰊漁が主として行なわれている諸地方は、いたるところ入江が入り組んでいる。それは陸地に相当深く入り込んでいて、これをその地方の言葉で海湖《シー・ロッホ》とよんでいる。鰊がこの海を訪れる季節には、おもにこれら海湖にやってくるのである。季節というわけは、鰊もその他多種類の魚も、確かに、いつでも同じように集まってきているわけではないからである。それゆえ、小舟《ボート》による漁撈が、スコットランドの特殊な地理的条件にもっともよく適したやり方のように思われる。漁師は鰊をとるとすぐに海岸へ運んできて、塩漬にするなり新しいうちに食べるようにするわけである。ところが、トンあたり
22 三〇シリングの奨励金を与えて、漁帆船による漁撈方法をおおいに奨励することは、必然的に小舟漁撈法を退けることになった。小舟漁は、そのような奨励金がないので、漁帆船による漁と同じ条件で塩漬鰊を市場に出すことができないのである。したがって、漁帆船奨励金が設けられる以前にはきわめて盛んで、現在漁帆船による漁撈で使っている船員の数にも劣らないほどの船員を使っていたといわれる小舟漁は、いまや絶滅に瀕している。

しかし、今日衰微し見棄てられたこの漁撈法が、往時どの程度のものであったかについては、正直なところ、私もあまり正確なことが言えない。小舟漁の艤装《ぎそう》には奨励金が払われなかったので、税関吏や塩税吏は、これについてなんの記録もとらなかったのである。

第四に、スコットランドの多くの地方では、一年のうち、ある特定の季節には、鰊が庶民の重要な食物になる。奨励金が、国内市場における鰊の価格を引き下げる傾向のあるものならば、それは、生活状態がけっして豊かではない多数の同胞の暮しを助けること多大であろう。だが、鰊漁帆船奨励金は、こうした良い目的に貢献するものではない。それは、国内市場に供給するのにもっとも適した小舟漁を衰滅させてしまったからである。しかも、輸出に際しての一樽二シリング八ペンスの追加奨励金は、漁帆船漁獲高の大部分、その三分の二以上を外国に運び去ってしまうのである。今から三、四〇年前、漁帆船奨励金を設ける以前は、一樽一六シリングが塩漬用鰊の普通の価格であったという。一〇年から一五年前、小舟漁が全滅する以前には、その価格は一樽一七ないし二〇シリングであったという。最近の五年間には、それは平均して一樽二五シリングである。しかし、この高値はスコットランドの沿岸で鰊が実際に少なくなったためなのかもしれない。また、通例は鰊といっしょに売られ、その値段も前に述べたすべての価格のうちにふくまれている桶《おけ》や樽は、アメリカとの戦争が始まって以来、その価格が従来のおよそ二倍に、すなわち約三シリングから約六シリングに上ったことも一言しておかなければならない。さらにまた、従来の価格について私が知りえたさまざまの記録は、けっして一様のものではないし、矛盾のないものでもない、ということも断わっておかなければならない。記憶がきわめて正確で経験に富んだある老人が、五〇年以上も前には上等の市販用鰊一樽の通常価格は一ギニーだったと私に確言したが、これは今もなお平均価格とみてよいものと思う。しかし、どの記録も、漁帆船奨励金の結果として鰊の価格が国内市場で下りはしなかった、という点では一致していると私は考える。

これほどに気前のいい奨励金を与えられながら、漁業経営者がこれまで販売してきた価[23]格と同じか、むしろそれよりも高い価格で、かれらの商品をひき続いて売るならば、かれらの利潤は莫大なものだと思われるかもしれない。そして実際、ある個人の利潤が莫大なものだということはありうる。しかし、一般的には全然そうではない、と信ずるに足る十分な理由を私はもっている。かかる奨励金の通常の結果は、軽率な企業家を奨励して、かれらのよく知らない事業に危険を冒して乗り出させるのであり、そして、かれら自身の怠慢と無知のために失うものはといえば、政府のこのうえない気前のよさによって得られる儲《もう》けのすべてをもってしても、とうてい償いきれないのである。一七五〇年に、鰊漁振興のため、トンあたり三〇シリングの奨励金を初めて出したあの条例（ジョージ二世第二十三年条例第二十四号）によって、資本金五〇万ポンドで、一合本会社が設立された。この会社への株式申込者は（前述のトン数奨励金、一樽につき二シリング八ペンスの輸出奨励金、国産塩および外国塩の無税引渡しなどすべての奨励のほかに)、向う一四年間、かれらが同会社に申し込み、資本《ストック》に払い込んだ金額一〇〇ポンドごとに、年に三ポンドを受け取る権利を与えられ、それは関税徴収長官から半年ごとにちょうど半額ずつ支払われるものとされていた。この大会社の社長および取締役の住所はロンドンにおくよう決められていたので、この会社のほかに、ロンドン以外の王国内のどの外港にでも別個の漁業組合を設立して差し支えない、と定められている。ただし、その組合の資本には一万ポンド以上の金額が払い込まれており、各組合は自分の責任で、また自分の採算で、これを運用することとされていた。右の大会社の営業に与えられたものと同一の年賦金およびあらゆる種類の奨励が、これら中小の組合にも与えられた。大会社の株式申込はたちまちに満額に達し、また王国の諸外港にはいくつもの漁業組合が設立された。だが、このようなさまざまの奨励にもかかわらず、これらの会社のほとんどは、その大小を問わず、あるものは資本金額を失い、他のものはその大部分を失ってしまった。今日、これら諸会社のいずれも、その痕跡《こんせき》さえほとんど留《とど》めず、塩漬用鰊漁は、現在では完全に、またはほぼ完全に、個人の投機家によって営まれているのである。

## 国防上必要な産業の維持など、輸出奨励金の交付が妥当な場合もある

もっとも、もしなんらかの特定の製造品が国防上必要であるならば、その供給を隣国に

たよることは、かならずしも思慮あるやり方とは言えまい。もし、他のすべての産業に課税しなければ当の製造業を国内で維持できないとすれば、他のすべての産業部門にたいして、この特定の産業を維持するために税をかけても、不合理とは言えない。国産帆布および火薬の輸出奨励金などは、たぶん、この原理から弁護できるだろう。

24
だが、製造業者のある特定のものの活動を維持するために、国民大衆が従事する産業に課税することは、たいていの場合不合理なことである。もっとも、国が処分にこまるほど多大の歳入を得て、隆々たる繁栄に酔っているときには、製造業を優遇するために奨励金を交付することは、こうした場合に、国が、えてして、なにか他の無益な出費をしがちなのに比べれば、それほど不自然なことではないだろう。個人が私的に金を費やす場合はもちろん、国が公的に金を使う場合も、金があり余っていることは、しばしば、とんでもない無駄づかいをしてしまうことにたいする弁解の辞となるだろう。けれども、社会全般が困難と窮乏に陥っている場合に、このような浪費をつづけるならば、そこには、たんに通例の不合理だと言うだけではすまされない問題が、かならずやあるにちがいない。

奨励金とよばれながら、時に戻税にすぎないものもあり、したがってその場合には、正真正銘の奨励金と同一の批判を受けるべき筋合はない。たとえば、輸出精製糖奨励金は、精製糖をつくるもとになる赤砂糖と黒砂糖にたいする税の戻税とみてよいだろう。輸出絹布にたいする奨励金は輸入生糸および絹撚糸にたいする税の戻税であり、輸出火薬奨励金は輸入硫黄と硝石にたいする税の戻税であるとみてよかろう。税関の用語では、輸入された時と同じ形状で輸出される財貨にたいして与えられる交付金のみが、戻税とよばれる。この形状がなんらかの種類の製造工程によって変えられ、新しい名前をつけられると、奨励金とよばれるのである。

自分の特定の職業に秀でている職人や製造業者にたいして国が与える報賞金《プレミアム》も、奨励金と同一の反対を受けるべき筋合はない。特殊な技巧や創意工夫を奨励することによって、この報賞金は、現にそれらの職業に従事する人々の競争心を保持するのに役だち、しかも、国の資本のうち、自然にこれらの職業へ行く分以上のものを、そこへ向わせるほどに多額ではない。これらの報賞金は、職業間の自然の均衡をくつがえす方向に向うものではなく、それぞれの職業で行なわれる仕事をできるかぎり完全無欠なものたらしめる傾向をもっている。なお、報賞金の費用はごくわずかであるが、奨励金の費用は莫大でもある。穀物奨励金だけでも、国に一年で三〇万ポンド以上の費用をかけたことさえある。

戻税が時に奨励金とよばれるように、奨励金は時として報賞金と名づけられることがある。しかし、われわれは、いずれの場合にも、名称にとらわれることなく、そのものの本性に注意すべきなのである。

（1）本書第四篇末付録の計算を参照。

〔1〕チャールズ・スミス『穀物貿易と穀物法についての三論説』Charles Smith, *Three Tracts on the Corn-Trade and Corn-Laws*, 2nd ed., 1766. 本書は第一論説が一七五八年、第二論説が一七五九年、そして第三論説は一七六六年に出版され、これがまとめられて同年一冊の本となった。アダム・スミスの蔵書にはその第二版（一七六六年刊）がふくまれているので、これを利用したと推察される。チャールズ・スミス（一七一三〜七七）は、イングランド東南部地方の富裕な製粉業者で、穀物取引の実情に通暁していた。

〔2〕以下この段落の末尾「どう考えてもおかしい」までの文章は、『増補と訂正』および第三版以降で加えられた。

〔3〕奨励金が農耕を振興するという主張のうち、第一の方法については、『増補と訂正』および第三版以降で加えられた。

〔4〕「私は」以下二つの段落は、『増補と訂正』および第三版以降で加えられた。

〔5〕以下この段落の末尾「国産品なのである」までは、『増補と訂正』および第三版以降で加えられた。

〔6〕『外国貿易衰退の諸原因にかんする試論』*An Essay on the Causes of the Decline of the Foreign Trade*, … 2nd ed., 1756. 本書は匿名で一七四四年に出版されたが、スミスの蔵書には第二版が含まれているので、これを利用したものと推察される。デッカー Matthew Decker, 1679–1749 はアムステルダム生れのイングランド商人で、東インド

会社の取締役や総裁をも務めた。なお、デッカーが本書の筆者であったかどうかについては、疑問がないわけではない。

〔7〕tonnage bounty　毎年出漁のたびに、艤装にたいして与えられた奨励金で漁船の大きさ＝トン数におうじており、漁獲高にたいする給付ではない。捕鯨については、一六九二年に捕鯨会社が設立されて以来、グリーンランド沖での捕鯨でオランダと激しい競争が展開されたが、一七三三年に、捕鯨船のトン数におうじて、一トンあたり二〇シリングの奨励金を与えることになり、一七四九年にはその額は四〇シリングに引き上げられた。鰊漁については、これもまたオランダに対抗することを目的に、一七五〇年にトン数奨励金を設けたが、オランダの鰊漁船が大型船であったのにならって、大ブリテンも二〇〜八〇トンの大型漁帆船のみを奨励対象とした。奨励金は、船のトン数におうじて、一トンにつき三〇シリングであった。

〔8〕以下次の小見出しの第二段落までは、『増補と訂正』および第三版以降で加えられた。ただしこれの代りに、初版と第二版では次の文章がある。「これ以外の若干の奨励金もおそらく同一の原理から弁護されよう。王国がその国防上必要な製造品について、できるだけ隣国に依存しないようにすることは、きわめて重要である。もしもそうした製造業をどうしても国内に維持できないならば、その製造業を助成するために、他のあらゆる産業に課税してしかるべきである。アメリカからの船舶用品の輸入にたいする奨励金や、大ブリテン産帆布や火薬にたいする奨励金は、いずれもおそらくこの原

理から弁護できよう。最初のもの、つまり船舶用品の輸入については、大ブリテンが用いるために、アメリカでの生産を奨励するものである。他の二つは輸出にたいする奨励金である」

〔9〕buss　遠海漁業向けの大型漁帆船で、元来はオランダの漁業で用いられていたもの。その大きさは四五〜七〇トンある。二本もしくは三本マストで角帆《しけ》を用い、船体には甲板《デッキ》を張って船倉、船室を備え、長期の航海が可能であり、また時化にも耐えられるよう造られていた。

十七、八世紀当時、オランダ漁業は隆盛をきわめ、早くも十七世紀初めにその漁船数は三〇〇〇といわれ、後には八〇〇〇艘とも語られている。オランダ人たちは、自国沿岸はもちろんのこと、バスに乗組んで遠く北海にまで出漁し、ことに魚群を追って六月末から一〇月末にかけ、スコットランド沿岸からノーフォークシャーのヤーマス沖まで南下する鰊漁は、スコットランドやイングランドの漁民に脅威を与えた。それというのも、オランダのバスによる漁撈《ぎょろう》法は、長さ二二・五メートル、深さ四・五メートルの魚網を用い、時にこれを多数つないで二キロメートルほどもの大魚網とし、数艘のバスでこれを操り、群遊する鰊を一網打尽にする大量漁法だったからである。このオランダ漁業への対抗策の一つとして、大ブリテンでもバスによる出漁が考えられたのだが、その際、オランダに比べておよそ五割も割高だといわれた漁船建造費の負担を軽減しようとして、鰊漁帆船奨励金が設けられた。

25

# 穀物貿易および穀物法にかんする余論〔1〕

穀物輸出奨励金ならびに穀物法は賞讃に値しない。以下、穀物取引の四部門について検討する

奨励金にかんする本章を結ぶにあたって、私は、穀物輸出奨励金を設けた法律と、それに関連する一連の規制について、これまで与えられてきた賞讃が、まったく分に過ぎたものであるということを、どうしても述べておきたい。穀物貿易の性質と、それに関係するわが国の主要な法律について、仔細《しさい》に調べてみれば、このことが真実であることは十分立証されよう。この問題はたいへん重要であるから、余論が長くなることを了承されたい。

穀物商の営業は四つの部門から成っており、これは、時として同一人が全部を営むこともあるが、その性質上四つの分れた別個の業務なのである。その四つとは、第一に国内取引商の業務、第二に国内消費向け輸入商のそれ、第三に外国消費向けの国内生産物輸出商のそれ、そして第四に仲継商、すなわち再輸出を目的に穀物を輸入する者のそれである。

### 国内取引商は市場を独占しにくく、かつ生産におうじた供給の維持を有利とする点で、かれらの利害は国民大衆のそれと一致する

一　国内取引商の利害と国民大衆の利害とは、一見したところどれほど相反するように見えても、その実、大凶作の年にさえまったく一致している。穀価をその収穫期の穀物不足の実状におうじて引き上げることは、国内取引商にとって利益であるが、それ以上に高くしてもかれの利益になるはずがない。価格を引き上げれば消費を抑えることになり、そして各人を、とりわけ下層の人々を多かれ少なかれ節約させ、家政のやり繰りを工夫させるようになる。もしも価格を上げすぎて消費をいちじるしく抑え、その年の供給が消費を上回りそうなほどになり、そして翌年の新穀が入り始めてもなおしばらく旧穀が残っていそうなほどになると、国内取引商は、手持ちの穀物の相当部分を自然の諸原因によって損壊させてしまう危険にさらされるのみか、売れ残りの分を、数ヶ月前ならば得ることのできた価格よりもはるかに安く売らざるをえない危険にもさらされることになる。だが反対に、もしも価格を十分に上げないで、消費をほとんど抑制しないために、その年の供給がその年の消費に不足しそうになれば、かれは、さもなければ得られたはずの利潤の一部を損するだけでなく、翌年の新穀が出回る以前に、人々を高値の難儀どころか飢饉《ききん》の恐怖にさらすことになるのである。日々の、毎週の、そして月々の消費が、その年の供給にでき
26
るだけ正確に釣り合っていることは国民の利益である。穀物国内取引商の利害もまた、こ

れと同じである。かれの判断の及ぶかぎり、できるだけこの割合で国民に供給すれば、かれはその穀物の全部を最高価格で売り、最大の利潤を得るはずである。作柄と、毎日、毎週、毎月の売上げについての知識から、穀物国内取引商は、国民が実際どの程度までこの需給の釣り合うように供給されているのかを、多少とも正確に判断できるのである。国民の利益を考えなくとも、自分自身の利益を考えていれば、穀物国内取引商は、思慮深い船長が時にやむをえず船員を遇する仕方とほとんど同じようにして、必然的に、不作の年にも国民に穀物を提供することになる。船長は、食料が不足しそうだと予知すると、船員にいくぶんか減食させる。用心深すぎて、時にはほんとうの必要もないのに減食させてしまうこともあるが、しかし、かれの船員がそのためにこうむる不便さは、無用心な措置のために直面することもある危険、不幸、破滅と比べれば、論ずるに足りない。同様に、穀物国内取引商は、欲張りすぎて、穀価をその年の不足に見合うよりもいくぶん高く釣り上げることもあるが、しかし、このやり方のために国民がこうむる不便さは、実のところ、端《は》境期《ざかいき》の食料不足から国民を守ってくれるものなのであって、この不便さは、収穫期の初めからもっと大まかなやり方で販売したために国民がさらされる不便さと比べれば、取るに足りない。この過度の貪欲《どんよく》によってもっとも損をするのは、当の穀物商自身らしい。かれの貪欲なることが、一般にかれにたいする人々の憤激を招くだけでなく、また、たとえかれがこの憤激の結果を逃れたとしても、新穀が出回る直前になっても、かれの手許にはかならずや多量の穀物が売れ残り、もしも次の年がたまたま豊作であることがわかれば、かれはどうしても、この売れ残りの穀物を、さもなければ売れるはずの価格よりもはるかに安く売らなければならないのであって、こうしてかれは、もっとも損害をこうむるようである。

もっとも、商人が寄り合った一大会社が、一大国の全収穫を一手に買い占めることができれば、オランダ人がモルッカ諸島〔本篇第七章第三節「排他的独占会社……」の小見出しの地図参照〕の香辛料について、そのかなりの部分を焼いたり棄てたりして、残余の部分の価格を釣り上げていると言われているのと同じように、買い占めた穀物を取り扱うのが、あるいは、かれらにとって得なのかもしれない。けれども、穀物にかんしてそういう広大な独占を確立することは、法律の暴力をもってしても、ほとんど不可能である。しかも、法律が商業を自由に任せているところでは、穀物は、あらゆる商品のなかで、少数の大資本がその大半を買い取ってしまい、資本の力で買占めないし独占するおそれのもっとも少ないものなのである。穀物の価値は、
27 少数の私個人の資本で買える価値をはるかに超えているだけでなく、またたとえ、かれらがそれを買えたと仮定しても、穀物の生産事情は、この買占めをとうてい実行不可能なものにしてしまうのである。文明国では、穀物は年々の消費額がもっとも大きい財貨であるから、その生産には、他のいかなる財貨の生産よりも多量の勤労が年々用いられている。穀物が実って、はじめて人々に分けられる時にもまた、それは、必然的に他のどんな財貨

よりも多数の所有者のあいだに分けられる。しかもこの所有者は、独立の製造業者のようには一箇所に集められないのであって、必然的に国の各地に分散している。これら最初の穀物所有者たちは、あるいは直接にかれらの近隣の消費者に供給するか、もしくは、そうした消費者に供給する国内取引商に販売する。それゆえ、農業者とパン屋をもふくめて、穀物国内取引商は、必然的に他のいかなる財貨の取引商よりも数が多く、しかもかれらは各地に散在しているので、なんらかの全国的な団結を結ぶことはまったく不可能なのである。したがって、凶作の年に、かれらのだれかが、端境期までに時価で売り払える見込のある量よりも多量に穀物を保有していると気づけば、かれは、穀価を維持しておいて自分自身は損をし、商売敵《がたき》や競争相手にだけ得をさせようなどと思うはずがなく、新穀が市場に入ってくるよりも以前に自分の穀物を処分してしまうために、直ちに穀価を引き下げるであろう。一人の取引商の行動をこのように律するその同じ動機、同一の利害は、他のすべての取引商の行動をも律するであろうし、そしておしなべて、かれら全員に、かれらの最善の判断に従って、その年の作柄豊凶の実態にもっとも適した価格で、手持ちの穀物を売らざるをえなくするであろう。

**買占めや凶作による飢饉を憂慮する必要はない。自由な穀物取引こそが、食糧欠乏を防ぐ最良の対策である**

今世紀もしくはそれに先だつ二世紀のあいだに、ヨーロッパのいずれかの地方を苦しめた穀物不足と飢饉については、かなり正確な記録が残っているものも少なくないので、その歴史を十分に注意して調べてみるならば、だれにでも、穀物不足が穀物国内取引商のなんらかの結束によってひき起されたという事実はなかったことが、わかるだろう。また、真の不足、すなわち、おそらく時としては、ある特定の場所で戦争による荒廃がもたらした真の不足、だがしかし十中八、九までは、天候不順がもたらした真の不足、かかる真の不足以外の理由で穀物不足が生じたことはなかったことを知るだろう。さらにまた、飢饉は、不適当な方法で穀物不足の不便を救おうとした政府の無理から生じ、その他の原因で飢饉が生じたことはない、ということもわかるだろう。

　広大な穀物産出国で、国内各地間に商業と交通が自由なところでは、天候がこのうえなく不順なために起きた不足といえども、飢饉を生ずるほどの大欠乏にはならない。そして
28 また、もっとも乏しい収穫であっても、倹約して経済的にやり繰りするならば、平年作で普通はもっと豊富に食べている国民と同数の国民を、年間を通して維持するであろう。収穫にとってもっとも不順な天候とは、度を過ぎた旱魃《かんばつ》もしくは降雨の場合である。しかし穀物は、高地でも低地でも、湿りの多すぎる土地でも乾燥しすぎる土地でも、同じように育つから、一国の一部にとっては害のある旱魃なり降雨なりも、他の地方にとっては幸いする。そして、雨が多すぎたり乾きすぎたりした年には、適度な天候の年よりも収穫はかなり少ないが、それでも、いずれの場合にも、国の一部で失われた分は、ある程度まで他

の地方で余分に得られたものによって償われるものである。産米国では、稲はきわめて湿った土壌を必要とするだけでなく、その生育中のある一定の時期には水田の中で育てねばならないので、旱魃の結果ははるかに恐ろしい。しかし、こうした国でさえ、もしその政府が自由貿易を許すならば、おそらく、旱魃が、必然的に飢饉をひき起すほど全国に影響することは稀《まれ》だろう。先年のベンガルにおける旱魃は、たぶんたいへんな穀物不足をひき起したであろう。だが、あの不足が飢饉をひき起したについては、東インド会社の社員が米穀貿易にたいして、二、三の不適当な規制や無分別な制限を加えたことが禍《わざわい》していると思う。

穀物不足の不便を救うために、政府が全商人に、政府の適当と認める価格でかれらの手持穀物を売るよう命じるとすれば、その場合政府は、あるいは商人が穀物を市場に出すことを妨げて、その結果は、時に新穀が出始めたばかりの時期においてさえ飢饉を起すことになるかもしれない。また逆に、商人が穀物を市場に出荷した場合には、国民が穀物をたちまちのうちに消費してしまうことを政府の手で可能にし、それによって、端境期が来るまでに必然的に飢饉をひき起さずにはおかないほどに穀物の消費を奨励すること必定である。穀物取引の無制限で無拘束な自由は、飢饉の不幸にたいする唯一の有効な予防策であるが、それはまた同じく、不足の不便さにたいする最上の緩和策でもある。ここに緩和というわけは、真の欠乏による不便は救済できるものではなくて、ただそれを緩和できるにすぎないからである。穀物取引以上に法律の十分な保護に値する商業はなく、また、これほどに法律の保護を必要とするものもない。なぜなら、穀物取引ほど、はなはだしく世論の非難に晒《さら》される商業は他にないからである。

凶作の年には、下層の人々は、かれらの難儀を穀物商の貪欲のせいにするので、穀物商
はかれらの憎悪憤怒の的になる。それゆえ、こういう場合には、穀物商は利潤を得るどこ
ろか、往々にして完全に破産し、また、人々の暴力行為によって穀倉を略奪破壊される危
険にあう。ところで、穀物商が主たる利潤をあげようと思うのは、価格の高い凶作の年に
29 おいてである。かれは一般に、ある農業者と契約して、一定年間を限って一定価格で一定
量の穀物を供給してもらうことにしている。この契約価格は、穏当で適正な価格、すなわ
ち通常ないし平均価格と想定されるところに準じて決められるが、その平均価格は、最近
数年の凶作の年以前には、普通、小麦一クォーターにつき約二八シリングであり、他の穀
類一クォーターの価格もこれに準じていた。そこで凶作の年には、穀物商はかれの穀物の
大半を通常価格で買って、はるかに高く売ることになる。だが、この特別の利潤は、穀物
商の商売を他と平等の条件にするだけのものであって、穀物という商品自体の長持ちしな
い性質と、価格の頻繁《ひんぱん》かつ予見できない変動のために他日こうむる幾多の損失を埋め合せ
るに過ぎないのである。この点は、他の商売においても巨富を築くことは稀だが、穀物商
の場合も同様だという一事をもって、十分明らかだと思われる。しかし、穀物取引がたい

へん儲《もう》かるのは凶作の年だけだが、その凶作の年には穀物取引に社会の憎悪がつきまとうので、徳望家や資産家はこの穀物取引に従事することを嫌う。穀物取引は身分の劣る商人たちにゆだねられ、かくて製粉屋、パン屋、あら粉屋、あら粉仲買人、その他多数のしがない行商人などが、国内市場で生産者と消費者のあいだに入るほとんど唯一の仲介者となっているのである。

　ヨーロッパの昔の政策は、社会にとってかくも有益な商業にたいする世人の憎悪を抑えるどころか、かえってそれを正当化し、奨励したようにみえる。

　エドワード六世第五－六年条例第十四号は次のように定めている。すなわち、穀類を転売する意思をもって買う者は不法な買占め人とみなされ、初犯の場合は二ヶ月の投獄およびその穀物の価値相当分の罰金、再犯の場合は六ヶ月の投獄および価値の二倍の罰金、三犯においては曝《さら》し台〔罪人を台上の立板の前に立たせ、首と両手を立板の穴から出して、公衆の前に曝した台〕の刑に処して、国王の随意の期間だけ投獄し、加えて所有する動産のいっさいを没収する、というのである。ヨーロッパの他のたいていの国における往時の政策も、イングランドのそれと大同小異であった。

　わが国では、昔は、穀物は穀物商から買うよりも農業者から買うほうが安い、とだれもが思っていたようである。農業者に支払った価格に上乗せして、穀物商は自分の取得する法外な利潤を要求するだろう、とかれらは懸念した。それゆえ、かれらは穀物商の商売を
30 絶滅しようと努めたのである。かれらは、生産者と消費者のあいだに、いかなる種類の

仲立商人《ミドルマン》も介入できないようにと、努めさえした。かれらのいわゆる穀物行商ないし穀物運送人の営業にたいして、わが先人たちが多数の制限を課したのはこのためであって、誠実で公正な取引をする人物として資格を認定する免許状がなければ、なんぴとといえども、この商売を営むことは許されなかったのである。エドワード六世の条例においては、この免許状を与えるのに三人の治安判事の許可が必要であった。しかし後になると、この制限でも不十分だと考えられて、エリザベスの一条例〔エリザベス一世第五年条例第十二号〕によって、免許状を下付する特権は巡回裁判所[2]だけがもつことになった。

**往時の政策は穀物商を排除したので、農業者は商業も営まねばならず、その結果、土地の耕作と改良が阻害された**

ヨーロッパの昔の政策は、このようにして、都市のおもな職業たる製造業にかんして設けた原則とはまったく異なった原則によって、農村のおもな職業である農業を規制しようと努めた。農業者が穀物を売ることのできるのは、消費者か、または消費者の直接の代理人たる穀物行商および穀物運送人だけに限ってしまうことによって、この政策は、農業者に農業者としての業務だけでなく、穀物商人もしくは穀物小売商の業務をも無理やり行なわせようと努めたのである。だがその逆に、この政策は、多くの場合、製造業者が小売店の業務を営んだり、自分の製品を小売することは禁止した。ヨーロッパの政策は、右の前者の法律においては、おそらく、どういうふうにしたらいいかが、よくわからないままに、国の一般的利益を増進しよう、つまり穀物を安くしよう、というつもりだったのである。そして、後者の法律においては、ある特定の階級の人々、すなわち小売商の利益を増進するつもりだったのである。けだし、もしも製造業者が小売りを許されたならば、製造業者に安売りされて小売商の商売は破滅するだろう、と思われたからである。

しかし製造業者は、かりに店舗を構えて自分の製品を小売りすることを許されたとしても、普通の小売商よりも安く売ることはできないであろう。かれが自分の資本[3]のうち、どれほどの部分を店舗に投下するにしても、それは自分の製造業への投下分から回さなければならない。自分の営業を他の人々の営業と対等にやってゆくためには、かれは一方において製造業者としての利潤をあげなければならないごとく、他方において小売商としての利潤をもあげねばならない。たとえば、かれが住んでいる町で、製造業および小売店の
31 資本《ストック》の普通の利潤は一〇パーセントだと仮定すれば、この場合かれは、自分の店で売るかれの製品一個ごとに二〇パーセントの利潤を掛けなければなるまい。製品を仕事場から店に出した時、かれはこの製品を、卸値でこれを買う取引商または小売商にたいして売る場合の価格で評価したにちがいない。もし、かれがこの価格よりも低く評価したなら、かれは製造業に投下してある資本の利潤の一部を失うことになる。さらにまた、かれがこの製品を自分の店で売る時、小売商がそれを売る場合の価格と同じ価格で売らないかぎり、かれは、小売業に投下したかれの資本の利潤の一部を失うのである。それゆえ、かれは同じ

一個の商品で二重に儲けるように見えても、実はこの商品は、連続して、二つの別個の資本の一部を成していたのであるから、かれは、この商品にかかわらせた資本総額にたいして、ただ一回の利潤しか得ていないわけである。だから、もしこの利潤よりも少ししか儲けられなければ、かれは損をするのであって、隣人の大部分と同じ利益をもって自分の全資本を運用しなかったことになる。

　製造業者が行なうことを禁止されたものを、農業者の場合は行なうようにと、ある程度強制された。すなわち、かれの資本を二つの異なった用途に分け、その一部は、市場の折々の需要にたいして供給するために穀倉や乾草小屋に用い、他の一部は、かれの土地の耕作に用いるのである。しかしかれは、この後者の部分を農業資本《ストック》の普通の利潤以下の利潤で運用することなどはできないように、この前者の部分を商業資本《ストック》の普通の利潤以下の利潤で運用するわけにもいかない。穀物商の経営を実際に行なっている資本《ストック》が、農業者とよばれる人のものであろうと、あるいは穀物商とよばれる人のものであろうと、資本《ストック》をこのように運用することについて、資本《ストック》の所有者に補償するためには、つまり、かれの経営を他の諸職業と同等の条件におくためには、そして、かれができるだけ早く他の職業に転業したいなどと思うようになるのを防ぐためには、両者のいずれでも利潤は等しいことが必要条件なのである。したがって、穀物商の業務を行なうことをこのようにして強《し》いられた農業者は、他の穀物商のだれでもが自由競争の場合に売らざるをえない価格に比べて、かれの穀物をより安く売るというわけにはいかないのである。

　自分の全資本《ストック》をただ一つの経営部門に投下できる取引商は、自分の全労働をただ一つの作業に用いることのできる職人と同種の利点をもっている。後者が、技巧を習得すれば、同じ二本の手でも、従来よりはるかに多量の仕事がこなせるように、前者は、かれの経営遂行上の、つまり商品売買上の、簡便で手早い方法を習得すれば、同額の資本でも、今までよりはるかに多量の取引を行なうことができる。この職人が、通例、かれの製品をはる[32]かに安く提供できるように、この商人も通例、かれの資本《ストック》と注意がもっとさまざまのものに振り向けられる場合に比べて、かれの商品をいくぶんかは安く提供できる。製造業者の大部分は、もっぱら卸売りで商品を買ってこれを小売りすることに専念しているような、注意の行き届いた機敏な小売商と同じ値段で、自分の製品を小売りするわけにはゆかないであろう。まして大部分の農業者にとっては、穀物を卸売りで仕入れて大倉庫にそれを保管し、そして再びそれを小売りすることに専念しているような、注意の行き届いた機敏な穀物商と同じ値段で、自分の穀物を小売りすることはできないし、自分のところから四、五マイルも離れた町の住民に供給するなどということは、なおさらできまい。

　製造業者が小売商の業務を営むことを禁止した法律は、資本《ストック》の使用上のこの分業を、そうした禁止がなく自然に任された場合よりも、無理やり促進しようと努めたのである。農業者に穀物商の業務を営むよう無理強いした法律は、右の分業があまり急速に進むことを抑止しようと努めたものである。この二つの法律は、自然的自由の明白な侵害であり、それゆえに不当なものであった。これに加えて、この二つの法律は、不当であると同様、不得策なものでもあった。この種のことは、けっして強制したり妨害したりしないことが、どの社会にとっても有利なのである。自分の労働なり資本《ストック》なりを、自分のおかれた立場上必要とする以上に、やたらとさまざまのことに用いる人が、その隣人よりも安く売って損害をかけることなど、できるものではない。むしろ、かれにできるのは自分に損をさせることで、また実際、一般に損をしているのである。諺《ことわざ》にも、万屋《よろずや》に金持なしとある。それはともかく、法律は、人々に自分自身の利益を顧慮することを、つねに任せておくべきである。というのは、自分の立場については、人々は一般に立法者よりもよく判断できるにちがいないからである。だが、農業者に穀物商の業務を営むことを強いた例の法律は、両法律のなかでもとりわけ有害なものであった。

この法律は、どの社会にもごく有利な結果をもたらす資本《ストック》運用上のあの分業を妨げただけでなく、さらにまた、土地の改良と耕作をも妨げた。農業者に一つの職業でなく二つの職業を無理に営ませることによって、この法律は農業者の資本をいやおうなく二分させたので、農業者はそのうちの一半しか耕作に使えなかった。だが、もしかれが脱穀して即座に穀物商に全収穫を自由に売ることができたならば、かれらの全資本はたちどころに土地へ戻ってきて、土地をいっそう改良し耕作するために、畜牛を買い増したり使用人をふやすのに使われたであろう。しかし、かれの穀物を自分で小売りするよう強いられていたので、農業者は自分の資本のうち大きな部分を、一年じゅう穀倉や乾草小屋に投じておかざるをえなかったわけであり、したがって、こうした法律がない場合と比べて、同額の資本[33]でもそれほどよくは耕作できなかった。それゆえ、この法律は、必然的に土地の改良を妨げ、かつ、穀物を安くするどころか、かえってそれを欠乏させ、したがって高価にする傾向があったにちがいない。

**国内取引商は、農業者が全資本を農業に使用できるようにすることによって、穀物生産に寄与する**

穀物商の商売は、実のところ、もし適切に保護奨励されれば、農業者の仕事についで、穀物の産出に寄与する職業である。それは、卸売商の職業が製造業者の職業を助けるのと同じようにして、農業者の職業を助けるであろう。

卸売商は、製造業者にたいして、製品が直ちに売れる市場を提供し、製造業者が製品を作り上げるや否や、かれの手許からそれを引き取り、時には、製品が出来上る前に代金の前払さえすることによって、製造業者がかれの全資本を、また時として、それ以上の資本を、たえず製造に投下しておくことを可能にする。そしてその結果、製造業者が自分で直接消費者に売らなければならない場合はもちろんのこと、小売商にたいして直売しなければならない場合に比べても、はるかに大量の商品を製造することを可能にするのである。

卸売商人の資本は、また一般に、多数の製造業者の資本を回収してしまうに足るほど大きいので、卸売商人と製造業者のあいだの取引関係は、この大資本の所有者たる卸売商に、小資本の所有者たる多数の製造業者たちを支援する気を起させ、また、この支持がなければかれらを破滅に追い込むかもしれない損失や不運のなかから、小資本の所有者たちを救出する気を起させることになる。

農業者と穀物商人とのあいだに、これと同種の取引関係が広くとり結ばれるならば、それは農業者にとって、これと同じく有利な結果をともなうであろう。農業者は、自分の全資本を、そればかりか、それ以上の資本をも、たえず耕作に使うことが可能になるだろう。農業ほどにさまざまの災厄にあう職業は他にないが、そうした災厄のいずれかが起きた場合に、農業者は、常得意すなわち富裕な穀物商人のなかに、農業者を支持することに関心をもち、また、支持する能力もある人物がいることを見いだすであろう。そこで、かれらは、現在のように、かれらの領主の寛容や執事の同情に頼り切るということはなくなるだろう。おそらく不可能だとは思うが、かりにこの取引関係が全国的に、しかも、すべて一挙に出来上ることが可能であるとすれば、またそれに加えて、現在他の用途に転用されている農業資本《ストック》があれば、それをすべて引き上げて、王国の全農業資本《ストック》のいっさいを、直ちにその本来の仕事たる土地の耕作に向けることがもしもできるならば、そしてさらに、その場合に、この大農業資本《ストック》の活動を支持し助けるために、直ちにこれと同量の別個の資本《ストック》が穀物商人によって供給されうるならば、この事情の変化だけで国土の全面に生じる改良が、どれほど大きく、どれほど広範囲で、そして、いかに急激なものであるかは、おそらく想像することさえ容易ではあるまい。

34

### 穀物の国内取引は完全に自由にすべきで、買占めを恐れてこれを制限する根拠はない

それゆえ、エドワード六世の条例は、穀物生産者とその消費者のあいだに、どんな種類にせよ、仲立商人が介入するのをできるだけ禁止しようとしたので、自由に営業させれば、欠乏の不便さにたいする最良の緩和剤であるだけでなく、この災厄にたいする最良の予防剤でもある一職業を、全滅せしめようと努めたことになるわけである。農業者の職業に次いでは、穀物商の職業くらい穀物生産に貢献するものは他にないのであるが。

この法律は厳格にすぎたので、後になって、いくつかの条例で緩和され、小麦の価格が一クォーターにつき二〇シリング、ついでやがて、二四、三二、四〇シリングを超えない場合には、穀物の買占めを許すことになった。そして最後には、チャールズ二世第十五年条例第七号によって、小麦の価格が一クォーターにつき四八シリングを超えず、また他の穀物の価格もこれに準じているあいだは、転売を目的に穀物を買い占め、または買い取ることは、先買行為《フォーストーリング》〔第三篇第二章訳注〔11〕参照〕をする者でないかぎり、つまり三ヶ月以内に同一市場で再び売るということをしないかぎり、だれがやっても合法的だとされたのである。その時

以来今日まで、穀物の国内取引商の営業が享受している自由は、すべて本条例によって与えられたものである。現国王〔ジョージ三世。在位一七六〇〜一八二〇〕の治世第十二年の条例〔第七十一号〕は、買占人および先買人を禁ずるほとんどすべての旧法を廃止したが、かの特別の条例〔チャールズ二世第十五年条例第七号〕が含む規制は廃止しなかったので、それだけは今もなお施行されている。

だが、この条例は、二つのはなはだ不合理な通俗的偏見を、ある程度是認している。

まず第一に、この条例は、小麦の価格が一クォーターあたり四八シリングほどにまで騰貴し、他の穀物の価格もこれに準じて上った時には、穀物は庶民に損害を与えるほどに買い占められているらしい、と想定している。しかし、上述したところから、穀物というものが、値段の如何を問わず、庶民に損害を与えるほどに国内取引商によって買い占められるものではないということは、十分に明らかだと思われる。しかも、一クォーターあたり四八シリングというのは、きわめて高い価格だと思われるかもしれないが、これは凶作の年には、収穫直後の時期にしばしばつけられる価格である。だが、収穫直後というと、まだ新穀はまったく売りに出されておらず、したがって、事情を知らない者がみても、新穀が、たとえ一部でも、庶民に害を与えるほどに買い占められるなどとは、とうてい考えられない時期なのである。

第二に、この条例は、庶民を害するほどに穀物が買い占められるおそれのある、つまり、同じ市場で早急に転売することを目的に買い上げられるおそれのある、一定の価格が存在

35 すると想定している。しかし、もし一商人が、ある特定の市場へ出荷の途上なり、または、ある特定の市場において、後日やがてその同じ市場で転売する目的で穀物を買い占めるとすれば、それはかれが、全季節を通じてみると、その市場は穀物を買い上げたその時点ほどに豊かには供給されるはずがないと判断し、したがって、穀物の価格は間もなく上るはずだ、と判断するからにちがいなかろう。もしかれがその判断を誤り価格が騰貴しないならば、かれは、この方法で運用する資本《ストック》の全利潤を失うだけでなく、穀物の倉入れと保管にかならずともなう費用と磨損のために、資本《ストック》自体の一部分をも失うのである。それゆえ、かれは、この特定の市日に、かれのせいで供給を妨げられた人々に損害を与えるよりも、はるかに重大な損害を自分自身にかけることになる。なぜなら、人々は、後日、いつか他の市日に、かつて損をしたちょうどその額だけ安く手に入れることができるからである。もし穀物商の判断が正しければ、国民大衆を害するどころか、このうえなく重要な一つの貢献をしたことになる。すなわち、かれは、買占めをしない場合に人々が感じるよりもいくぶんか早目に、人々に欠乏の不便を感じさせる。このことによって、穀物商は、価格が安いのにつられて人々がその年の実際の不足に見合うよりも早く消費してしまったために、後になってから、かならずや欠乏の不便を痛感する羽目に陥るのを予防するわけである。不足が実際であるならば、人々のために為されるべき最良のことは、不足の不便をできるだけ均等にその年の各月に、各週に、毎日に分けることである。穀物商人は、自分の利害から、できるだけ正確にそうするように工夫する。しかも、かれのごとく正確にそうしようとする者は他にはいない。つまり、かれと同じ利害、知識、能力をもちうる者は他にいないのであるから、商業のなかでもっとも重要なこの取引は、かれにいっさい任されるべきである。換言すれば、穀物取引は、少なくとも国内市場にたいする供給にかんしては、完全に自由に任されるべきなのである。

買占めと先買いについての世間の懸念は、妖術《ようじゅつ》についての世俗の恐怖や疑惑にも比べることができよう。この後者の罪状を糾弾される不運な妖術者たちが、かれらのせいだとされている不幸について無実であるように、前者、つまり穀物商人がその罪状を問われても、かれらもまた同じく無実なのである。妖術を告発することを法律がまったく廃止したので、隣人にこの架空の罪を着せて自分の私怨《しえん》をはらそうなどとすることは、だれもできなくなったが、この法律は、妖術というものにたいする恐怖や疑惑を助長し支持していた大原因そのものを取り除くことによって、そうした恐怖や疑惑の跡を断たしめるうえに効果があったようだ。穀物の国内取引に完全な自由を回復する法律ができれば、それはたぶん、買占めと先買いについての世間の懸念を消滅させるのに効果があるだろう。

36 けれども、チャールズ二世第十五年条例第七号は、不備の点も多々あるとはいえ、国内市場にたいする潤沢な供給と耕作の促進とについては、たぶん、制定条例集の中の他のどの法律よりも大きく寄与した。穀物国内取引は、すべての自由と保護をこの法律によって獲得し、爾来《じらい》、それを今日まで享受しているのであって、国内市場への供給も耕作の利益も、ともに、輸出入取引によるよりも国内取引によって、はるかに効果的に増進されているのである。

大ブリテンに輸入される各種穀類の平均輸入量が、消費される各種穀類の平均消費量にたいする比率は、穀物貿易にかんする論説の著者〔チャールズ・スミス。本篇第五章訳注〔1〕参照〕の算定によれば、一対五七〇を超えていない。それゆえ、国内市場に供給する点からみれば、国内取引の重要さは、輸入貿易の重要さにたいして五七〇対一の比であるはずだ。

大ブリテンから輸出される各種穀類の平均輸出量は、同じ著者によれば、年産出高の三一分の一を超えない。それゆえ、国内産の穀物に市場を与えて耕作を奨励する点からみれば、国内取引の重要さは、輸出貿易の重要さにたいして三〇対一の比であるはずである。

私は政治算術〔4〕をあまり信用していない。したがって私は、これらの計算のいずれについても、それが正確であると保証するつもりなどはない。私がこの計算を述べたのは、ただ、きわめて思慮深く経験に富んだ人々の意見では、穀物の外国貿易は国内取引に比べてどれほど重要度が小さいか、この点を示すだけのためである。かの奨励金が設けられる直前の数年間に穀物がきわめて安かったのは、おそらく、これよりおよそ二五年前に制定された、したがって、法的効果が出るのに十分な時間のゆとりがあったチャールズ二世の右の条例も、ある程度は影響していると考えて差支えないだろう。

穀物取引業の他の三部門にかんして、私が述べなければならないことのすべては、わずか数言を費やせば十分である。

――穀物輸入商が自由に輸入すれば、穀物価格が下って銀の真の価値は高まり、国内市場は拡大するので、穀物生産も奨励される――

二　国内消費向けの外国産穀物輸入商の営業は、国内市場にたいする直接の供給に明ら
かに寄与しており、そのかぎりで国民大衆に直接に利益をもたらすにちがいない。もっと
も、輸入商の営業は、穀物の平均貨幣価格をいくらか引き下げる傾向があるけれども、し
37 かし、その真の価値を、すなわち穀物が養うことのできる労働の量を、減らす傾向はない。
もし輸入がいつでも自由であるなら、わが農業者と農村の大地主《ジェントルメン》たちは、おそらく、年々
平均してみると、かれらの穀物と引換えに、輸入がたいていの時期に事実上禁止されてい
る現在よりも、わずかの貨幣しか取得しないであろう。しかし、かれらが得る貨幣の価値
は現在の貨幣の価値よりも大きくなって、他のあらゆる財貨をそれだけよけい買い、また
労働をそれだけ多く雇用するであろう。それゆえ、現在より少量の銀で表示されることは
あっても、かれらの真の富、かれらの実質収入は、現在と同一であろう。そして、かれら
が、現在作っているだけの穀物を作れなくなったり、作る気を挫《くじ》かれてしまったりするこ
とはないだろう。反対に、穀物の貨幣価格が低落した結果としての銀の真の価値の上昇は、
他のあらゆる商品の貨幣価格をいくぶんか低下させるので、この銀の真の価値の上昇が生

じた国の製造業を全外国市場で多少有利にし、それによって、その製造業を奨励し発展させる傾向がある。だが、穀物についての国内市場の大きさは、穀物が穫《と》れる国の全勤労活動に、すなわち、穀物と交換するなにか他の物を生産する人の数、したがって他の物を持っており、もしくは同じことになるが、その価格を有する人の数に、かならず比例するものである。しかし、どこの国でも、国内市場は、穀物にとって、もっとも近く、もっとも便利な市場であるごとく、またその最大にして最重要な市場でもある。それゆえ、穀物の平均貨幣価格が下落した結果としての銀の真の価値の上昇は、穀物の最大にして最重要な市場を拡大する傾向があり、これによって、穀物生産を阻害するどころか、むしろ、それを奨励する傾向があるのである。

### 穀物の輸入は不当な重税によって制限されてきたが、輸出奨励金が設けられたことも、この制限を存続せしめる一因となった

チャールズ二世第二十二年条例第十三号によって、小麦の輸入は、国内市場での価格が一クォーターあたり五三シリング四ペンスを超えない時は、一クォーターにつき一六シリングの税を課され、価格が四ポンドを超えない時は八シリングの税を課された。この両価格のうち、前者は、過去一世紀以上のあいだに、大飢饉の時にだけ現われたが、後者は、私の知るかぎりでは、まったく現われたことがない。それでもなお、小麦が後者以上に騰貴するまでは、この条例によって輸入小麦に重税が課され、また、前者の価格以上に高く

38 なるまでは、輸入禁止も同然の税を課されたのである。他の種類の穀類も、それぞれ一定の価格で、その価値に比例した小麦とほとんど同様に高い税によって、輸入を制限された。[1]その後の法律は、これらの税をさらに引き上げた。

39 凶作の年に、これらの法律を厳格に適用すれば、庶民の苦しみは、たぶん、はなはだ大きなものとなろう。しかし、こうした場合には、この法律の適用は、期間を限って外国産穀物の輸入を許可する臨時立法によって停止されるのが普通だった。だから、これら臨時立法が必要だったことは、一般条例が不適当なものであることを、事実をもって十分証明しているわけである。

これらの輸入制限は、奨励金の創設以前からあったものだが、そのよって来たる精神と原理は、後に至ってかの奨励金規定を制定したものと同じである。これらの輸入制限、ならびに、その他同種の制限は、それ自体いかに有害だとしても、いずれも、かの奨励金規定を設けた結果、必要なものとなった。すなわち、小麦が一クォーターあたり四八シリング以上であるか、もしくは、それをいくらも上回らない時には、外国産小麦が、それぞれ無税で、もしくは、ほんのわずかの税で、輸入できるとすれば、その小麦は奨励金をもらって再輸出されることになるだろう。これは、国庫にとって大損失となり、外国産品の市場ではなくて国産品の市場の拡大を目的とした奨励金制度をまったく逆用することになるのである。

**穀物輸出商は、在荷過剰の懸念を除去し、耕作や供給を円滑、潤沢にするが、国内商と異なって、時には国民の利害と対立する**

三　外国の消費におうずる穀物輸出商の営業は、確かに、国内市場にたいして穀物を潤沢に供給することに直接寄与するものではない。しかし、間接的には、これに貢献しているのである。この供給が通常どこからくるものにしても、つまり国産であろうと外国からの輸入品であろうと、通常その国で消費されるよりも多くの穀物が、通常生産されるか、または輸入されるかしないと、その国内市場の供給はけっして潤沢になりえないであろう。だが、余剰分は普通の場合、いつでも輸出できることになっていなければ、生産者は気をつけて、国内市場の消費が必要とする量以上には作らないようになるし、輸入業者もそれ以上には輸入しないよう気をつけることになる。したがって、市場が在荷過剰になることは、きわめて稀であろう。それどころか、穀物供給を商売にしている人々はだれしも、自分の商品が売れ残りはしないかと恐れるので、市場は一般に品不足になるであろう。輸出禁止は、その国の改良と耕作を制限して、その国の住民にたいして必要な供給量だけにとどめてしまう。これにたいして、輸出を自由にしておくことは、その国が耕作を拡大して、諸外国の国民にも供給することを可能にするのである。

[40]　穀物輸出は、チャールズ二世第十二年条例第四号によって、小麦の場合、一クォーターにつき四〇シリング以下の時はいつでも、そして他の穀物も価格がこれに準ずる場合はい

つでも、許可された。同王第十五年の条例によって、この自由は小麦価格が一クォーターあたり四八シリングを超えるまでに拡張され、さらに第二十二年の条例によって、それ以上いくら高くても輸出は許されることになった。もっとも、穀物の輸出に際しては、国王にポンド税[5]を納めるべきこととなった。しかし、穀類はすべて関税表ではたいへん低く評価されていたので、このポンド税は、一クォーターにつき、小麦は一シリング、燕麦《えんばく》は四ペンス、その他のすべての穀類は六ペンスというわずかの額でしかなかった。[6]ウィリアム＝メアリの治世〔本章「余論」訳注〔7〕参照〕第一年の条例、すなわち奨励金を設けた条例によって、このわずかの税も、小麦価格が一クォーターにつき四八シリングを超えない時は事実上撤廃され、そしてウィリアム三世第十一－十二年条例第二十号によって、明文をもって、それ以上いくら高い価格の場合についても撤廃されたのである。

　輸出商人の営業は、このようにして、奨励金によって振興されただけでなく、国内取引商の営業よりもはるかに自由にされたのである。上記の諸条例中の最後のものによって、穀物は、輸出のためならいかなる価格で買い占めても差支えないことになったが、国内向け販売のためには、一クォーターにつき四八シリングを超えない場合を別として、それ以外の時には買占めをしてはならない、とされた。しかしながら国内取引商は、すでに述べたように、けっして国民大衆と相反する利害をもちうるものではない。ところが、輸出商人の利害は、国民大衆の利害と反することがありうるし、また事実、往々にして相反して

41

いるのである。もしも、かれ自身の国が欠乏に悩んでいる時に隣国が飢饉で苦しんでいるとすれば、かれは、自分の利益のために、自国の欠乏の災厄をさらに激化させることをも顧みず、多量の穀物を隣国に持ち運ぶかもしれない。つまり国内市場へ穀物を潤沢に供給することは、これらの条例の直接の目的ではなかったのである。それどころか、その目的は、農業振興を口実に穀物の貨幣価格をできるかぎり高くして、それによって、できるかぎり、国内市場にいつも欠乏をひき起しておくことであった。輸入が妨げられたので、国内市場への供給は、大凶作の時にさえ、国内産のみに頼らねばならなかった。そしてさらに、価格が一クォーターにつき四八シリングもの高値をつけている時でも輸出が奨励されたので、この国内市場は、相当ひどい凶作の時にさえ、国産穀物の全量を供給してもらうことができなかったのである。ある一定期間だけ穀物の輸出を禁止し、また、ある一定期間だけ穀物の輸入税を免除する臨時の法律、すなわち大ブリテンが頻々《ひんぴん》と頼らざるをえなかった応急策は、同国の一般的制度が不当なものであることを、事実をもって十分に示している。もしこの制度が適切なものであるなら、同国は、かくもしばしばこの制度から離れる必要に陥ることはなかったはずである。

諸国民すべてが、輸出に制限なく輸入にも制限のない自由な制度をとるようになれば、一大大陸を分割している諸国は、一大帝国の諸州のごとくなるであろう。大帝国の諸州のあいだでは、国内商業の自由は、理性と経験のいずれからみても、確かに欠乏の最上の緩和策であるのみか、飢饉のもっとも有効な予防策であるが、それと同様に、輸出入貿易の自由は、一大大陸を分割所有している諸国のあいだで欠乏の緩和策となり、飢饉の予防策となるであろう。大陸が広ければ広いほど、またその諸地域間の交通が、陸路水路の両者によって容易であればあるほど、その大陸のどこかある一部が欠乏や飢饉の災厄にあうようなことは、それだけいよいよ少なくなろう。というのは、いずれか一国の不足は、どこか他の国の潤沢によって緩和される見込が多くなるからである。しかし、この自由な制度を完全に採用してきた国はほとんどない。穀物貿易の自由は、ほとんどいずれの国においても、多かれ少なかれ制限されており、しかも、多くの国では、欠乏による避けがたい不幸を往々にして飢饉の恐るべき災厄にまで激化させてしまうような、馬鹿げた規制によって制約されているのである。こうした国々の穀物需要は、巨大な量を、しかも火急に求めることがしばしばだが、その時、たまたま若干の欠乏を感じている程度の近隣の小国が、これにあえて供給しようとするなら、小国自身が同様の恐るべき災厄を招くことになりかねない。かくして、一国のこの悪政は、他国が本来ならば最善であるはずの政策をとることを多少とも危険なものにし、また愚かなものにしてしまうかもしれないわけである。しかし、穀物の生産がはるかに多いために、輸出を見込まれる穀物の数量如何によって、供給がはなはだしく影響されるようなことのほとんどない国では、穀物輸出の無制限な自由は、はるかに危険が少ないだろう。たとえば、スイス連邦の一州やイタリー内の小国家の

42 あるものの場合は、穀物輸出を制限することが、おそらく時に必要かもしれない。しかし、フランスやイングランドのような大国にあっては、そうしたことが必要であるはずがない。しかも、農業者がかれの商品を常時最上の市場に送るのを妨げることは、明らかに、公益という観念のために、つまり一種の国家理性ともいうべきもののために、正義の常法を犠牲にするものである。かかる立法権の発動は、国家危急の必要ある場合にだけ行なわれるべきであり、その場合にのみ容認されうるものなのである。穀物輸出を禁じなければならない場合には、輸出が禁止される基準価格は、つねに非常に高くすべきである。

穀物にかんする法律は、どこでも、宗教にかんする法律と比較できよう。人々は、現世における自分の暮しと来世の幸福、このいずれかにかかわるものにたいしては関心がきわめて深く、そのため、政府もかれらの偏見に屈して、社会の平穏を保つためには、かれらが是認する制度を設けざるをえないのである。これら二大問題のいずれについても、理に適《かな》った制度が設けられていることはめったに見ないが、それはおそらく右の理由によるのである。

## 四　仲継商も穀物供給をふやすが、大ブリテンでは、その活動は事実上禁止されていた

仲継《なかつぎ》貿易商、すなわち再輸出するために外国産穀物を輸入する者の営業も、国内市場の供給を潤沢にするのに貢献している。もっとも、国内市場でかれの穀物を売ることは、

かれの営業の直接の目的ではない。しかしかれは、一般に、すすんでそうするであろうし、外国市場で得ることを期待できるよりずっと少ない貨幣しか得られなくとも、かれは国内市場で売るだろう。そのわけは、こうすることによって、かれは荷の積卸し、運賃、保険の諸費用を省けるからである。仲継貿易を行なって他の諸国に供給する穀倉、貯蔵所となる国の住民は、自分が穀物に欠乏することはほとんどありえない。仲継貿易は、かくして、国内市場における穀物の平均貨幣価格を引き下げることに寄与するが、しかし、それによって、穀物の真の価値を低下させはしないであろう。それはただ、銀の真の価値をいくぶんか高めるだけである。

大ブリテンでは、仲継貿易は、通常すべての場合、外国産穀物の輸入にたいして高い税を課し、しかも、その税の大部分については戻税を認めないことにしているので、実際は禁止も同然だった。また、穀物不足のために、これらの税を臨時立法によって一時停止することが必要になるような、異常の事態には、輸出はいつも禁止された。したがって、この一連の法律によって、仲継貿易は、あらゆる場合に、事実上禁止されていたことになる。

大ブリテンの繁栄は穀物法の結果ではなく、産業活動の安全と自由がもっともよく保障されているためである

それゆえ、奨励金の設定に関連するこの一連の法律は、これにたいして与えられている賞讃にいささかも値しないように思われる。しばしばこれらの法律のおかげだとされてい

る大ブリテンの改良と繁栄も、別の諸原因から、きわめて容易に説明できるのである。大[43]ブリテンの法律は、各個人に自分の労働の成果を享有することを保障しているが、この保障さえあれば、他に商業上の不条理な規制が幾多あろうとも、すべての国を繁栄させるのに十分である。しかも、この保障は、奨励金が設けられたのとほぼ同じ時に、かの革命[7]によって完全なものになったのである。自分の生活状態をよくしようとする各個人の自然的努力は、自由安全に活動することを許されるなら、きわめて強力な原動力であって、それだけで、なんらの助力もなしに、その社会を富裕と繁栄に向わせることができるだけでなく、しばしば、この各個人の自然的努力の作用にたいする愚かな人定法の無数の見当違いの妨害物を克服することもできるのである。もっとも、これらの妨害物のために、つねに、多かれ少なかれ、自然的努力の自由が侵されたり、その安全が脅かされてはいるが。大ブリテンでは、産業活動は完全に安全である。そして、完全に自由であるというにはほど遠いが、ヨーロッパの他のどの地域と比べてみても、それと同じくらい、もしくは、それよりもいっそう自由なのである。

大ブリテンの最大の繁栄と改良の時期は、かの奨励金と関連する法律体系が出来上った後に到来したとはいっても、それを理由に、この繁栄と改良の原因を、これらの法律に帰してはならない。同じことで、この時期は、国債の発行よりも後に到来したのであった。しかし、国債が繁栄と改良の原因でなかったことは、まず間違いあるまい。

奨励金と関連する一連の法律制度は、スペインおよびポルトガルの政策とまったく同一の傾向、すなわち、その政策が行なわれる国において、貴金属の価値をいくぶんか低下させるという傾向を有するが、しかし、大ブリテンは、明らかにヨーロッパでもっとも富裕な国の一つであり、他方スペインとポルトガルは、おそらくもっとも貧乏な国のなかに数えられるだろう。だが、この状態のちがいは、二つの原因から容易に説明できる。第一に、スペインにおける金銀の輸出にたいする課税とポルトガルにおける金銀輸出の禁止は、そして、これらの法律の施行を監視する警戒怠りない警察は、両国だけで、年々わが国の貨幣で六〇〇万ポンド以上を輸入するこの極貧の二国において、大ブリテンで穀物法が金銀の価値を減少させるのよりもさらに直接的に、いやそればかりか、はるかに強制的に、金銀の価値を減少させるにちがいない。第二に、これら両国では、国民の一般的な自由の権利と安全とが保障されていて、この悪い政策の埋め合せをしている、というわけではない。両国では、産業活動は自由でも安全でもない。かれらの商業上の諸規制は、その大部分が不条理で馬鹿げたものだが、かりにそれらの諸規制が、逆に同じ程度に賢明なものであるとしても、両国の市民統治と教権政治は、ただそれが行なわれているだけで、すでに、かれらの貧困の現状を永久化するに十分と思われるようなものなのである。

現行の穀物法は、旧来の制度と比べて輸出規制の仕方に難点はあるが、国内への供給を容易にし、現在可能な最善のものである

44 現国王の治世第十三年の条例第四十三号は、穀物法にかんして、一、二の点では、以前ほど良いとは言えないが、多くの点で旧制度より優れている新たな制度を確立したように思われる。

この条例によって、国内消費向けの輸入にたいする重税は、並等の小麦の価格が一クォーターについて四八シリングになると、また並等のライ麦、豌豆《えんどう》、隠元豆《いんげん》は三二シリング、大麦は二四シリング、そして燕麦は一六シリングになると、直ちに撤廃される。そしてこの重税に代って、小麦一クォーターにたいしてわずかに六ペンス、その他の穀類についてもこれに準じた、軽微の税が課されることになる。これら各種の穀類について、なかんずく小麦について、国内市場は、このようにして、従来よりもかなり安い価格で外国からの供給を受け入れるわけである。

この同じ条例によれば、小麦輸出にたいする五シリングの旧奨励金は、小麦価格が一クォーターにつき四四シリングまで騰貴すると直ちに停止されるが、以前の奨励金停止価格は四八シリングであった。大麦の輸出にたいする二シリング六ペンスの奨励金は、以前の停止価格二四シリングに代って、その価格が二二シリングまで上ると直ちに停止される。碾割《ひきわり》燕麦の輸出にたいする二シリング六ペンスの奨励金は、以前の停止価格一五シリングに代って、今度はその価格が一四シリングに上ると直ちに支給停止になる。ライ麦にたいする奨励金は三シリング六ペンスから三シリングに減らされ、以前は停止価格が三二シリングであったところを、いまや、その価格が二八シリングにまで上ると直ちに停止される。私は、奨励金というものは不当だと努めて証明してきたのだが、果して奨励金がかくも不当なものであるならば、その停止は早ければ早いほど、また停止価格は低ければ低いほど、ますますよいわけである。

同条例は、価格がもっとも安い場合でも、再輸出のための穀物輸入を無税で許可するが、ただし再輸出するまでのあいだは、国王と輸入業者の二重錠をおろした倉庫に預けることになっている。もっとも、この特権は、大ブリテンの諸港のうち、わずか二五港にのみ与
45 えられたものであった。しかし、この二五港は主要な港であり、おそらく、これ以上の港の大部分には、右の目的に適する倉庫がないのかもしれない。

以上のかぎりでは、この法律は明らかに旧制度にたいする改良だと思う。

しかし、この同じ法律によって、燕麦の価格が一四シリングを超えない場合はいつでも、燕麦輸出にたいして一クォーターにつき二シリングの奨励金が与えられることになった。しかし、豌豆や隠元豆の輸出に奨励金を与えたことがないのと同じく、燕麦の輸出にたいして奨励金を与えたことは、かつてなかったのである。

またさらに、同法によって、小麦の輸出は、その価格が一クォーターあたり四四シリングにまで騰貴すると直ちに禁止され、ライ麦は二八シリングに、大麦は二二シリングに、燕麦は一四シリングに達すると、いずれも輸出禁止となる。これらの輸出禁止価格は、ど

れもあまりに低すぎるように思われるのだが、しかもさらに、輸出を強制する目的で与えられる奨励金の交付が停止になる基準の価格と、輸出を完全に禁止する価格とが、まったく同一水準であるという点で、妥当性を欠いているものと思われる。奨励金がもっと低い価格で停止されるか、それとも、輸出がもっと高い価格でも許されるか、明らかに、このいずれかであって然るべきなのである。

それゆえ、以上述べたところでは、この法律は旧制度に比して劣っていると思われる。しかしながら、欠点はいろいろあるとはいえ、われわれは、かつてソロン〔前六三八～五五九。古代アテネの立法家、ギリシャ七賢人の一人〕の法典について語られた言葉をもって、この法律を評してよいのではなかろうか。すなわち、それ自体絶対的に最善のものではなくても、当今のさまざまな利害、偏見および人心が許容するかぎりでは最善のものである、と。時が来れば、この法律はたぶん、いっそう優れた法律のために路を開くことであろう。

(1) 現国王〔ジョージ三世〕の治世第十三年以前には、各種穀類の輸入に際して支払う税額は次のごとくであった。

| 穀物の種類 | 一クォーターあたりの輸入価格 | シリング　ペンス |
|---|---|---|
| 隠元豆 | 二八シリングまでのときは | 一九・一〇 |
| | 四〇　〃　まで　〃 | 一六・八 |

| | | |
|---|---|---|
| | 四〇〃以上〃 | 一二 |
| 大麦 | 二八〃まで〃 | 一九・一〇 |
| | 三二〃まで〃 | 一六 |
| | 三二〃以上〃 | 一二 |
| 麦芽 | 年々の麦芽税法により禁止されている。 | |
| 燕《えん》麦《ばく》 | 一六シリングまでのときは | 五・一〇 |
| | 一六〃以上〃 | 九½ |
| 豌《えん》豆《どう》 | 四〇〃まで〃 | 一六・〇 |
| | 四〇〃以上〃 | 九¾ |
| ライ麦 | 三六〃まで〃 | 一九・一〇 |
| | 四〇〃まで〃 | 一六・八 |
| | 四〇〃以上〃 | 一二 |
| 小麦 | 四四〃まで〃 | 二一・九 |
| | 五三〃四ペンスまで〃 | 一七 |
| | 四ポンドまでのときは | 八 |
| | 四ポンド以上〃 | 約一・四 |
| そば | 一クォーターあたり三二シリングまでのときは一六シリング納める。 | |

これらの税は、一部はチャールズ二世第二十二年の条例によって、旧臨時税《サブシディ》の代り

に課され、一部は新臨時税、三分の一臨時税、三分の二臨時税、および一七四七年の臨時税によって課された。

〔この注は第二版から付された〕

〔1〕この表題は第二版から付された。初版では第五章本論と余論との区分はなく、パラグラフが改められているだけである。

〔2〕quarter sessions　イングランドの裁判制度で、限定された範囲の民事、刑事裁判および控訴を扱う下級裁判所のこと。州治安判事およびバラア（自治都市）所属判事によって、各バラアを巡回して、四半期ごとに開廷された。四季裁判所ともいわれる。アイルランドやスコットランドにも類似の制度がある。

〔3〕竹内訳『国富論』にも指摘されているように、以下この「余論」では capital と stock が混同されて、同義に用いられているところが多い。両語ともこれまで通り「資本」と訳出したが、ストックについては、すべてルビを付した。

〔4〕political arithmetic　ジョン・グラント（John Graunt, 1620-74）およびウィリアム・ペティを創始者とする社会現象の分析方法の総称で、実証的、数量把握的手法を特徴としている。グラントがロンドンの死亡表を資料に人口の大量観察を行なって法則性を発見した研究『死亡表にかんする自然的および政治的諸観察』（一六六二年）は、この学派の最初の書物で、いわゆる大数法則という考え方の起点となり、近代の統計学はここから発足した。しかし、学派の発展に大きな影響を与えたのはペティである。

かれは、数量的分析方法を駆使してイングランド、フランス、オランダの国力を比較し、イングランドが世界貿易を征覇しうることを説明するとともに、チャールズ二世、ジェイムズ二世のフランス従属志向にたいしてイングランドの経済的独立路線を主張した。その著書『政治算術』は、没後の一六九〇年に刊行されている。これらの実証的分析方法は、その後キング、ダヴェナントらに受けつがれ、重商主義の経済理論に方法論的基礎を与えた。なおペティについては、第一篇第一章訳注〔1〕参照。

〔5〕**poundage**　議会が国王に与えた臨時税の一種で、地金の輸出入と葡萄酒《ぶどうしゅ》輸入を除く他のすべての輸出入について、一ポンドにつき、一二ペンス、つまり五パーセントの従価税。

〔6〕関税表では穀物輸出価格を次のように評価している。一クォーターにつき、小麦二〇シリング、燕麦六シリング八ペンス、その他の穀物一〇シリング。したがって、本文中のポンド税の額は、いずれもポンド税の規定通り、関税表による評価額の五パーセントである。

〔7〕「かの革命」とは一六八八年のいわゆる名誉革命を指す。これに先だって、国王チャールズ二世およびジェイムズ二世と議会とは、国教強制やカトリック保護などをめぐって対立を深めつつあり、議会は審査律、人身保護律などを制定して、個人の基本権を主張し、国王に対抗していたが、ジェイムズに王子の誕生したことが直接の契機となって、ジェイムズ流のカトリック統治が永続化することを恐れた議会は、一六八八

年に、王女メアリの夫君であるオランダのオレンジ公ウィリアムを擁立し、イングランド国王に迎えんとした。この折、ジェイムズ二世は国璽をテムズ河に投げ棄ててフランスに亡命したため、退位したものとみなされ、翌一六八九年にウィリアムとメアリがともに戴冠して共同統治につき、無血の名誉革命が成立した。

議会は新国王治下で、この革命の争点となった問題について、その主張を成文化した権利章典、寛容条例などを成立させ、個人の活動と信仰の自由および安全を基調とした社会生活、議会政治ならびに王権についての基本的枠組を確立した。なお、本文中にある穀物輸出奨励金も一六八九年に条例第十二号によって設けられた。

46

# 第六章　通商条約について

## 通商条約で特恵を与えると、自由競争の場合と比べて授恵国にとって不利となる

条約によって、ある国民が、他の諸外国からの輸入を禁じている特定の財貨について、特定国からその輸入を許す義務を負うか、もしくは、他の諸外国の財貨には課している税について、特定国の財貨にはそれを免除する義務を負う場合には、通商が特別有利に扱われている当の国は、または少なくともその国の商人と製造業者は、この条約から、かならず大きな便益を得るにちがいない。これらの商人と製造業者は、かれらにたいへん寛大なこの国において、一種の独占を享受するからである。この国は、かれらの財貨にとって、いっそう広大で、いっそう有利な市場になる。なぜいっそう広大な市場になるのかというと、他国民の財貨は排除されているか、さもなければ、かれらの財貨よりも重税を課されているので、この国は、かれらの財貨をより多量に買うことになるからである。また、なぜいっそう有利な市場になるのかというと、有利な扱いを受けた国の商人は、この国で一

種の独占を享受するので、他のすべての国民と自由競争する場合よりも、しばしばもっと高い価格で、かれらの財貨を売るからである。

けれども、このような条約は、特別扱いされた国の商人と製造業者にとっては有利かもしれないが、この特別扱いをしている当の国の商人や製造業者にとっては、当然に不利なものになる。こうした条約の結果、かれらの利害と反する独占が、ある外国に許され、しかも、かれら自身は、自分が必要とする外国品を、他の諸外国の自由競争が許されている場合より、しばしば高く買わざるをえなくなる。したがって、この国民の生産物のうち、かれらが外国品を購入するために提供する部分は、それだけ安く売られることになる。というのは、二つの物がたがいに交換される場合に、一方の物が安いということは、他方の物が高いことの必然的な結果、というよりもむしろ、他方の物が高いことと全く同じだからである。それゆえ、およそ、こうした条約を結べば、この国民の年生産物の交換価値は、おそらく減らされてしまうであろう。とは言っても、この減少が積極的な損失になるということは、ほとんどありえず、ただ、かかる条約がなければこの国民が取得できたはずの利益を減らしてしまう、という程度の減少にすぎない。この国民は、条約がない場合より[47]も、かれらの財貨を安く売るとはいえ、その財貨の生産費以下で売ることはあるまいし、また、奨励金の場合のように、その財貨を市場に出すのに使った資本を、資本《ストック》の普通の利潤を加えて回収するのにさえ足りないような価格で売ることもあるまい。もしそのような価格で売るとすれば、そうした貿易は長く続くはずがない。それゆえ、条約による特別扱いを講じている国も、やはり、貿易によって利益を得ることができるのである。ただし、その利益は、自由競争の場合に比べれば少ないであろう。

**個々の産業には不利でも、国全体としては貿易差額が有利になることを見越した特恵授与もある。かのメシュエン条約がこれにあたる**

ところが、以上に述べたこととは非常に異なる原理から、有利だと思われている通商条約もある。そして事実、商業国は、時には、ある外国の特定の財貨にたいして、自国の利益に反するこの種の独占を与えている。その理由は、この商業国が、両国間の貿易を全体としてみると、年々買うよりも多く売り、その差額は金額で年々自国に支払われるだろうと期待したからなのである。メシュエン氏によって一七〇三年に締結された、イングランドとポルトガルとの通商条約[1]が絶讃されているのも、他ならぬこの原理によるのである。この条約はわずかの三条から成るものであるが、その全文の逐語訳を次に掲げよう。

**第一条**

神聖なるポルトガル国王陛下は、陛下ならびに王位継承者の名において、大ブリテンの毛織物その他の毛織製品が、さきに法律によって禁止されるまで、つねに輸入されていたごとく、向後永遠にポルトガルに輸入されることを許す旨を約す。ただし次の条件による。

**第二条**

すなわち、神聖なる大ブリテン女王陛下は、陛下ならびに王位継承者の名において、向後永遠に、ポルトガル産葡萄酒《ぶどうしゅ》が大ブリテンに輸入されることを許す義務を負う。しかして、イングランドとフランスの両王国間における和戦の如何にかかわらず、かつその葡萄酒が大樽、中樽またはその他の樽のいずれで大ブリテンに輸入されるも、それと等量または等積のフランス産葡萄酒にたいして要求するもの以上には、関税、税、または、その他どのような名称をもってにせよ、直接にせよ間接にせよ、いっさい要求することなく、かつまた、その関税または税の三分の一を減額もしくは軽減するものとする。ただし何時《なんどき》にても、上述のごとくに行なわるべきこの関税の減額もしくは軽減がなんらかの方法にて妨げられ侵害されることがあれば、神聖なるポルトガル国王陛下が、毛織物ならびにその他大ブリテン産毛織製品の輸入を再び禁止することは、正当にして法に適《かな》うものである。

**第三条**

両国の全権大使閣下は、前記の主君が本条約を批准すべきこと、および、二ヶ月以内に批准書を交換すべきことを約束し、かつ、その責任を負うこととする。

この条約によって、ポルトガル国王は、イングランド産毛織物の輸入を、その禁止前と同じ条件で許可しなければならなくなった。すなわち、禁止前に支払われていた税を増額しないことが義務づけられたわけである。しかし、同国王は、イングランド産毛織物にたいして、他のいかなる国民の、たとえばフランスあるいはホラントの、毛織物よりもなんらか良い条件で輸入を許す義務を負っているのではない。これにたいして、大ブリテン国王は、ポルトガル産葡萄酒について、それともっとも競合しそうなフランス産葡萄酒に課している税のわずか三分の二だけ納めれば、それで輸入を許す義務を負うことになる。それゆえ、以上のかぎりでは、この条約は明らかにポルトガルに有利で、大ブリテンに不利である。

しかしながら、この条約はイングランドの商業政策の一大傑作として賞讃されてきた。ポルトガルは年々ブラジルから、鋳貨もしくは延棒《のべぼう》の形で、国内商業では使いきれない多量の金を受け取っている。この余剰分は、金庫の中に寝かしたままにしておくにはあまりにも高価であり、しかも国内には有利な市場が見あたらないので、いかに禁止をしてみても、かならずや国外に送られて、国内にもっと有利な市場のある品物と交換されるにちがいない。かかる余剰のうちかなり大きな部分は、イングランド産品と交換にか、もしくはイングランドの手を通して代価を受け取っているヨーロッパ諸国民の物産と交換に、年々イングランドに入ってくる。バレッティ氏の伝えるところでは、リスボンから毎週来る定期郵便船《パケット・ボート》[2]は、平均して毎週、金《きん》で五万ポンド以上をイングランドに運ぶそうである。この金額はたぶん誇張されたものだろう。この割合でゆけば、一年で二六〇〇万ポンド以上になるが、これはブラジルが供給すると推測される量を上回るのである。

**ポルトガル貿易が他より有利だという理由はない。同国から得る金で迂回貿易をするより、国産品による直接貿易のほうが有利だからである**

49

わが国の商人は、数年前、ポルトガル国王にたいして腹を立てていた。その理由は、条約によらずに同国王のまったくの好意でかれらに与えられていた若干の特権、といってもそれは、おそらく大ブリテン国王からの懇請によって、しかもその特権よりはるかに大きな恩恵と言うべき、大ブリテン国王による防衛および保護と引換えに与えられた特権だが、その特権が侵されたり撤回されたりしたからである。そこで、平素ポルトガル貿易をもっとも熱心に賞讃していた人々は、こうなるとむしろ、ポルトガル貿易は普通想像されているほど有利なものではないと言い出すようになった。この年々の金の輸入の大部分、そのほとんど全部は、大ブリテンの利益のためではなくて、大ブリテン以外のヨーロッパ諸国民のためであって、大ブリテンに年々輸入されるポルトガルの果物と葡萄酒は、ポルトガルに輸出される大ブリテン産品の価値をほぼ相殺している、とかれらは述べ立てたのである。

けれども、かりにこの金の輸入が全額大ブリテンのためであり、かつ、バレッティ氏が想像しているらしい額よりももっと巨額に達するものだとしてみても、それを理由に、この貿易のほうが、これと同量の価値を輸出して、それと引換えに消費財を等しい価値量だけ受け取るという形の貿易よりもいっそう有利だ、ということにはなるまい。

この輸入額のうち、わが国王の金器もしくは鋳貨への年々の追加分として用いられると思われるものは、そのほんの小部分にすぎない。それ以外の部分はすべて海外に送られ、いろいろな種類の消費財と交換されることになる。だが、もしこれらの消費財をイングランドの勤労活動の成果をもって直接に買えば、そのほうが、イングランドの勤労活動の成果で、まずポルトガルの金を買い、次いでその金でこれらの消費財を買うよりも、イングランドにとって有利であろう。消費物資の外国貿易は、直接やるほうが、迂回《うかい》貿易よりも、つねに有利であり、国内市場に同価値の外国品をもたらすためには、迂回貿易によるよりも直接貿易によるほうが、はるかに少量の資本しか必要としないのである〔第二篇第五章「直接の外国貿易に……」の小見出し参照〕。それゆえ、もしもポルトガル市場向けの財貨の生産には、イングランドの勤労活動のわずかの部分しか用いず、大ブリテンで需要のある消費財を入手できるような他の市場向けの財貨の生産には、より多くの勤労活動をさくならば、イングランドにとっていっそう有利であろう。自国で用いるために必要な金と消費財と、その両方を獲得するには、このようにすれば、現在よりもずっとわずかの資本しか使わないですむだろう。そこで、資本が余るので、それが他の目的に用いられて、さらに新たな勤労活動をよび起し、年々の生産物を増加させるであろう。

50

## 金はポルトガル以外の諸国からも得られるのだから、ポルトガル貿易が大ブリテンの存立に不可欠だ、という理由はない

わが国は、ポルトガル貿易から完全に締め出されたとしても、金器、鋳貨、あるいは外国貿易、このいずれかに使う目的でわが国が必要とする年々の金の供給の全量を入手するのに、ほとんど困難を感じないだろう。金は、他のあらゆる財貨と同じく、交換に与えるべき価値物をもっている人々ならば、それと引換えに、いつでも、どこかで入手できるものである。しかも、ポルトガルにおける金の年々の剰余は、依然として海外に送られ、大ブリテンが持ってゆかなくても、どこか他の国民がこれを持ってゆくだろう。その国民は、大ブリテンが現在やっているのと同じやり方で金の価格を払えば、喜んでその金を売るだろう。もっとも、ポルトガルの金を買う場合、われわれは直接に買うのだが、スペイン以外の他のどの国民から買う場合にも、われわれは入手を経て二次的に買うことになり、したがって、いくぶん高く払うことになろう。しかし、この差はごくわずかであって、世間の注意を引くほどのものでないことは間違いない。

わが国の金のほとんど全部はポルトガルから来る、と言われている。これにたいして、

他の諸国民との貿易差額は、わが国に逆であるか、そうでなくとも、それほど有利ではない。しかし、われわれがある一国から金を輸入すればするほど、その他の諸国から輸入する金の量は、かならずそれだけ減るのだということを忘れてはならない。金にたいする有効需要は、他のあらゆる財貨にたいする有効需要と同様に、各国それぞれ、ある一定量に限られている。かりに、この量の一〇分の九が、ある一国から輸入されるとすれば、他のすべての国から輸入される分としては、わずかに残る一〇分の一だけである。金器と鋳貨に必要な量を超えて、それ以上に多くの金が、ある特定の国々から年々輸入されれば、それだけより多くの金を他の国々へ必然的に輸出しなければならない。したがって、現代の政策の愚かこの上もない目的、すなわち貿易差額が、ある特定の諸国にかんしてわが国に有利と見えれば見えるほど、それだけ、他の諸国との関係では、かならずわれわれにとって不利に見えることになるのである。

しかしながら、最近の戦争の末期に、[3]フランスとスペインの両国が、侮辱とか挑発といった口実もないのに、ポルトガル国王にたいして、ポルトガルの諸港から大ブリテンの船を全部締め出し、この締出しを行なう保障として、ポルトガルの諸港にフランスまたはスペインの守備隊を受けいれるよう要求したのも、イングランドはポルトガル貿易なしでは存立できないという、この馬鹿げた見解にもとづくものであった。ポルトガル国王が、かれの義兄弟であるスペイン国王の申し入れた、この不名誉な条件を甘んじて受けいれていたならば、わが国は、ポルトガル貿易を失うことよりもずっと大きな不便から、すなわち、たいへん弱い同盟者を支援するという負担から、免れたであろう。この同盟者ポルトガルは、自衛についてなに一つ用意がないので、イングランドが全力をあげて、同国の防衛という一つの目的だけに集中してみても、戦争がまた起きた場合には、おそらく同国を守りきることはできないと思われる。ポルトガル貿易を失うならば、当時この貿易をしていた
51 商人をはなはだ困惑させたことは疑いない。かれらは、おそらく一、二年は、自分の資本をポルトガル貿易と同様に有利に使う方法を見つけることはできまい。だが、それだけのことで、このほかにはたぶん、この有名な商業政策のためにイングランドがこうむる恐れのある不便など、なにもなかったであろう。

### 年々大量に輸入される金銀は、ほとんどが外国貿易に用いられ、金・銀器や貨幣鋳造のための必要量は僅少である

金銀を年々大量に輸入するのは、金器や銀器を作るためでもなければ、鋳貨を作るためでもなく、外国貿易を行なうためである。消費財の迂回的外国貿易は、他のどんな財貨によるよりも、これらの金属によるほうがいっそう有利に行なえるものである。金銀は普遍的な商業用具であるから、あらゆる商品を買う場合に快く受け取ってもらえるが、他の財貨を出したのでは、そうはいかない。また、金銀は嵩《かさ》が小さく、価値が大きいので、ある場所から他の場所へ運ぶ費用は、ほとんどあらゆる他の種類の商品よりも少なく、かくあ

ちこち輸送しても、その価値が減ることも少ない。それゆえ、ある外国において、他の外国に販売するなり、なにか他の財貨と交換することだけを目的に、買い付けられるあらゆる商品のなかで、金銀ほど便利なものはほかにない。ポルトガル貿易の主たる利益は、大ブリテンが営んでいるあらゆる消費財の迂回的外国貿易を容易にするという点にある。この利益は、国運にかかわる利益といえるほどのものではないが、相当大きな利益であることは間違いない。

金・銀器ないし王国の鋳貨に作られるものと合理的に推定できる年々の金銀の追加量としては、金銀をごく少量年々輸入すれば足りることは十分明らかだと思われる。われわれは、ポルトガルと直接貿易をしなくとも、これくらいのわずかな金銀は、つねにどこかでごく容易に手に入れられるだろう。

金匠という職業は、大ブリテンではきわめて重要なものであるとはいえ、かれらが年々売る新しい金器の大部分は、古い金器を鎔《と》かして作られるのだから、わが王国の金器全体にたいして年々追加される分は、それほど大きいはずがなく、年々ごく少量の地金の輸入しか必要としないであろう。

### わが国で本来必要以上の金貨が鋳造されているのは、良質な新貨が鎔解されるためで、その防止には造幣手数料を課すのがよい

鋳貨についても同様である。先ごろの金貨改鋳〔一七七四年。第一篇第五章「その後、……定められた……」の小見出し参照〕以前、一

○年間を通じて、金で年に八○万ポンド以上に達した年々の鋳造額の大部分までも、それ
以前から王国に流通していた貨幣にたいする年々の追加分だった、と想像する人はよもや
おるまい。貨幣鋳造費を政府が支弁する国では、鋳貨の価値は、金銀の法定純分標準を完
全に含有している場合でも、貨幣に鋳造されていない同量の金銀の価値より、いちじるし
52 く大きいということはありえない。なぜなら、鋳造されていない金銀のある量を、それと
同量の金・銀貨に換えてもらうためには、造幣局へ出かけてゆく手間と、おそらく数週間
待たされること、それだけですむからである。しかし、どこの国でも、流通している鋳貨
の大部分は、ほとんどいつの場合にも、磨滅その他の原因で、多かれ少なかれ、その法定
純分標準を割っている。大ブリテンでは、先ごろの改鋳前には、それはかなりひどく、金
貨は二パーセント以上、銀貨は八パーセント以上も、その法定純分標準を割っていた。だ
が、もしも法定純分標準を完全にふくむ四四ギニー半の金貨、すなわち重量一封度《ポンド》の金を
ふくむ四四ギニー半の金貨をもって、貨幣に鋳造されていない金を一封度そこそこしか買
えないとすれば、重量の足りない四四ギニー半では、一封度の重さの金を買うことはでき
ず、その不足分を埋め合せるために、なにがしか付け足さなければならないだろう。そう
したわけで、市場における金地金の時価は、造幣局の買入価格、すなわち四六ポンド一四
シリング六ペンスと同じではなく、その当時およそ四七ポンド一四シリングであり、時に
は約四八ポンドだったのである。けれども、鋳貨の大部分がこうした悪貨の状態にあった

時でも、造幣局から出たての四四ギニー半が、普通のギニー貨よりも市場でよけいに財貨を買えたわけではなかったろう。なぜなら、新しいギニー貨も商人の金庫に入ってしまえば、他の貨幣といっしょに混ぜられてしまうので、その後は、新旧貨の差で儲《もう》かる以上の手間をかけないと、もはや区別できなかったからである。他のギニー貨と同様に、この新しいギニー貨も、四六ポンド一四シリング六ペンス以上の価値はなかったわけである。けれども、もしこれを坩堝《るつぼ》で鎔解《ようかい》すると、目立った目減りなしに、この新貨は重量一封度の法定標準金になる。これは、鎔解されてしまった新金貨と同様に、鋳貨のあらゆる目的に適《かな》う金貨なり銀貨の四七ポンド一四シリングないし四八ポンドと引換えに、いつでも売ることができる。それゆえ、新しい鋳貨を鎔解すれば、明らかに儲かったわけであり、そこで新貨はたちどころに鎔かされてしまい、政府のいかなる予防策もそれを防ぐことはできなかった。このために、造幣局の仕事は、ペーネロペイアの機織《はた》り[4]にも似ていたのであって、昼間した仕事は夜のあいだに元に戻されてしまったのである。造幣局は、鋳貨を日々追加する仕事をしていたのではなくて、鋳貨のうち日々に鎔解された最良の部分の代りを作る仕事をしていたわけである。

もしも金銀を造幣局に持ち込む私人が鋳造費を負担しなければならないとすれば、金・銀器の細工が金・銀器の価値を増すのと同じことで、金銀を貨幣に鋳造することは、その金銀の価値を増すだろう。鋳貨に鋳造された金銀は、鋳造されていないものよりも価値が多いであろう。造幣手数料は、法外に高いものでなければ、この税の全価値を地金銀に付加するだろう。なぜなら、政府はどこでも貨幣鋳造の排他的特権をもっているので、政府が市場に提供するのに適当と考えるところよりも安く、鋳貨が市場に出ることはできない
53 からである。もしも造幣手数料が途方もなく高ければ、つまり、鋳造に要する労働と費用の真の価値をはるかに超えるものであれば、国内外の贋金《にせがね》造りは、地金の価値と鋳貨の価値との大きな開きに惹《ひ》きつけられて、政府発行貨幣の価値を低減させてしまうほどに大量の贋造《がんぞう》貨幣を造り出すかもしれない。だがしかし、フランスでは、造幣手数料は八パーセントだが、この種の目立った不都合がそのために生じてはいない。贋金造りが贋造を企むその国に住んでいる場合には、国じゅうどこへいっても晒《さら》される危険、また、かれが外国に住んでいる場合には、かれの手先なり取引先が晒される危険、これらの危険はあまりに大きくて、六パーセントや七パーセントの利潤では引き合わないのである。

　フランスの造幣手数料は、鋳貨の価値を、その鋳貨が含有する純金量に比べて高めすぎている。すなわち、一七二六年一月の勅令によって、純度二四金の造幣局買入価格は[1]、八パリ・オンスに等しい一マール〔旧重量単位。第四篇第三章「余論」訳注〔2〕参照〕について、七四〇リーブル九スウ一ドゥニエ一一分の一と定められた。フランスの金貨は、造幣局の公差を酌量すると、純金二一カラット四分の三をふくみ、そして卑金属を二カラット四分の一ふくんでいる。したがって、法定標準金一マールは約六七一リーブル一〇ドゥニエ以上の価値をもってはい

ない。しかし、フランスでは、この法定標準金一マールは二四リーブルのルイ・ドール金貨三〇枚、すなわち、七二〇リーブルに鋳造される。それゆえ、貨幣鋳造は、法定標準金地金一マールの価値を、六七一リーブル一〇ドゥニエと七二〇リーブルとの差だけ、つまり四八リーブル一九スウ二ドゥニエだけ増すわけである。

　造幣手数料を徴収すれば、多くの場合、新貨鎔解の利潤をまったくなくしてしまうであろうし、また、すべての場合に、その利潤を減らしてしまうであろう。この利潤は、つねに、普通の通貨が当然に含有すべき地金の量と、それが実際に含有している地金の量との差から生じる。もしこの差が造幣手数料よりも少ないならば、利潤どころか損失を招くだろう。この差が造幣手数料に等しいならば、損得なしであろう。この差が造幣手数料より
[54] も多ければ、実際、いくらかの利潤が出るだろうが、しかし、それは造幣手数料がない場合よりは少ないだろう。たとえば、もしも先ごろの金貨改鋳以前に、貨幣鋳造にたいして五パーセントの造幣手数料を取っていたならば、金貨を鎔解すると三パーセントの損になっただろう。もし造幣手数料が二パーセントであれば、損も得もなかっただろう。もし造幣手数料が一パーセントであれば、利潤は出たろうが、それは二パーセントではなく、わずか一パーセントにすぎなかっただろう。それゆえ、貨幣が重量によらずに箇数で授受されるところでは、造幣手数料こそ、鋳貨鎔解にたいするもっとも有効な予防策であり、また、同じ理由から、鋳貨輸出にたいするもっとも有効な予防策でもある。鎔解されたり輸

出されたりするのは、一般に、最良の、もっとも重い鋳貨である。それは、そういう鋳貨だと、もっとも儲けが大きいからに他ならない。

**造幣手数料を無料とする現行イングランドの政策は、貨幣の生産に奨励金を与えることにほかならず重商主義政策の最たるものである**

貨幣鋳造を無税にして、これを奨励する法律は、チャールズ二世の治世中に、時限立法として初めて制定された〔チャールズ二世第十八年条例第五号〕。この法律は、その後いくどか延長されて一七六九年まで続き、同年永久的なものとされた。イングランド銀行は、その金庫に貨幣を補充するため、しばしば造幣局に地金を鋳貨と交換しに持ち込まなければならず、そこで同銀行は、貨幣鋳造費を自分で負担するよりも、政府が負担するほうが同銀行にとって有利だ、と考えたらしい。政府がこの法律を永久化することに同意したのは、たぶん、この大会社にたいする好意からであった。けれども、もし金を秤量《しょうりょう》する習慣――これは不便であるから、まず間違いなく廃《すた》れると思う――がなくなってしまえば、そして、イングランドの金貨が、先ごろの改鋳以前のように、箇数で授受されるようになるなら、この大会社は、この他にも二、三同様の例があるのだが、おそらくこの場合も、自分の利害打算を少なからず誤っていたことに気づくであろう。

先ごろの改鋳以前、イングランドの金貨が法定純分標準に二パーセント足りなかった時

は、造幣手数料がなかったので、この金貨は、当然に含有すべき標準金地金の量の価値を
同じく二パーセント下回っていた。それゆえ、この大会社が貨幣に鋳造してもらうために
金地金を買う場合には、造幣後の価値よりも二パーセント余分に地金にたいして払わなけ
ればならなかった。しかし、もし貨幣鋳造にたいして二パーセントの造貨手数料を課して
55 いれば、普通の金貨は、法定純分標準を二パーセント割ってはいても、その価値は、なお
かつ、同金貨が当然に含有すべき量の法定標準金の価値と等しかったであろう。この場合
は、加工による価値の付加が重量の減少を償うからである。もっとも、イングランド銀行
は造幣手数料を支払わなければならず、この手数料は二パーセントだから、取引全体とし
ての同銀行の損失は二パーセントになるはずであって、これは同銀行が実際に損をしてい
た額と正確に同じであるが、しかし、それ以上の損失にはならなかったであろう。

もし、造幣手数料が五パーセントで、金貨はその法定純分標準をわずか二パーセントしか下回っていないとすれば、イングランド銀行は、この場合、地金の価格については三パーセントの得をすることになろう。しかし、同銀行は、貨幣鋳造について五パーセントの造幣手数料を払わなければならないので、取引全体での損失は、先の場合と同様に、正確に二パーセントとなったであろう。

またもし、造幣手数料がわずか一パーセントで、金貨はその法定純分標準を二パーセント下回っていたとすれば、イングランド銀行は、この場合、地金価格については一パーセ

ントだけ損をするだろう。しかし同銀行は、同じく一パーセントの造幣手数料を払わなければならないので、同銀行の取引全体での損失は、上述のすべての場合と同じく、ちょうど二パーセントだったであろう。

もし妥当な造幣手数料を課し、しかも同時に、先ごろの改鋳後は鋳貨がほぼ法定純分標準を含有しているように、鋳貨は法定純分標準を完全にふくんでいるものとすれば、イングランド銀行は、造幣手数料でどれだけ失っても、その分を地金価格で儲け、また地金価格でどれだけ儲けても、その分は造幣手数料で失ったであろう。したがって同銀行は、取引全体としては損得なしだったろう。それゆえ、この場合も、前述のすべての場合と同じように、イングランド銀行は造幣手数料がないのとまったく同一の状態にあることになろう。

ある商品にたいする税が軽くて、密輸入を誘発しない程度のものである時は、その商品を取り扱う商人は、税を立替えはしても、それを商品の価格にふくめて取り戻すので、ほんとうに税を払うわけではない。この税は、けっきょく、最終購買者つまり消費者によって払われるのである。しかし、貨幣というものは、それを扱うすべての人が商人となる特別の商品なのである。これを再び売るため以外には買う者はいないし、したがってまた、貨幣にかんしては、普通の場合、最終購買者ないし消費者というものはいないのである。それゆえ、貨幣鋳造にたいする税が軽微で、貨幣贋造を誘発しない程度のものであれば、すべての人がこの税を立替えはしても、けっきょくは、これを払う者はいないわけである。なぜなら、鋳貨の価値の増加という形で、だれもがこの税を取り戻すからである。

　こうしたわけで、穏当な造幣手数料を課しても、イングランド銀行その他、地金を貨幣に鋳造してもらうために造幣局へ持ち込む私人の費用を増すことは、どんな場合にもない
56 だろう。しかしまた、穏当な造幣手数料がないからといって、その費用が減るということはけっしてない。造幣手数料の有無にかかわらず、通貨が法定純分標準を完全に含有していれば、貨幣鋳造はだれにもまったく費用をかけないのである。しかし、この含有量が不足だと、貨幣の鋳造は、つねに、その貨幣に当然含有されるべき地金の量と、実際に含有している地金の量との差だけ、費用がかならずかかるのである。

　それゆえ、政府が貨幣鋳造費を支弁する場合には、政府は若干の経費を負担するだけでなく、穏当な造幣手数料として得られたはずの若干の収入を失うことになるわけである。しかも他面で、イングランド銀行にしても、その他の私人にしても、この国の無用な寛大さから、なんらの恩恵をも受けないのである。

　しかしながら、利益は約束しないが損をしないことだけは保障するという推測を信頼して、イングランド銀行の取締役が造幣手数料の徴収に同意するようなことは、おそらくあるまい。金貨の現状においては、そして、金貨が重量で授受されることが続くかぎりは、イングランド銀行がかかる変更によって得るところは確かになに一つないであろう。しか

し、金貨を秤量するということは、きっと廃れると思うが、もしその慣習がなくなってしまえば、そして、もし金貨が先ごろの改鋳以前と同一の価値低下の状態に陥るとすれば、造幣手数料を徴収する結果得られる同銀行の利得は、あるいはもっと適切に言えば、同銀行の節約は、たぶん相当大きなものとなるであろう。イングランド銀行は造幣局にかなり大量の地金を持ち込む唯一の会社であり、年々の貨幣鋳造の負担は全部、あるいはほとんど全部、造幣局にかかっている。もし、この年々の貨幣鋳造が、鋳貨の避けがたい紛失と必然的な磨損分を補うことだけですむのならば、年々の貨幣鋳造は五万ポンドないし、多くとも一〇万ポンドを超えることはほとんどないだろう。しかし法定純分標準以下に鋳貨の質が落ちてしまった場合には、年々の貨幣鋳造は、右の額のほか、さらに、輸出と鎔解が流通貨幣にたえず穿《うが》っている大穴をふさがなければならなくなる。先ごろの金貨改鋳直前の一〇ないし一二年のあいだ、年々の貨幣鋳造が平均して八五万ポンド以上にも達したのは、このためであった。だが、もし金貨にたいして四、五パーセントの造幣手数料をとったならば、あの当時の事態においてすら、輸出と鎔解、この商売を両方ともたぶん有効に阻止したであろう。イングランド銀行は、八五万ポンド以上の金貨に鋳造される地金に[57]ついて、年々二パーセント半を失うのではなくて、つまり、毎年二万一二五〇ポンド以上もの損をするのではなくて、たぶん、その一〇分の一の損さえしなかったであろう。

　貨幣鋳造費を支弁するために議会が割り当てた歳入は、一年につき、わずか一万四〇〇

○ポンドであるが、貨幣鋳造が政府にかける実際の費用は、すなわち造幣局職員の俸給は、通常の場合、その金額の二分の一を超えないと私は確信している。こんな僅少《きんしょう》な額を節約すること、あるいは、多くてもこの額と大差のない金額を儲けることは、あまりに細かなことで、政府が本気になって配慮するには値しないと思われるかもしれない。しかし、危急の事態というものは、けっして起りえないものではなく、これまでにもしばしば起ったことがあり、また今後も大いに起ると思われるが、そうした事態が起った時に、年に一万八〇〇〇ないし二万ポンドの節約になることは、確かにイングランド銀行のごとき大会社にとっても、真剣に注意を払うに十分値する問題である。

以上述べた推論と観察のうちの若干は、第一篇中の貨幣の起源と使用を論じた章〔第四章〕ならびに商品の真の価格と名目上の価格のあいだの差異について論じた章〔第五章〕においたほうが、おそらくもっと適当だったかもしれない。しかし、貨幣鋳造を奨励する法律は、重商主義によって持ち込まれた通俗的偏見にそもそも由来するものであるから、その問題は本章で論ずるために留保しておくほうがよいと私は判断した。一国民の富の実体を成すものと重商主義が想定している、その当のものである貨幣、その貨幣の生産にたいする一種の奨励金以上に、この主義の精神に合致するものは他にあるまい。これは、重商主義の幾多のおみごとな富国策の一つなのである。

（1）Dictionnaire des Monnoies, tom ii. article Seigneurage, p.489. par M. Abot de Bazinghen, Conseiller-Commissaire en la Cour des Monnoies à Paris を参照。〔バジンゲン『貨幣論』一七六四年刊。キャナンはこの引用ページが五八九ページの誤りだと指摘している。また本書の内容について、『国富論』の仏訳者ガルニエはその信頼性に疑問があるとしている〕

〔1〕「メシュエン条約」the Treaty of Methuen を指す。イングランドとポルトガルが、駐ポルトガル大使メシュエン卿の努力で一七〇三年に締結した通商条約。十七世紀から軍事的衰退に陥り、スペインの圧力に悩まされ続けたポルトガルは、この条約の締結によってイングランドと緊密の度を加え、スペインを牽制《けんせい》するとともに、国内的には関税増収と葡萄園《ぶどうえん》の繁栄による地代の増加とを期待した。一方イングランドは、貿易差額が有利な貿易の確保を期待した。そして実際、この条約の発効とともに、イングランドの工業製品はポルトガルに氾濫《はんらん》したのである。圧倒的な輸入超過にたいして、ポルトガルは南米植民地から獲得した金銀でその差額を支払い、この金銀はイングランドの東インド貿易の主要な原資となった。

　この有利な貿易相手を確保するために、イングランドは、こうした貿易体制を許すポルトガルの権力そのものの防衛に力を貸し、スペイン王位継承戦争の折、一七〇四年にスペインがポルトガルに侵攻した際には、イングランドはリスボンに派兵してポルトガルを掩護した。ポルトガルはその後ジョセフ一世治下、宰相ポムバルの独裁的統治によって、各種独占会社の設立とブラジル植民地の金鉱開発を中心に重商主義政策を推進し、ようやく安定した繁栄に向うかに見えたが、一七五五年一一月にリスボンを直撃したマグニチュード八・七五の大震災によって、統治体制はにわかに揺がされ、合邦したイングランドとスコットランドはその救済のために、またまた巨額の出費を求められることになった。そこで、このように事あるごとの派兵や救済という莫大な出費はさておくとしても、ポルトガル貿易は大ブリテンにとって迂回貿易をすることに他ならないから、そもそもそれほど有利なものではない、とスミスは同貿易を評価し、メシュエン条約を讃美する重商主義に冷水を浴びせたわけである。

このようなスミスのメシュエン条約評価にたいして、フリードリッヒ・リストは、スミスの論拠そのものに疑問を投げかけ、さらにポルトガル自身の立場から、つまり後進国の立場から同条約をみて、次のように述べている。「ポルトガルでは、農業と工業、貿易と海運は、イギリスとの交易によって発展せずに、かえってますます深く衰えた」（『経済学の国民的体系』小林昇訳、一三一ページ）。なお本章訳注〔3〕参照。

〔2〕**packet-boat**　元来は船足の速い外航船を指したが、通例は郵便および公文書、伝達書を運ぶために政府が雇い上げた外航船を意味する。

〔3〕七年戦争（一七五六～六三年）の折、一七六二年に大ブリテンがスペインに宣戦してからの、ポルトガルを舞台とした約一年間の局地戦を指す。メシュエン条約以来、とくに大ブリテンと緊密な関係にあったポルトガルは、七年戦争の折も大ブリテン側

に立ったので、大ブリテンの交戦国であったフランスとスペインの両国から侵攻を受けた。侵攻両国のねらいは、ポルトガル領ブラジルから運ばれる金が、貿易差額として大ブリテンに支払われることを阻止し、大ブリテン経済の糧道に大打撃を与えることだったが、大ブリテンもまた攻撃者と同じ発想に立って、ポルトガル貿易を確保するために、直ちに精鋭をポルトガルに送り、一七六二年末にフランス、スペイン両国をポルトガルから駆逐した。スミスは、この交戦両当事者いずれをも、富＝金銀とする重商主義に立脚した行動だとして批判している。

〔4〕Penelope　ギリシャ神話の一つで、オデュッセウスの妻ペーネロペイアが、夫のトロイ遠征中、言い寄る求婚者をしりぞけるために、義父の屍衣を織りあげてから答えるという口実をもうけ、昼間織っては夜間にこれをほどいて、三年間返事を引き延ばし、貞節を守り通したという。

# 第七章　植民地について〔1〕

## 第一節　新植民地建設〔2〕のさまざまな動機について

古代ギリシャ・ローマにおける植民は人口過剰の結果か、貧困な自由民に土地を割り当てるためであった

アメリカおよび西インド諸島におけるヨーロッパ諸国の植民地の最初の建設を促した利害関係は、古代ギリシャおよびローマの場合ほど簡単明瞭《めいりょう》なものとは言えなかった。古代ギリシャにおける各都市国家は、いずれもごく小さな領土をもっていたにすぎず、そのいずれかの住民が殖《ふ》えて、その領土では楽に扶養し得なくなると、かれらの一部は、新しい居住地を求めてどこか世界の遠く離れたところへ送り出された。思うに、四辺を好戦的な隣国人にとり囲まれていたため、本国の領土を思う存分に拡げることは困難だから

であった。主としてイタリーやシシリー方面のドーリア人の植民地には、ローマ建設の以前には、野蛮未開の民族が住んでいた。また、ギリシャの他の二大部族であるイオニア人やイオリア人たちの植民団は、小アジアやエーゲ海の島々に向ったが、その地の住民も、当時は、シシリーやイタリーと五十歩百歩のありさまだったようである。ところで、母国の都市国家は、植民地を自分の子孫とみなしており、そのうえ植民地は、絶大な恩恵と援助とを母国から受ける権利を賦与され、それと引き換えに深い感謝と尊敬とを母国に捧《ささ》げるものだとは考えられていたが、しかもそれにたいして、母国が直接の支配や司法権などを行使しようとはせず、自由な解放された子孫だと考えられていた。これらの植民地は、みずからその政治の形態を決め、自分自身で法律を制定し、その施政者を選び、隣国との和戦のことを決定し、一独立国家として、母国の認可ないし承認を求めることを要しなかった。だから、このような植民地の建設を促した利害関係ほど単純で明白なものはなかろう。

59　ローマは、他の多くの古代共和国と同様、もともと農地法にもとづいて建設されたもので、これは、公共の土地を国家を形成する各市民のあいだに、一定の比率にもとづいて分配しようとしたものであった。ところが、時の経過とともに、結婚や相続や譲渡によって、この最初の分配は攪乱《かくらん》されてしまい、本来、多数の家族の扶養のために割り当てられていたはずの土地が、しばしば一人の人間の手にかき集められてしまうような結果にもなった。

当時、無秩序と思われたこの状態を救治するために、一市民の所有しうる土地の大きさを五〇〇ユゲラすなわちイングランドのほぼ三五〇エイカーに限ろうとする法律が制定された。だが、この法律は、一、二の場合に発動された記録はあるが、おおくは無視されるか脱法によってか、財産の不平等は引き続いて増大していった。かくして、市民の大部分は土地をもっていなかったが、土地がなければ、当時の習俗慣行からして、一人前の自由民としてその独立を維持することは困難であった。当今なら、貧乏人は、たとえ自分の土地をもたないでも、わずかの資金でもあれば、他人の土地を借地することもできるし、何かささやかな小売商を始めることもできる。またもし、かれが一文なしでも、農業労働者としてなり職人としてなり仕事を見つけることもできる。ところが、古代ローマ人のあいだにあっては、富者の土地はすべて奴隷によって耕作され、かれらは同じく奴隷であった監督のもとに刻苦していたのであるから、貧乏な自由民は、小作農として働くこともできず、農業労働者として雇用される機会も、ほとんどなかった。のみならず、いっさいの商業や製造業も、小売営業すらもが、富者の奴隷の手で、かれらの主人たちのために行なわれていたので、富者の富、権力、庇護《ひご》を向うに回して闘いをいどむなどということは、貧乏な自由市民には、とうてい困難だった。そこで、土地をもたない市民たちは、年々の選挙の際、候補者から出る祝儀以外には、かれらの生活を支える糧《かて》をほとんどもたなかった。だから護民官《トリビューン》〔元老院、執政官にたいし人民を保護する目的で人民の間から選出されたもの。当初は二人、後に一〇人となる〕たちが富者や権力者に対抗して民衆を鼓舞激励しようと思うと、古代における土地の分割をかれらに想起させ、私有財産を制限している法律こそ、この共和国の基本法の本来の精神なのだと説くのがつねだった。人民たちは土地をよこせと騒ぎ立てたが、富者や権力者たちは、かれらの土地をひとかけらたりとも与えまいと堅く決意していたこと、もちろんである。そこで、人民たちをある程度満足させるために、支配層によって、新しい植民団を送り出すことがたびたび提案された。だが、このような場合、諸方を征服していたローマは、その市民を追放して、どこへ定住すべきかもわからず広い世界を駈《か》けめぐって、いわば幸運を求めさせるようなことはしないでもすんだ。母国ローマは、通例、かれらにイタリーの征服地を宛《あ》てがったが、その地はこの共和国の領土内であったため、植民地は独立の国家を形成することはできず、
60 せいぜい一種の自治体でしかなく、自分の行政上必要な条例の類を制定する権限をもつだけであり、いかなる場合にも、母国の都市国家の監督、司法権および立法権のもとに服していた。この種の植民団を送り出すことは、人民に多少の満足を与えたばかりでなく、新たに征服した地域に、しばしば一種の守備隊を設置することにもなったが、事実それなくしては、これらの地方の征服はおぼつかなかったのである。それゆえ、ローマの植民地は、制度そのものの性質から考えても、また植民地創設の動機から考えても、ギリシャの植民地とはまったく異なったものであった。したがって、かかる異なる制度をあらわす原語もまた、まるで異なった意味をもっている。ラテン語の「コロニア」(colonia)という言葉

は、単に開拓地《プランテーション》を意味している。これに反してギリシャ語の「アポイキア」（ἀποικία）という言葉は、住居の分離、郷里をあとにすること、家郷から出ていくこと、を意味している。かく多くの点で、ローマの植民地はギリシャのそれと異なってはいたが、しかし、植民地の建設を促した動機そのものは等しく明白単純なものだった。すなわち、双方の制度とも、その根源を不可抗的な必要か、さもなければ明瞭な効用に根ざしていた。

## イタリー人・ポルトガル人の冒険は富と人口稠密な地域との貿易を求めたものだが、結果は新航路の発見だった

ところが、アメリカや西インド諸島におけるヨーロッパ諸国の植民地の建設は、なんら必要に根ざしたものではない。そして、そこからもたらされた効用は著しく大きかったとはいえ、ギリシャやローマの植民地の場合に比べて、それほど明瞭な根拠に立ったものだとは言えなかった。そのうえ、その効用は、植民地建設の当初においては理解されてもいなかった。そして、植民地建設の動機も、またそれを促した諸発見の動機も、この効用に根ざすものではなかった。この効用の性質、大きさ、および限度などについては、おそらく今日においても十分には理解されてはいないようである。

ヴェニス人は、十四、五世紀を通じて、香辛料その他の東インドの物産をヨーロッパ諸国に売り込んで巨利を博した。かれらは、それらのものをエジプトで買い付けていたが、当時、エジプトはトルコ人の敵にあたるマミリューク族の支配下におかれており、ヴェニ

61

ス人もまた同じくトルコ人を敵としていたので、この利害関係の一致は、ヴェニスの財力に助けられて、ヴェニス人にほとんどエジプトとの貿易を独占させてしまうほどの緊密な関係をつくり出したのである。

そこで、ヴェニス人の巨大な利益が、ポルトガル人の貪欲心《どんよくしん》を煽《あお》ることになった。かれらは、十五世紀を通じて、かつてムーア人がサハラ砂漠を横断して象牙《ぞうげ》や砂金を持ち帰った国々への海路を発見しようと努力していた。かれらはマデーラ諸島、カナリア諸島、アゾールス諸島、ケープ・ドゥ・ヴァード諸島を発見し、ギニア海岸、ロアンゴ海岸、コンゴ海岸、アンゴラ海岸およびベングェラ海岸を発見し、そしてついに喜望峰を発見したのである。かれらは長らく、ヴェニス人の儲《もう》けの多い貿易の分け前にあずかりたいと思っていたから、この最後の発見は、かれらにその期待をもたせることになった。一四九七年にヴァスコ・ダ・ガマ〔Vasco da Gama 1469–1524〕は四隻の船団をひきいてリスボン港を出帆し、一一ヶ月の航行の後、インドの海岸に到着したのだが、かくして一世紀近くにわたってまことに辛抱づよく、しかも中断することなく続けられてきた数々の発見は、これで完成したことになるのである。

これより数年前、つまり、ポルトガル人のこの計画の成否がまだ疑問であり、これにたいするヨーロッパの期待がまだあやぶまれていたころ、ジェノアの一水先案内人〔コロンブス Christopher Columbus, 1446[?]–1506 のこと〕が、西回りで東インドに行き着こうといういっそう大胆な計画をたてた。これらの諸地域の位置は、当時ヨーロッパではごく不完全にしか知られていなかった。そこへ行ったことのある少数のヨーロッパの旅行家たちは、その距離を誇大に伝えた。実際にも非常な遠距離であったのだが、それを実際測ることができない人々にとっては、おそらくはかれらの単純さと無知も手伝って、それがほとんど無限の遠さだと思われたのも無理からぬことだし、あるいは、ヨーロッパからとんでもなく遠隔の地を訪ねたこれらの旅行家たち自身の冒険談を、よりいっそう怪奇なものにしようがためであったかもしれない。東回りの道が遠ければ遠いほど西回りは近いはずだ、とコロンブスは正当にも確信した。そこでかれは、この西回りの道が最短のものであり、かつもっとも確実なものであることを提案し、幸いにも、カスティリア王国のイザベラ〔3〕に、自分の計画が有望なものであることを納得させることができた。かれは、ヴァスコ・ダ・ガマの探検隊がポルトガルを出発する五年近く前の一四九二年八月、パロスの港を出帆し、二、三ヶ月の航海の後、小バハマ、すなわちルーカヤ諸島のうちのあるものを発見し、その後、サント・ドミンゴという大きな島を発見するにいたった。

だが、コロンブスがこの航海やその後何回かの航海で発見した諸地方は、かれが探し求めていた東インドとはまったく別のものだった。かれが発見したのは、シナやインドの富や稠密《ちゅうみつ》な人口や耕地ではなく、サント・ドミンゴやその他かれが訪ねた新世界のすべての地域は、ただ森林に被われた荒野の未耕地で、憐《あわ》れな裸の未開部族たち若干がいたにす

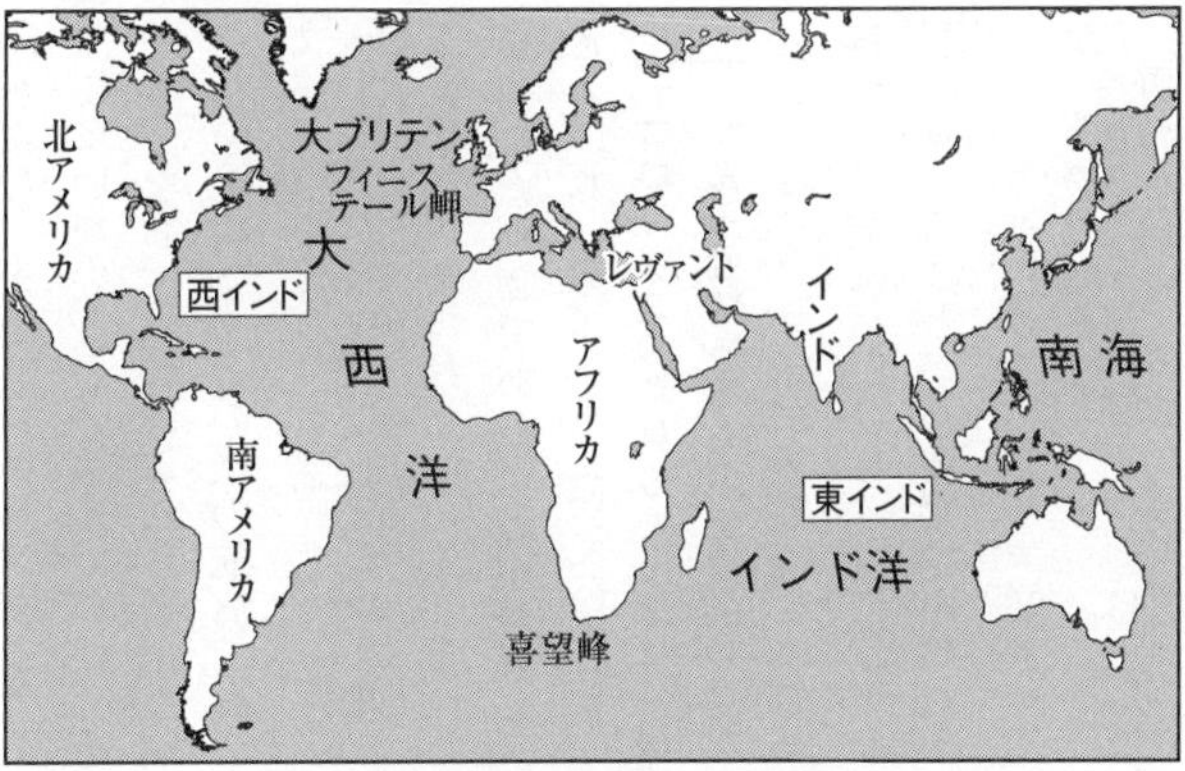


大航海時代以後の東インドと西インド

ぎなかった。けれどもかれは、自分の発見したものが、シナまたは東インドを訪ねた最初のヨーロッパ人、少なくともそれらの地域についてのなんらかの記述を後世に遺した最初のヨーロッパ人であるマルコ・ポーロ〔Marco Polo 1254～1324 ヴェニス生れのイタリーの旅行家、『東方見聞録』を遺す〕の発見したものと別物であることを信じようとはしなかった。そして、サント・ドミンゴの山の名のシバオ（Cibao）と、マルコ・ポーロの述べているシパンゴ（Cipango）とがわずかに似ているというだけで、明白な反証があるにもかかわらず、自分の気に入りの先入観に固執しようとした。だからかれは、フェルディナンドとイザベラへ宛てた何通かの書面のなかで、自分が発見した諸地方をインド（Indies）とよんだのである。かれは、
62
これらの地域がマルコ・ポーロによって記述された国々の辺地であり、またそこは、ガンジス

河からも、またアレクサンダー大王によって征服された地方からも、そんなに遠くへだたってはいないと思い込んでいた。それらがまるで別の土地だということがはっきりした後でも、なお、かれはこれら富裕な国々はそう遠くないところにあると内心思っていたので、それを求めて、その後の航海でもテラ・フィルマの海岸に沿ってダリアン地峡へ向ったのである。

コロンブスのこんな誤解の結果として、それ以来、これらの不幸な諸地域にインドというよび名がまつわりついてしまった。そして、新しく発見されたインドが、旧インドとはまったく別物であることが最終的に明瞭《めいりょう》になったとき、前者は西インド（West Indies）とよばれ、東インド（East Indies）とよばれた後者と区別されることになった。

**コロンブスの発見した土地は、植物・動物・鉱物とも、なんら価値あるものを提供しなかった**

ところで、コロンブスにとっては、自分が発見した諸地域が、たとえどんなところであろうと、それらがひじょうに重要なものであることを、スペインの宮廷にたいして描き出してみせることが必要だったのだが、国の真の富、すなわち土地の生産物としての動・植物について、コロンブスの説明を正当化しうるようなものは、当時、なにひとつとして無かったのである。

野鼠《のねずみ》と野兎《うさぎ》中間ぐらいの動物で、ビュッフォン氏がブラジルのアペリアと同種のものだろうと考えたコーリが、サント・ドミンゴにおける最大の胎生四足獣であった。この種の動物もけっして数多く棲息《せいそく》していたとは言えず、しかも、スペイン人の犬や猫どもが、もっと小さな動物はもとより、このコーリをも久しい以前にほとんど喰《く》いつくしてしまったようだ。だが、これらの動物やイヴァナまたはイグアナとよばれるやや大型のとかげなどが、この土地が提供し得た動物性食物の主要部分なのであった。

住民の植物性食物は、かれらがあまり勤勉でなかったので、ひじょうに潤沢というわけにはいかなかったが、動物性食物ほど乏しくもなかった。それは、とうもろこし、山芋、さつまいも、バナナ等で、いずれも、当時まだヨーロッパではまったく知られていなかったし、また、その後のヨーロッパでは、それほど珍重されもしなかった。またそれらは、このヨーロッパで大昔から栽培されてきた普通の穀類や豆類に匹敵するほどの栄養があるとも思われなかったのである。

もっとも棉《わた》の木は、重要な製造業の原料を提供していたので、当時のヨーロッパ人にとっては、これらの島々の植物性産物のうちで疑いもなくもっとも価値あるものであった。
63 十五世紀末葉には東インドにおけるモスリンその他の綿製品がヨーロッパのいたるところで珍重されるようになったが、綿工業そのものはヨーロッパのどこにおいても発展してはいなかったので、その結果として、ヨーロッパ人の眼には、この棉花《めんか》すらもひじょうに重要なものとは映らなかったのである。

新たに発見された諸地方の動・植物がひじょうに有益なものだという説明を正当づけることができなかったので、コロンブスは鉱物資源に眼を向けた。そして、この第三の種類の富の豊富さは、他の二つの資源である動・植物の貧弱さを十分償って余りあるものと思いこんだ。住民たちがその衣服につけていた金の小片が、しばしば山々から流れ出す小川や渓流の中から拾い集められたものだと聞かされて、コロンブスは、これらの山々は豊富な金鉱に満ちていると考えて、おおいに満足した。そこで、サント・ドミンゴは金の豊富な国として描き出され、そのために（現在のみならず、当時における偏見に従って）、この地域は、スペインの国王にたいしてのみならずスペイン王国にとっても、富の尽きることのない真の源泉だと説明された。コロンブスが最初の航海から帰って凱旋《がいせん》式のような儀礼でカスティリア王国やアラゴン王国の君主たちに謁見した時、かれが発見した諸地域の主要な物産が厳粛な行列でかれの前に運ばれた。だが、これらの物産のなかで値打のあるものと言えば、金の小さな頸《くび》飾りの紐《ひも》とか腕輪とか、その他の金の飾りものや何俵かの綿花などだった。その他のものは、たとえば、とんでもなく大きな葦《あし》とか、ひじょうに美しい羽根の鳥とか、巨大な鰐《わに》や海牛〔マナティ、哺乳動物の一種〕の剝製《はくせい》の皮とか、低俗珍奇なものばかりであり、この行列の先頭には六、七人の憐れな先住民が歩かせられ、かれらの奇異な皮膚の色や容貌《ようぼう》は、この見せ物の物珍しさをおおいに引き立てたのである。

**コロンブス以後のヨーロッパ各国の冒険は、金銀を求めての遠征で、だれもがエル・ドラドの存在を信じた**

コロンブスの説明の結果、カスティリアの枢密院は、自衛力の全然ない先住民の住む諸地域を領有することを決意した。かれらをキリスト教に改宗させるという敬虔《けいけん》な目的が、この非道な計画を神聖化した。だが事実は、黄金という財宝を見つけようという欲望が、この企ての唯一の誘因だったのだ。そしてこの動機にいっそうの重みを加えようとして、コロンブスは、そこで発見される金銀の半分は王室に帰属すべきものだと提案し、枢密院はこれを承認した。

最初の冒険家たちがヨーロッパに持ち帰った金の全部または大部分が、無防備の先住民からの略奪という、いとも容易なやり方で獲得されていたあいだは、おそらく、こんな重税[64]すらもそれほど困難ではなかっただろう。ところが、サント・ドミンゴおよびコロンブスが発見した他のすべての地方における先住民がもっていた金が、六年ないし八年のあいだに、根こそぎ剝《は》ぎ取られてしまうと、それ以上の金を見つけ出すためには、鉱山を採掘しなければならなくなるので、こんな重税をとり立てる余地はまったくなくなってしまった。したがって重税の徴収は、まずサント・ドミンゴの金鉱の完全な放棄をもたらし、それ以後、まったく採掘されなくなってしまった。そこで間もなく、この税は三分の一に引き下げられ、それから五分の一に、後には一〇分の一になり、そして最後に二〇分の一に引き下げられてしまった。銀にたいする課税は、ひさしく総生産の五分の一であったが、それが一〇分の一に引き下げられたのは、ようやく今世紀〔十八世紀〕にはいってからである。ところが、最初の冒険家たちは、銀についてはあまり関心をもっていなかったようにみえる。金以外のものは、かれらの関心に値しなかったということである。

新世界についての、コロンブス以後のスペイン人のあらゆる企図は、同様な動機によって駆りたてられたように思われる。すなわち、オイエダ、ニクエサおよびヴァスコ・ヌニエス・デ・バルボアをダリアン地峡へ駆りたてたのも、コルテスをメキシコへ、アルマグロとピザロとをチリやペルーへ駆りたてたのも、この黄金にたいする神聖なる渇望にほかならなかった。この種の探検家たちが未知の海外にたどり着いたとき、かれらがいつも最初にする質問は、このへんには金があるか、であった。この点にかんする情報如何《いかん》によって、かれらはその地を立ち去るか、ないし、そこに定住するかを決めたのである。

このように、費用がかさむうえに不確実な計画は、それに従事する大部分の人々を例外なく破産させるものであるが、とりわけ、新しい金山銀山を探し求めようとするほど完全に破滅的なものはおそらくなかろう。思うに、これは、この世のなかでいちばん割の悪い富くじで、当りくじを手にするものの割合が、空くじを引き当てたものに比べて最少の割合の富くじである。なぜなら、当りくじが少なく空くじが多いにもかかわらず、一枚の富札の値段は大金持の全財産にも匹敵する額だからである。鉱山企業というものは、通例、投下された資本を資本《ストック》の通常の利潤をふくめて回収するどころか、通例は、資本も利潤も蕩尽《とうじん》してしまうものなのである。それゆえ、自国の資本の増加を念願する思慮深い立法者は、鉱山企業をとくに奨励したり、また、そこへ自然と流れ込んでいく以上に大きな資本を鉱山企業などへ振り向けようなどとはしないだろう。つまり、自力でそこへ向う以上に[65]大きな分け前をそこへ向わせたがらないであろう。だが事実、これが大部分の人間が自分の幸運について抱く馬鹿げた自信なのであって、ほんのわずかでも成功の見込みがあると、過大な資本が自然とそのほうへ流れ込んでしまうのである。

こうした計画にたいしては、真面目《まじめ》な理性や経験にもとづく判断は、つねに極度に消極的なのだが、人間の貪欲は通例これとはまったく別だった。多くの人々を錬金術師の魔法の石〔philosopher's stone 卑金属を金に化する力があると想像された物質〕などという荒唐《こうとう》無稽《むけい》な想念の虜《とりこ》にしたのと似た欲望が、また、他の人々を無限に豊富な金山銀山があるのだという同様に馬鹿げた想いつきの虜にしたのである。かれらは、この種の金属の価値は、いかなる時代においても、またいかなる国においても、主としてその稀少性に由来するものであることに思いいたらなかったのであり、そしてまた、かれらは、これらの金属の稀少性というのは、自然が、一つの箇所にはこの金属をごく少量しか貯蔵していないこと、しかも、この少量を、自然は、いかなる場所においても硬くて処理しにくい物質でとり囲んでおり、したがって、それを掘り出して手にするまでには、かならずや少なからざる労働と費用とを要するものであることに思いいたらなかったのである。かれらは、これら金銀の鉱脈は、普通、鉛や銅や錫《すず》や鉄などの場合と同じように、どこにでも豊富に発見できるものだと思い込んだ。サー・ウォルター・ローリィが黄金の都市や千年至福のエル・ドラド〔4〕を夢みたという語り草は、賢者でさえも、こんな奇怪な妄想から免れることができないものだ、ということを知らしめるに足りるだろう。この偉大な人物が死んでから一〇〇年以上も経ってからでも、イエズス会のグミラは、依然として、この不思議な国の実在を信じ、ひじょうな熱意をもって、本気になって、とむしろ私は言いたいのだが、この敬虔な伝道師の労苦にたいしてあれほどよく酬《むく》いた人々に、この黄金の理想郷が福音の光明をもたらすことができるならどんなにか幸福だろう、と述べたほどである。

最初にスペイン人たちによって発見された国々のうちで、採掘に値するほどの金山や銀
山だと言われているもので、今日知られているものはまったくない。最初の冒険家たちが
そこで発見したと言われている金銀の数量も、かれらが最初に発見した直後に採掘した鉱
66 山の豊度も、おそらく誇大に吹聴されたものと思われる。にもかかわらず、これらの冒険
家たちが大発見をしたということは、それだけで、かれらの母国の人々の貪欲心を燃えあ
がらせるに十分だった。だから、アメリカへ向って航行したスペイン人はだれもが、自分
こそエル・ドラドを発見してやろうと考えていた。そして、運命の女神も、他の少数の場
合にしてきた程度のことを、この場合にもした。つまり女神は、亡者どもの途方もない望

みを、ほんのちょっぴり実現してくれたのである。すなわち、メキシコやペルーの発見や征服（前者はコロンブスの最初の遠征の約三〇年後、後者はその約四〇年後に起ったのだが）の時には、冒険家たちが探し求めていた豊富な金銀とまではいかなかったが、それにやや近いものがかれらに与えられた。

かくして、東インドと通商しようとする企図が、たまたま西インドの最初の発見の端緒になったのである。そして、それを征服しようとする企図が、これら新たに発見された地域におけるスペイン人のあらゆる植民地経営をひき起したのである。この征服の動機となったものは、金山銀山を発見しようという計画であった。そして、人智の予見し得ないさまざまな出来事が起り、この計画は、山師どもの空想にしては、思い設けぬ成功を収めえたのである。

アメリカに植民地を作ろうと計画した他のヨーロッパ諸国における最初の冒険家たちも、同じく雲をつかむような考え方でいきり立ったが、かれらは、スペイン人ほどには成功しなかった。ブラジルで金、銀またはダイヤモンド鉱山が発見されたのは、そこに植民地が建設されてから一〇〇年以上もたってからのことであった。イングランド、フランス、オランダ、デンマークの植民地では、少なくとも、今日、採掘するだけの値打のあるものと思われるようなものは、なにひとつ発見されはしなかった。しかし、北アメリカにおけるイングランドの最初の植民地経営者は、特許状と引換えた。そこで発見されるいっさいの金銀の五分の一を国王に献上すると申し出た。そこで、サー・ウォルター・ローリィやロンドン会社[5]やプリマス会社[6]やプリマス市会などにたいして与えられた特許状では、この五分の一が王室のために保留されていた。これら最初の植民地経営者たちは、東インドへの北西航路発見の期待に、金・銀鉱を発見しようとする期待をむすびつけていたが、これまでのところ、かれらは、このいずれについても失敗に終っている。

〔1〕第四篇第七章は〈Of Colonies〉と題されており、「植民地について」と訳出したが、この植民論の記述のなかには、colony または colonies という言葉以外に、しばしば **plantations** という言葉や **settlements** という言葉が用いられている。前者はほんらい厳密には「植栽地」または「入植地」とでも訳すべきであり、後者は「定住地」とでも訳したほうがいいと思われるが、スミスの文中では、植民地と植栽地や定住地の区別を明らかにしているわけでもないし、これらの言葉を訳し分けることが、かえって読者に混乱をひき起すおそれもあると考えたので、全体を通じて「植民地」という訳語で統一することにした。ただし、場所によっては「入植地」あるいは「定住地」「開拓地」と訳したところもある。

〔2〕この第一節は「新植民地建設のさまざまな動機について」とあり、第二節は「新植民地繁栄の原因」とあり、「新植民地」という表示が問題になるが、第一節の最初に述

べられている古代ギリシャおよびローマにおける植民地と、アメリカおよび西インドならびに東インドにたいするヨーロッパ各国の植民地ならびに植民政策との対比において叙述がすすめられており、古代植民地にたいして十三、四、五世紀以降の近世植民地ならびに植民地政策を総括して「新植民地」とよんでいるものと思われる。古代ギリシャおよびローマの場合には、人口政策的な必要から植民団が送り出され、ローマの場合にはさらに、母国における土地の分配問題解決のために植民地を建設することが必要であった。ギリシャの場合には、植民地と母国とは子供にたいする恩恵と援助のみを与える母なる都市であり、母国はその植民地にたいして権威や圧力を加えるようなことはなかったが、ローマの場合には、植民地はローマに完全に服従せしめられていたので、立法権や司法権は母国にあり、したがって被征服地域に守備隊を置くことが必要であった。これにたいして、十三世紀以降数世紀にわたるイタリー人、ポルトガル人、スペイン人などの冒険と航海と、その植民地獲得への熱意とは、古代ギリシャおよびローマの場合と異なり、もっぱら金および銀の獲得に集中されていた。スミスが「黄金にたいする神聖なる渇望」とよんでいる愚劣な行動がこれであった。そして十七世紀から十八世紀にかけて、排他的な独占会社に植民地の経営が委《まか》せられるようになって以後は、これらの排他的圧制のために、植民地の進歩は停止してしまった。

これにたいして、良質な土地が豊富であり、自治と自由が根を下している大ブリテンのアメリカ植民地では、改良が急速にすすみ、繁栄がみられるようになった。独占会社の支配はヨーロッパの他の国々と同様であったとしても、金銀の濫奪ではなく植民地との交易の独占を自国の手に収めようとするかぎりにおいて、大ブリテンのアメリカ植民地は、その他の国々の場合と異なり、植民地、母国双方にとって、もっとも有利かつ合理的なものだ、とスミスは考えた。したがって、近世初期のスペイン、ポルトガル、イタリーを中心とするヨーロッパ各国の「黄金にたいする神聖なる渇望」を旗幟《きし》とする植民地経略と、大ブリテンのアメリカ植民地における母国とアメリカとの関係は、等しく植民地政策とは言っても、その経済の発展にたいする意義から考えて巨大な差異がある。もちろんスミスは、植民地そのものの効用よりもその非効用――母国にたいする財政的・軍事的負担――のほうを重視していたが、植民地経営の数あるなかでは、独占会社の愚劣と害悪を承知しながらも、大ブリテンのアメリカ植民地を最良のもの、とスミスは考えたようである。スミスが「新植民地」経営の各種の動機を考察している理由はここにある。

〔3〕イザベラはカスティリア女王（在位一四七四～一五〇四）、後出のフェルディナンドはスペイン北東部のアラゴン王（在位一四七九～一五一六）。この両王国を併せたものがスペインであり、両者はスペインの王・王妃の関係にあった（一四六九年結婚、一四七九年合邦）。

〔4〕サー・ウォルター・ローリィ Sir Walter Raleigh, 1552–1618 は、その著作のなかで、

「スペイン人がエル・ドラド El Dorado とよんだ、あの偉大な黄金の都市」について述べている。

〔5〕一六〇六年四月、一団のロンドン市民に植民地経営——北緯三四〜四一度——の特許状が与えられ、一二月、一二〇人が三隻の船で、クリストファ・ニューポートを隊長に出帆、ジェイムズ河口にジェイムズタウン植民地をつくった。ヴァージニアを中心に煙草《タバコ》栽培などを試みたが、一六二四年、内部分裂等のため特許状は取り消された。

〔6〕一六〇六年、プリウス、ブリストル、エクセター等の居住者に与えられた特許状によって設立されたが、植民地を発見するのに成功せず、事業はその翌年放棄された。

## 第二節　新植民地繁栄の原因

植民地繁栄の秘密は、豊富な土地と母国からの政治上の自由とである

国土が荒蕪地《こうぶち》であるか、人口稀薄《きはく》で土着民があっさりと新来の侵入者に席を明け渡すか、このいずれかによって占有された文明国の植民地は、他のいかなる人間社会よりも急速に富強に向うものである。

67

入植者は農耕やその他有用な知識をその土地へ持ち込むし、それは、未開野蛮の種族たちのあいだに数世紀にわたっておのずと育成されたものより、はるかに優れたものである。また、かれらは、服従の習慣や、かれらの母国で確立している規律ある統治にかんするある程度の観念や、それを支えている法律制度や正義にかんする正規の行政についての観念を身につけてくるのだから、新しい入植地においても、おのずから同様のものを確立させることになる。ところが、未開野蛮の種族のあいだにあっては、技術の進歩に必要な程度の法律政治が確立した後においても、法律や統治にかんする自然的進歩は、技術の自然的進歩よりもはるかに緩慢である。どの入植者も、かれが耕作しうる以上の土地を得ようとする。地代を払う必要もなく、租税を払う必要もほとんどない。生産物をともに分かつ地主もいるわけではなく、主権者の分け前といっても、通例、言うに足りない程度である。かくして、かれには、かれのものになる生産物をできるだけ大きくする、ほとんどいっさいの動機がそろっている。だが、かれの土地は通例きわめて広大なものだから、どんなに勤勉に働いてみても、また、かれが雇用しうる人々がどんなに勤勉でも、その土地の本来の生産能力の一〇分の一も生産することはほとんどできまい。そこで、かれは、あらゆる地域から労働者を狩り集めようとし、せいぜい高い賃銀を払おうとする。ところが、土地があり余って安いのだから、高い賃銀を払っても、間もなく、かれらはそこをやめて、自分自身地主になって新しく労働者を雇い入れようとするようになる。だが、この労働者た

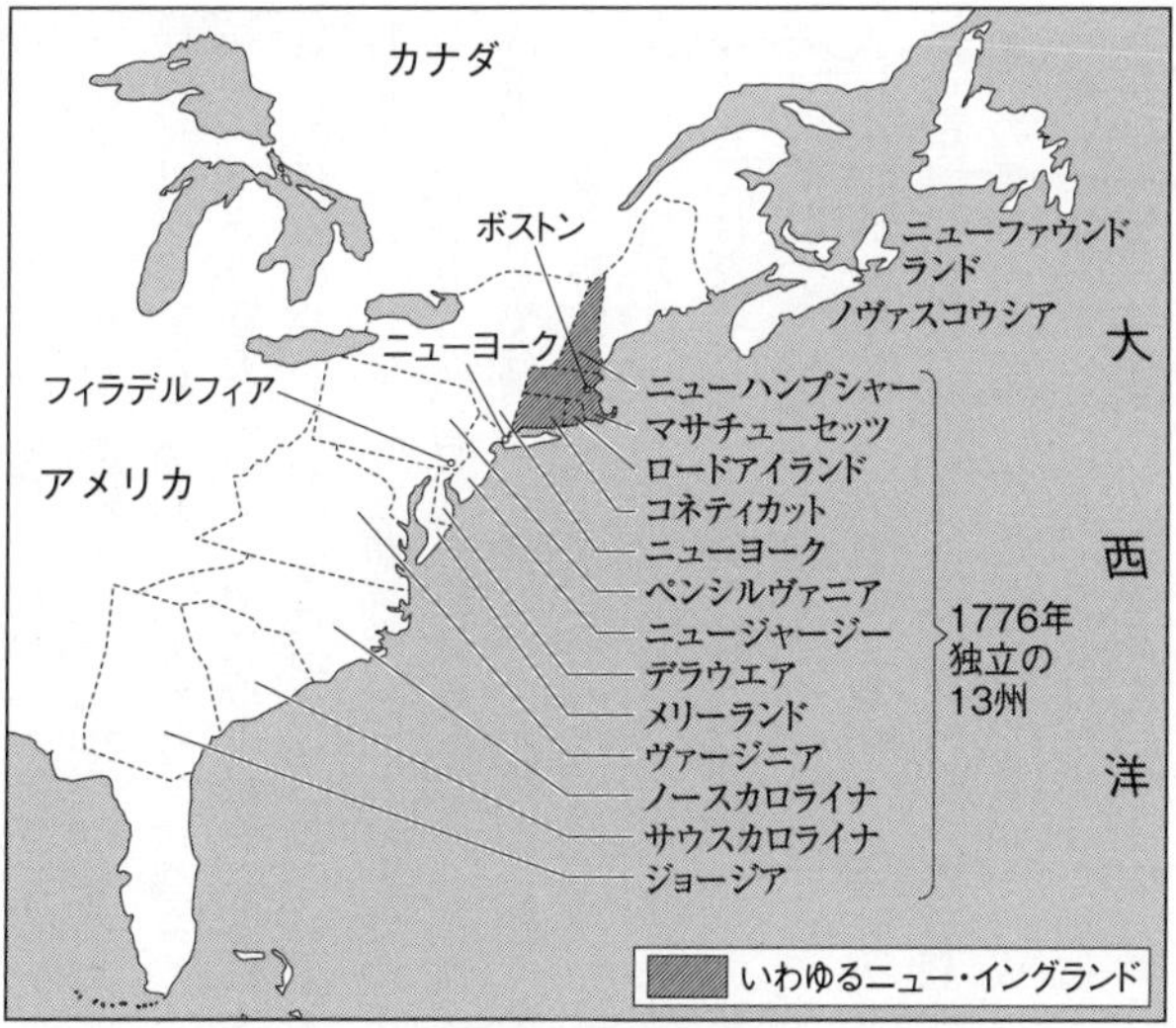


植民地時代の北アメリカ

ちもまた、前の労働者たちがその雇主のもとを去っていったのと同じ理由で、新しい雇主のもとから去っていくのである。また労働にたいする報酬が十分であれば、それはかならず結婚を奨励することになる。そして生れた子供たちは、幼いころには十分に食べもし世話もよく行きとどくし、長ずれば、かれらの価値は、その生活維持のための費用をつぐなってなお余りがある。したがって、かれらが一人前になると、労働の価格が高いのに土地の値段が低いから、かれらはみな、自分たちの父親がそうしたのと同じように、自立することができるようになる。

ほかの国々では、地代と利潤とが賃銀を蚕食《さんしょく》し尽し、〔地主と農業者という〕二つの上層支配階級が下層の労働階級を抑圧している。ところが新植民地においては、この二つの上層階級は、自分たちの利害打算から、余儀なくこの下層の労働階級を他の国々におけるよりもいっそう寛大かつ人道的に取り扱わざるをえなくなる。少なくとも、この下層階級が奴隷の状態におかれていないかぎり、そうである。もともと、もっとも豊饒《ほうじょう》な無人の未耕地が、ただのような安値で手に入れられるのである。だから、つねに自ら経営者でもある土地の所有者が、自分の土地の改良から期待する収入の増加はかれの利潤であり、かか68る事情のもとでは、それは通例きわめて巨額である。だが、この巨額の利潤を得るためには、開墾や耕作にどうしても他人の労働を使わなければならないが、新植民地では、通例、広大な土地と僅少《きんしょう》な人間とのあいだの不均衡があるために、他人の労働を使うのは容易なことではない。そこで地主は、賃銀については文句を言わずに、どんな高い賃銀でもよろこんで払って労働者を雇い入れようとする。労働の賃銀が高ければ、それは、おのずと人口増加を刺激する。良質な土地が安く手に入り、しかも豊富であるから、おのずから土地の改良は奨励され、地主は、こうした高賃銀をも支払い得るようになる。だから土地の価格のほとんど全部は、このような賃銀から成っているものであり、賃銀としてはなるほど高いにはちがいないが、これほど大きな価値のある土地の価格だと考えれば、安いものである。人口の増殖と土地の改良とをおしすすめるものが、また一国の富強を真におしすすめるものでもある。

古代ギリシャの数多くの植民地が富強に向って迅速な進歩をとげたのも、以上のような理由からであるように思われる。それら植民地のなかのあるものは、一、二世紀のあいだに母国の都市国家と比肩するまでになり、それを凌駕《りょうが》するにいたったものさえあった。シシリーのシラキュウスやアグリジェンタム、イタリーのタレンタムやロクリ、小アジアのエフェサスやミレタス等の植民地は、どの記録によってみても、古代ギリシャのいずれの都市と比べても伯仲していたようである。これらの植民地は、あとになってから建設されたものであったにせよ、そこでは、教養としてのいっさいの技芸、哲学、詩文および雄弁術などは、母国のどこと比較しても、同様に早くから修練され、また同じく高度に発達していたように思われる。ギリシャ最古の二人の哲学者、すなわちターレス〔前六三六～前五四六〕とピタゴラス〔前五八〇頃～前五〇〇頃。「ピタゴラスの定理」で有名な古代の哲学者・数学者〕の学派が、古代ギリシャではなくして、前者がアジアの一植民地で、後者がイタリーの一植民地で創始されたという事実は注目されるべきである。これらすべての植民地が建設されたのは、いずれも未開野蛮な民族が住んでいた地方であったから、先住民たちは、侵入してきた植民者にたちまちその席を譲ってしまった。そのうえ、これらの植民地には良質の土地が豊富にあり、しかも母国から完全に独立していたので、自分たちの問題を自分たちの利益にもっともよく適合すると自分で判断した方法で自由に処理することができた。

ローマの植民地の歴史は、これほど輝かしいものではなかった。もっとも、そのなかのあるもの、たとえばフローレンスのごとく、母国が没落したあと幾世代ものあいだに富強の都市国家になったものもあるが、どれをとってみても、その進歩がきわめて迅速であったとは言えないように思われる。なぜかというと、これらの植民地は、いずれも征服された土地に建設されたものであったから、たいていの場合、その地域はすでに稠密な人口を抱えていた。したがって新来の入植者に割り当てられた土地は一般に狭小なものであったし、そのうえ、植民地は独立もしていなかったので、自分たちの問題を自分たちの利益にもっともよく適合すると思われるような仕方で自由に処理するわけにはいかなかった。

**南北アメリカ大陸の植民地は豊富良質な土地にめぐまれ、かつ母国から遠隔の地にあり、スペイン政府の圧制もおよびかねた**

69 アメリカや西インドに建設されたヨーロッパの植民地は、豊饒な土地が多いという点では、古代ギリシャの植民地に似ているというばかりでなく、おおいにそれを凌駕さえしている。他面、これらの植民地は、母国への従属という点では、古代ローマの植民地に似ているが、ヨーロッパからはひじょうに遠く離れていたので、この従属の効果は多かれ少なかれ減殺されていた。その地理的距離からいって、これらの植民地は、ローマの場合に比べて、母国の監視や権力が及びがたいところに位置していた。自分たちの利益を自分たちの方法で追求しても、植民地のこうした行動は、ヨーロッパに知られもせず、また理解もされなかったので、多くの場合、大目に見逃されていたし、時としては、遠く離れているために母国としては抑制のしようもなかったので、完全に容認されたり甘受されたりした。暴虐専横なスペイン政府ですら、自国の植民地にたいして、いったん発した命令を撤回したり緩和せざるをえない場合がしばしばあった。これは、植民地に叛乱《はんらん》が起り、それが全面化するのを恐れたからである。ヨーロッパのすべての植民地を通じて、富、人口および土地の改良の進行がきわめて顕著だったのは、こうした背景によるものである。

スペインの王室は、その植民地建設の当初から、植民地で得られる金銀の分け前をとる約束をし、それが王室の収入になっていた。だが、この種の収入は、その性質上、もっと巨額の富を引き出そうとする貪欲心をかきたてるものであり、スペインの植民地は、建設当初から、おおいに母国の関心をわきたたせたのだが、他方、ヨーロッパの他の国々の植民地は、長らく本国からまったく閑却されていた。けれども、前者は関心をわきたたせたと言っても、そのために繁栄したわけではなく、後者も閑却された結果衰微したとも言えない。その占有している地域の割には、スペインの植民地は、他のいずれの国の植民地と比較しても、人口も少なく繁栄もしていないと言われているが、このスペインの植民地でさえ、人口や土地の改良の進歩は、たしかに迅速かつ顕著であった。征服後に建設されたリマ市には、ウロアの記すところによると、今から約三〇年前、すでに五万もの住民がいたという。また、同じ著者によると、かつては先住民の住む一寒村でしかなかったキトは、リマと同じくらい人口稠密であったという。自称旅行家などと言われるジュメリ・カレリは、ごく確実な資料にもとづいて記述した人物であるが、かれによると、メキシコ市には一〇万の人口があるということだが、スペインの著述家によくある誇張をしばらく棚上げしておくとすれば、この数は、メキシコ皇帝モンティズーマの時代の人口のおそらく五倍以上であろう。ところで、こうした人口数は、イングランドの植民地の三大都市、すなわちボストン、ニューヨークおよびフィラデルフィアをはるかに上回っている。スペイン人
70 による征服以前には、メキシコにもペルーにも、荷車を牽《ひ》かせるのに適する役畜はなにもいなかった。ラマは唯一の駄獣だったが、その力は普通の驢馬《ろば》よりもはるかに劣っていたようだ。かれらは、牛や馬が引く犂《すき》も知らなかったし、鉄の使用法も知らなかった。かれらは、鋳貨をまったく知らなかったし、交換用具として特定のものをなんらもってはいなかった。かれらのあいだでは、すべてが物々交換であった。木製の鋤《すき》が唯一の農具であり、尖《とが》らせた石がナイフや手斧《ちょうな》として使われ、魚の骨やある種の動物の硬い腱《けん》がものを縫う針に使われており、これらが、かれらにとっての主要な職業上の用具であった。このような事情のもとにおいては、これら両帝国のいずれもが、あらゆる種類の家畜を潤沢に供給され、鉄や犂その他数多くのヨーロッパの技術が導入されている今日に比べて、その土地がおおいに改良され耕作がゆきとどいていたとは考えられない。ところで、あらゆる国における人口密度は、その国の土地の改良や耕作の程度に比例するものである。そこで、これ

らの二大帝国は、征服につづいて土着民の残酷な殺戮《さつりく》をやったにもかかわらず、現在では、その人口は従前にもまして稠密であり、また住民は、かつてのそれとは、はなはだしく異なっていると思われる。なぜなら、私見によれば、スペイン系のクリオール人は、多くの点で昔の先住民よりも優れていると考えられるからである。

スペインに次いでは、ブラジルにおけるポルトガルの植民地は、アメリカにおけるヨーロッパのどの国のものよりも古い。だが、この植民地は、発見以来、金鉱も銀鉱も見つからず、王室にたいしてほとんどまったく収入をもたらさなかったので、久しいあいだ、まったく閑却されていたのであるが、そのあいだに、かえって強大な植民地に成長したのである。ポルトガルがスペインの支配下にあった当時、オランダ人はブラジルを攻撃し、一四の属領のうち七つを占領したうえ、他の七つをも征服しようと画策していたその時、ポルトガルは、ブラガンザ家を擁立して王位につけてブラジルの独立を回復させた。当時、オランダ人はスペインの敵であったから、同じくスペインの敵であったポルトガルの友好国になった。そこでオランダ人は、ブラジルにおける未征服の地方をポルトガルの国王の手にゆだねることに同意し、反対にまたポルトガルの国王は、これほど友好的なオランダ人と争うことは不利とみて、かれらがすでに征服した地方をその手にゆだねることに同意した。ところがオランダ政府は、間もなくポルトガル人の植民地を抑圧しはじめたので、ブラジルのポルトガル人は不平を鳴らすだけでは満足せず、みずから武器をとって新支配者オランダ人に反抗し、母国ポルトガルの黙認はあったにしても、その公然たる援助を受けることなく、みずからの勇気と決意とをもって、その敵対者たるオランダ人をブラジルから追い出してしまった。そこで、ブラジルの一部さえも領有することはもはや不可能だとみてとったオランダ人は、甘んじてその全部をポルトガルの王室に返還してしまった。この植民地には六〇万人以上もの住民がいるといわれているが、それらはいずれもポルトガル人かまたはポルトガル人の子孫、つまりクリオール人、白人と黒人との混血種、ならびにポルトガル人とブラジル人の混血種であった。アメリカにおける植民地のうち、ヨーロッパ系の人間がこれほど多いと思われるところは、他には一つもない。

**スペインの衰微後、ヨーロッパ各国はアメリカに植民地を築いたが、あるものは排他的会社の解散により、あるものは排他的会社が存在するにもかかわらず、発展した**

十五世紀の末葉から十六世紀の大部分を通じて、スペイン、ポルトガル両国は、世界の二大海軍国であった。ヴェニスの商業は、なるほど全ヨーロッパにわたってはいたが、その商船隊が地中海を越えてその外洋に出ることは、ほとんどなかったからである。スペイン人は、自分たちが最初の発見者だから、アメリカは全部自分たちのものだ、と言い張った。かれらは、ポルトガルほどに強大な海軍力をもつ国がブラジルに植民するのを阻止することはさすがにできなかったが、スペイン人というと恐怖の的であり、したがって、ヨーロッパのおおかたの国民は、アメリカ大陸のどこかに定住することを敬遠したほどである。フロリダに定住しようとしたフランス人は、ことごとくスペイン人に虐殺されてしまった。ところが、十六世紀末になると、スペインのかの無敵艦隊[1]が敗北し、その海軍力が衰微したので、その後スペインは、他のヨーロッパ国民のアメリカ植民を妨害する力を失ってしまった。そこで初めて、十七世紀を通じて、海洋に面して港をもつすべての大国の人間、すなわちイングランド人、フランス人、オランダ人、デンマーク人およびスウェーデン人などは、この新世界に植民地を建設しようと企てるようになったのである。

たとえば、スウェーデン人はニュージャージーに植民地を建設したが、今日では、そこには多数のスウェーデン人の家族がいるところからみると、母国の保護さえあったなら、この植民地はおそらく繁栄しただろうということを証明している。あいにく、スウェーデン政府はそれをかえりみなかったので、やがて、この土地はオランダの植民地だったニューヨークに併呑《へいどん》されてしまい、それも、やがて一六七四年には、イングランドの支配下におかれることになった。

デンマークがこの新世界で領有した地域は、これまでのところ、わずかにセント・トマスやサンタ・クルーズというような小さな島々だけである。この小植民地もまた、排他的
72 な独占会社の支配下におかれており、この会社は、植民地の余剰生産物の購入と、かれらが必要としていた他国の財貨の植民地への供給とについて独占権をもっていたので、購買

にかんしても販売にかんしても、植民地住民を抑圧する力をもつばかりでなく、事実そうしようとする強い誘惑にかられてもいた。排他的な貿易会社の統治というものは、およそいかなる国にとっても最悪の統治である。だが、それにもかかわらず、この会社の統治は、植民地の発展を緩慢で不活潑《ふかっぱつ》なものにはしたが、しかも、それを全然停止させてしまうことはできなかった。デンマークの前国王は、この会社を解散させてしまったが、それ以来、この植民地はおおいに繁栄するようになった。

西インドでのオランダ人の植民地は、東インドのそれと同様に、当初は一つの排他的な会社の支配のもとにおかれていた。そのために、これらの植民地のあるものの発展は、古くから住民がおり自立していたすべての国に比較して、かなり迅速ではあったが、新植民地の大部分のものに比べると不活潑であり緩慢であった。たとえば、スリナムの植民地の発展などはきわめて顕著であるが、それでも、ヨーロッパの他の砂糖植民地の大部分に比較してみると劣っている。現在ニューヨークおよびニュージャージーの二属領に分れているノヴァ・ベルギア植民地のごときも、オランダ人の支配下にあったとしても、おそらく、かなりの発展をとげたであろう。なぜかというと、いい土地が豊富で安価だということは繁栄の有力な原因であって、最悪の統治が行なわれていても、右の効果をまったく阻止してしまうことは、ほとんどできないからである。そのうえ、母国から遠隔の地にあるため、住民は、会社が植民地にたいしてもっている独占権を、多かれ少なかれ密輸でのがれるこ